シリーズ・中世西国武士の研究

4

若狭武田氏

木下 聡 編著

戎光祥出版

序にかえて

若狭武田氏は、甲斐武田氏に出自を持ち、南北朝時代に安芸守護となった一族（安芸武田氏）の末で、室町幕府六代将軍足利義教の時代に、信栄が若狭守護職を得て以降、代々若狭国主として統治支配していた。最後の当主元明は、織田信長の家臣となるが、本能寺の変後に明智方についたために自害し、若狭武田氏はついに滅亡に至った。

武田氏研究は、戦国時代に勢力を大きく広げた甲斐武田氏について従来多く行われているが、その一方で若狭武田氏は、知名度・残存史料数ともに劣ることもあって、さほど注目を集めてはいない。とはいえ十五〜十六世紀の室町幕府をめぐる政治史、あるいは越前・若狭・丹後にまたがる若狭湾地域を考える上では、非常に重要な存在である。

本書では、若狭武田氏とその前身である安芸武田氏について述べた十三本の主要な論考を収録している。そしてそれらを、第一部では安芸武田氏に関するもの、第二部では若狭武田氏の政治的動向・領国支配に関わるもの、第三部では若狭武田氏と寺社・文化に関わるものとに、それぞれ分類して編成している。本書の基本方針として、著書単行本未収録の論文を収録することとしているため、重要な論文であっても収録を見送った論文がある。また同様に、PDFファイルとして現在閲覧できるものも今回は見送ることとした。この点についてはご寛恕いただきたい。

そして、これらとは別に巻頭には、総論として、第一章で現在までの安芸武田氏・若狭武田氏研究についてまとめた上で、今後の課題を述べ、第二章では若狭武田氏代々の系譜と政治的動向について論じている。この系譜関係は、巻末の系図に反映されている。

同じく巻末には、今後の研究に資するため、若狭武田氏当主及び一門が発給した文書を一覧表として掲げている。若狭武田氏関係文書の大部分は、福井県史に収録されているが、いまだ自治体史など史料集に収録されていない文書もある。また、若狭武田氏当主の花押編年の検討も未検討であり、ここでは不十分ながら、信賢と信豊については花押形によって並び替えている。

本書の刊行が、今後の安芸・若狭武田氏研究の進展につながることになれば望外の喜びである。末筆ながら、本書への論文再録を許可していただいた執筆者の方々、および丸山裕之氏・石田出氏をはじめとする戎光祥出版の方々には、記して厚く感謝の意を申し述べたい。

二〇一六年六月

木下　聡

目次

若狭武田氏

総論　若狭武田氏の研究史とその系譜・動向

木下　聡

一、若狭武田氏に関する研究と課題

若狭武田氏とは、鎌倉・南北朝期に安芸守護を務めた甲斐の武田氏の一流で、室町幕府六代将軍足利義教によって若狭守護に補任された武田信栄に始まる、代々若狭国主となった家である。甲斐武田氏とは、南北朝期に分流している。また、若狭に本拠を移した後も安芸に拠点を残し、こちらは安芸武田氏として十六世紀前半まで存続している。まず前身であり、後には分家扱いとなる安芸武田氏について取り上げる。

安芸武田氏は、大きく三つの時期に大別される。最初が鎌倉時代、次に守護を務める時期もあった南北朝から若狭へ移る嘉吉元年（一四四一）まで、そして最後が、本家が若狭へ移った嘉吉元年から毛利元就・大内義隆によって滅ぼされた天文十年（一五四一）までである。

安芸武田氏に関する研究は、守護制度や大内氏・安芸国人などを論じる中で言及されることはあっても(1)、安芸武田氏を主眼に据えたものはなかなか現れなかったが、その中で注目されるのが河村昭一氏の研究である。河村氏は、『大日本古文書』所収の安芸武田史料を拾い上げた及川大渓氏(2)の研究を、継承・発展させる形で作成した「安芸武田氏関係文書目録（一）・（二）」[3]で、甲斐・若狭関係を除いた上で、安芸武田氏当主及び一族が、発給・受給した文書と、文中に現れるなど関係のある文書を収集し、鎌倉～戦国期の安芸武田氏関係文書二七二点を呈示し、各文書の内容も詳しく紹介している。また、同年に出された野澤公次郎「安芸武田氏と周防武田氏」[4]は、安芸武田氏滅亡後、毛利氏に保護された遺児の末裔周防武田氏に伝わる「安芸武田系図」・「安芸武田旧記」を参考に、鎌倉～戦国期の安芸武田氏の概略を述べている。

河村氏はその後、一九八三年の「明応期の武田氏と大内氏―年欠九月二十一日付武田元信感状の紹介を兼ねて―」（本書所収）では、白井文書の武田元信感状三通の紹介を通じて、安芸武田氏にとって明応期が画期であったことを論じている。そして、それまでの研究をもとに、『郷土資料　安芸武田氏』[5]において、鎌倉・南北朝・室町・戦国の各時代について政治的動向を詳述しながらまとめ、その分郡支配のあり方についても述べている。なお同書は、『中世武士選書2　安芸武田氏』[6]として改訂増補されている。

この河村氏著書に前後して出された、田島由紀美氏の一連の研究「分郡成立史論―安芸武田氏を事例として―」・「安芸武田氏の支配組織」・「安芸国の国人と守護」（いずれも本書所収）は、分郡守護としての安芸武田氏を検討したもので、鎌倉期以来安芸国で展開してきた領主制が、分郡主として武田氏が地位を保持した要因であり、十五世紀後半になると、逆にその地位が、若狭に移った惣領家からの独立の動きにつながり、その支配組織が分郡の崩壊を招くことになったとしている。川岡勉「中世後期の分郡知行制の一考察―伊予及び安芸の事例を中心として―」[7]も、この田島氏の論を継承する形で、政策論・制度論的な分郡知行制に懐疑を示し、武田氏の権限は一国守護職を分割した分郡守護というよりも、それは郡単位の知行権であって、鎌倉期の郡地頭職に由来する、一国守護職と一般領主権の中間に位置する上級領主権であるとしている。

九〇年代では、黒田基樹「鎌倉期の武田氏―甲斐武田氏と安芸武田氏」（本書所収）が、鎌倉から南北朝期にかけての武田氏の系譜関係を明らかにした上で、安芸武田氏と甲斐武田氏への分立にも言及している。

ただ、これ以後安芸武田氏を主体とする研究はほとんどされておらず、吉田賢司氏の研究に代表される、室町幕府内における軍事動員の中での位置づけが論じられる、あるいは安芸国人などを取り上げる中で触れられるぐらいである。[8]この背景には、やはり史料の絶対量が不足していることが大きいだろう。

次に、若狭武田氏について見ていきたい。本格的に研究の俎上に載せられるようになったのは、網野善彦氏の『中世荘園の様相』[9]になる。これは、若狭国太良庄の荘園としての最終期を、武田氏支配の中で叙述したもので、若狭武田氏研究は、他の大名と較べてみても随分と遅れていたと言わざるを得ない。通史としては、大正九年（一九二〇）に発刊された『福井県史』に「武田氏と若狭」が記されているが、これは歴代当主を概略するぐらいでしかない。

次に注目すべきは、米原正義「若狭武田氏の文芸」[10]と「若狭武田氏と禅僧」[11]で、これは信繁から元明までの若狭武田氏歴代の文化面を逐一明らかにした労作で、現段階でも若狭武田氏の文化を語る上で基本文献となっている。また文化だけでなく、歴代当主の動向や生没年、兄弟庶子、禅僧となった一族についても詳細に検討し、従来の認識を大きく改めている（次章の米原論文は全てこの二つを指す）。なお米原氏以前では、狂歌師雄長老（英甫永雄）についての研究が小高敏郎・永江秀雄・伊藤東慎氏らによって詳しくなされており、[12]その人物像を語る上で、出自である若狭武田氏にも言及されていた。

七〇年代に入ると、藤井譲治氏が「若狭国一国徳政の一史料」[13]で、武田氏の一国徳政について検討している。そして、現在でも若狭武田氏の基本史料集と言える『小浜市史　第3巻　社寺文書』が七六年に発刊され、同年には黒﨑文夫「若狭武田氏の消長」（本書所収）が出されている。これは、信栄から元明までの若狭武田氏歴代の政治的動向を中心に概観し、それに加えて家臣団構成、在京守護としての側面、家臣の反乱、家督相続における内紛についても検討を加えており、それまでの若狭武田氏の概略を、より詳細かつ明確にした論考であった。

また、小浜市が刊行した『若狭の中世城館』[14]中で各城に付された解説には、大森宏氏の文献に基づく若狭武田氏及びその家臣についての叙述がなされている。この大森氏の、若狭の山城に関する長年の調査と成果は、後に『戦国の若狭—人と城—』[15]でまとめられており、縄張や遺構などの山城自体はもちろんのこと、それに拠った各領主についても、文書・記録などの史料をもとに、氏族の出自や政治的動向を詳述している。

こうして六〇年代後半から七〇年代にかけて、若狭武田氏の概要と系譜・文化に関する研究は飛躍的に進んだ。八〇年代以降は、こうした積み重ねられた基礎的研究に基づいて、権力体としての領国支配のあり方や、寺社統制に関する研究がなされるようになる。まず、水藤真「武田氏の若狭支配—武田氏関係文書・売券の検討から—」[16]が、若狭武田氏の発給・受給文書を収集した上で、その文書形態から、一—永享十二年（一四四〇）から寛正・文正年間まで、二—応仁・文明年間から明応年間まで、三—文亀・永正年間、四—大永年間から永禄十年（一五六七）までの四期に分け、その中で特に売券・寄進札に注目し、売券の文言や残存点数の変化・推移が、発給文書の四期の推移と相応しており、武田氏の領国支配の確立から衰亡を物語っているとした。また文末に掲げた武田氏関係文書略表は、現在でも若狭武田氏を研究する上で有益である。

次いで、河村昭一「戦国大名の買地安堵について—若狭武田氏を中心に—」[17]は、戦国期の若狭において武田氏給人層による土地売買が活発に行われ、知行分や収取関係が変動・複雑化していたと推測し、申請に基づいて個別に対応した武田氏の買地安堵が、その知行制の基礎を量的に拡大させるだけでなく、職が複雑に重なる状況にある在地から、最大限に剰余分を吸収するための現実的かつ有効な手立てであったとしている。

そして、この水藤・河村氏の研究を受け、松浦義則「戦国大名若狭武田氏の買得地安堵」（本書所収）は、両氏が言及しなかった武田氏安堵状の論理と歴史的性格として、武田氏の安堵状は、売券と補任状の存在と対立を止揚するために成立し、新たな補任状を再生する性格を有するものであるが、あくまで大名法の論理に従うものであり、領国内の支配身分を掌握する役割を果たしていたと指摘している。

一方、寺社との関わりの側面については、林文理「戦国期若狭武田氏と寺社―とくに顕密寺社を中心に―」（本書所収）が、戦国期の寺社の独自な社会的機能を明らかにするために、若狭地域に多く残る、寺社への若狭武田氏発給文書を用いて検討しており、戦国期の若狭の寺社は顕密寺社が中心を占め、守護武田氏によって領主権が認められる見返りに、様々な宗教的機能を果たし、武田氏による政策的寺社編成も展開されるが、それは最後まで貫徹できない限界があったとしている。

また、春田直紀「中世後半における生鮮海産物の供給―若狭国御賀尾浦の美物を中心に―」[18]は、中世若狭における海産物を検討する中で、若狭武田氏やその家臣が京都の朝廷や幕府、公家に対して行った贈答から、文化交流の一環としての美物贈与について述べている。

九〇年代に入ると、自治体の通史において、これまでの研究を反映した詳細な記述がなされるようになる。その中でも『小浜市史　通史編』（一九九二年）では、須磨千潁氏が武田氏の若狭入部から滅亡までと荘園の動静を、大森宏氏が小浜市域の山城を、そして杉本泰俊氏が武田氏とその家臣たちの文化活動を、それぞれ記述している（このうち杉本氏担当分は本書所収）。そして『福井県史　通史編』（一九九四年）では、河村昭一氏が武田氏の若狭入部と領国・荘園支配・被官、応仁の乱での武田氏の動静、武田氏の丹後経略などを、須磨千頴氏が戦国期の武田氏の領国支配として、土地・家臣団・領民支配とその機構を、山名暢氏が武田家中の内乱とその滅亡についてを、それぞれまとめている。

二〇〇〇年代以降では、これまであまり検討されてこなかった要素を考察する論考が出てきている。

笹木康平「戦国期畿内政治史と若狭武田氏の在京」（本書所収）は、若狭武田氏の在京形態の変化と、果たした政治的役割について検討することで、応仁の乱後から大永七年（一五二七）二月の桂川の戦いまでの畿内政治史の展開を見ている。

木下聡「若狭武田氏の官途状」（本書所収）は、他の領主と比べて若狭武田氏の発給した官途状が、「延文の御教書に任せる」文言を使用する特異な形式であり、なぜその文言を用いるようになったかを明らかにしている。

そして、佐藤圭「『お湯殿の上の日記』に見る若狭武田氏の進上」（本書所収）は、前述の春田氏の論考を発展継承する形で、若狭武田氏が禁裏に対して毎年進上する海産物などの美物を、他の北陸大名の進上と比較しつつ、実は室町幕府への進上も多く行っていたことを指摘し、若狭武田氏が幕府の年中行事体系に属していたとしている。

また、西川広平「安芸・若狭・甲斐武田氏の由緒形成[19]」は、作成された系図を通じて、安芸・若狭武田氏と甲斐武田氏両家の由緒の相伝と、それぞれがどう補完し合っていたかを探っている。

他にも、山下孝司「若狭武田氏と山城[20]」が、若狭における主な山城の築城年代と国内の軍事的緊張の相関関係を指摘し、沼田晃佑「若狭武田氏の寺院政策―時宗・日蓮宗を中心として―」（本書所収）は、若狭武田氏の宗教・寺院に対する保護と統制のあり方について、前述の林氏論文が顕密を、米原氏論文が禅宗を主な対象としていたことから、十分に言及されていなかった時宗と日蓮宗寺院を検討している。

なお、一般向けではあるが、最初に安芸守護を兼帯した鎌倉時代の武田信光から筆を起こし、安芸・若狭武田氏の各代を通覧した高野賢彦『安芸・若狭　武田一族』(21)も刊行されており、戦国遺文武田氏編の完結に伴い刊行された『武田氏家臣団人名辞典』(22)では、甲斐武田氏のもとに身をよせた武田信豊の子らについても立項され、丸島和洋氏によって大まかな動向が記されている。

若狭武田氏の家臣（本郷氏など幕府奉公衆に連なる家はここでは除く）に関する論考としては、まず包括的に扱っているのが、前述の大森宏『戦国の若狭』である。同書では各領主について、若狭武田氏に仕える前の時代から、戦国末期までまとめている。同じく前述の米原正義氏の論考も、文化活動に携わる若狭武田氏家臣たちについて触れており、また谷口克広『織田信長家臣人名辞典』は、信長に属した者限定ではあるが、若狭武田最末期の家臣（ただし信長からは最終的に武田元明も逸見・粟屋らも同じ扱い）についてそれぞれ主な動向を記している(23)。

個別的には、自治体史を除くと、それほど多くされているわけではない。

粟屋氏については、大野康弘氏が、永禄六年から天正元年（一五七三）まで続く朝倉氏からの侵略を粟屋勝久が国吉城で防いだ籠城戦について述べ(24)、源城政好氏が、粟屋親栄と三条西実隆との交流から、地方武士の文芸の享受とそのあり方を述べている(25)。

逸見氏については、高橋成計氏が、永禄四年の逸見氏の反乱の原因と合戦状況、そして逸見氏に丹波の内藤宗勝

（松永久秀の弟長頼の後身）が荷担したことを検討している。[26] また櫻井帯刀氏が、中世後期の高浜地域を概観する中で、逸見昌経など逸見氏について筆を多く割いている。[27]

この他、若狭に所領を持つ奉公衆についての研究も本郷氏を中心になされており、[28] 自治体史の通史編や前掲の大森氏著書などに言及されている。

では、若狭武田氏及び安芸武田氏研究の今後の課題は何であるか。

まず、安芸武田氏については、室町幕府において「分郡守護」というあり方が、現在否定されつつあることを鑑みなければならないだろう。すなわち、従来分郡守護と見なされてきた事例は、領主が郡規模で知行しているだけにすぎず、守護の権限が及ばなかったために、守護権が分割されているように見えるものであり、厳密に守護権が分割されているかを弁別する困難さからすれば、「分郡守護」概念を使用し続けるメリットはなく、単に郡の領主・知行主として把握すべきであるとの指摘が山田徹氏によってなされている。[29] 安芸武田氏についても、改めて検討する必要がある。

また、大内氏との対立と戦いや、毛利・小早川といった安芸国内の周辺領主との関係は、すでに河村氏の著書などで言及されてから久しいが、近年大内氏・安芸国人領主研究が進展しているため、それをふまえてこちらも改めて検討し直さなければならない。

若狭武田氏については、政治的側面でいうと、室町幕府内における位置付けが十分にされているとは言えない。若狭守護になったことで国持衆となり、軍事・経済・儀礼といった様々な場面でそれまでより重んぜられていることは言うまでもないことだが、特に政治面では、十一代将軍義澄以降顕著になっている。武田元信が相伴衆に列し、従三位に昇進したこと、武田義統への「義」字偏諱授与や婚姻、足利義昭が近江没落後に最初に頼った大名であることなど、時期的に変動はあるものの、十六世紀の幕府・将軍が最も重視し、信頼した大名の一つであった。この点について、前述の笹木氏の研究があるものの、検討対象となる時代は大永年間までにとどまっており、それ以降は未だ俎上に上げられておらず、またそれ以前においてもまだ検討の余地が残されている。

また、信豊―義統間、義統―元明間で親子間紛争があったことは指摘されているが、これも国内のみの要因だけでなく、幕府や三好氏勢力などの京都の勢力、朝倉氏・一色氏といった周辺勢力との関係も多分に影響していたことは想像に難くない。これらの研究も近年進んできているので、それを取り入れながら改めて検討し直す必要がある。

さらに若狭は、戦国期においても大草・本郷・大館・沼田・曽我など幕府奉公衆の所領が多く残り、経済的側面からも朝廷・公家・幕府の重要な拠点が多く残っていた。これと若狭武田氏及びその家中の領国支配との問題や、京都の勢力との関係も、史料的には多く残されているので、さらに検討を深めることのできる論点である。

その領国支配に関しては、若狭武田氏に特徴的な売券安堵や寺社統制を中心に、従来の研究は進展してきた。一方、被官の領主層や村については、さほど研究が進められているわけではなく、逸見・粟屋・熊谷・白井など史料の多い家臣も、文化的側面や基本的な情報は押さえられてるものの、武田氏権力の中での位置づけなどは、まだこれから考察がされねばならない。

そして、家中の中でも、早急に解明していかなければならないのが、武田氏の一門で、彼らが領国支配やその他の政治の場面で果たした役割は、十分に検討されてきていなかったと言える。隣国越前の朝倉氏や関東の後北条氏に顕著に見えるように、戦国期の各地の大名では、多く存在する一門・一族を、領国支配の要として活用する事例が多く確認される。むろん駿河今川氏や周防大内氏のように、数代前以上に分岐した一族は多くいても、戦国期に兄弟・叔父甥を連枝・一門としてあまり活用しない家もあるので、必ずしも全ての大名・国衆に当てはまるわけではないが、次章で見るように、若狭武田氏の各当主には何人かの兄弟が確認される。その生涯や基本的な事項を明らかにすることはもちろん、これらの若狭武田氏における政治的位置付けを今後どう捉えるかが問題となる。とりわけ宮川に居を構えた家は、元度や信方など当主の弟が家督となることが多く、一門・一族中でも最も重んぜられていた。元光から元明までの武田氏を考える上では、欠くべからざる存在であり、今後の研究の深化が俟たれる。

最後に文化的側面は、従来の武田氏研究で最も深化されてきた分野である。しかし、和歌などの文学はともかく、もう一つの柱とも言える、弓馬に関する故実は、様々な故実書を残していることは知られているものの、他家の故実との類似・相違は何か、故実がどこからもたらされ、また継承されていったかという点については、従来見過ごされてきた。武家社会における知識の共有と伝達・継承を考える上で、重要なファクターとなりうるものであり、若狭武田氏が関与する故実総体の把握と共に、今後されるべき作業であろう。

二、若狭武田氏の系譜と政治的動向

ここでは、若狭武田氏の系譜関係について概観する。若狭武田氏の初代は、若狭守護となった信栄になるが、信栄が若狭守護に補任された時に、父信繁は存命であり、補任以前の武田氏の状況を見るため、ここでは信繁から筆を進めることとする。

1　信繁

武田氏は、南北朝期の信武の子の世代で、甲斐と安芸とに分立する。安芸にいたのが信武の子氏信で、その子が信守、そして信守の子が信繁である。

信繁は「宝泉院殿豆州前司日山大禅定門讃并序」の中に「春秋七十六而終」[30]とあるので、七十六歳で没したのは確実である。『続群書類従』所収「浅羽本若州武田之系図」などに寛正六年（一四六五）十一月一日に死去したとあるのを信じれば、明徳元年（一三九〇）生まれということになる。官途は伊豆守で[31]、応永二十九年（一四二二）に従五位下に叙されているので[32]、この時に同時に任官したか。

信繁は安芸国山県・佐東・安南三郡を領していたが[33]、これが分郡守護ではなく、郡規模での知行をしているのみとすべきなのは、前章ですでに述べたとおりである。

永享三年から四年にかけて、幕府が安芸国人たちへ大内氏に加勢するよう動員命令をかけたとき、安芸国では武田氏と小早川氏のみが、守護の指揮下に入らず、独自に行動していた[34]。これは小早川氏が奉公衆、武田氏はおそらく外様衆として、他の御家人国人とは幕府内身分が違うことによるものであった。息子信栄・信賢が後述のように若狭守護になった後の信繁の動向はほとんど不明だが、長禄元年（一四五七）に毛利凞元の安芸国山本合戦での軍功を京都に注進しており[35]、安芸に在国して、従来からの知行を支配していたようである。

信繁には前述の「宝泉院殿豆州前司日山大禅定門讃并序」によると、十男十女がいたという[36]。他の史料で確実に確認できる男子は、信栄・信賢・国信・元綱・月甫清光である。仏国寺所蔵「武田家系図」[37]には、信繁五男として下野守信敦を載せ、足利義政の近習となり、子孫は近江多賀社の社官岡氏になったとある。また静嘉堂文庫所蔵「百家系図」には信賢の子信光が伊予に土着したとある。そして、大原陵路氏作製「若狭武田氏略系図」には、信繁の子に建仁寺二八六世延秀光賢を載せる(38)。このうち信栄・信賢・国信は後述する。

元綱は父信繁と共に安芸に留まり、そのまま安芸武田氏の祖となっている。元綱はおそらくそのまま安芸国内の所領を代官として管掌していたのであろう。元綱以降の安芸武田氏については前述の河村昭一氏の著書などに詳しいので、ここでは詳述しないが、元綱―元繁―光和と継承し、光和の病死後に、若狭から元光の子信実が継嗣として入るものの、天文十年に銀山城から没落し、安芸武田氏は滅亡した。

月甫清光は、米原正義氏の研究に詳しいので、詳細はそちらに譲るが、建仁寺・南禅寺住持を歴任し、三条西実隆との文芸交流も活発に行っており、若狭武田氏の禅修業や文芸に多大な寄与をして、天文七年十月二日に死去した(39)。

2　信栄

信栄は信繁の長男である。『続群書類従』所収「若州武田系図」・同「浅羽本若州武田之系図」によれば、応永二十年生まれで、二十八歳で没したとされている。『斎藤基恒日記』永享十二年五月十四日条及び『師郷記』永享十二年五月十五日条などにおいて、将軍足利義教の命を受けて、大和国の自分の陣所に一色義貫を朝飯に呼び、そこで義貫を息子三人及び家臣共々討ち取ったことが、記録史料上の初見になり、治部少輔の官途であることもここからわかる。この大和の陣は、大和国内の衆徒同士の争いが一国規模に膨れあがったため、義教が筒井氏を支持して介入し、その命を受けて細川一族・畠山・一色・六角・京極・伊予河野ら守護家が動員されていたが、奉公衆・外様衆も同様に動員されていた。

信栄はこの一色義貫誅殺の報奨によって、一色氏の所持していた若狭守護職と尾張知多郡の知行を与えられた(『師郷記』永享十二年六月二十九日条)。これは義貫を討つ大功を挙げたからに他ならないが、同時に討たれた伊勢守護世保持頼が、守護管国内の伊勢長野氏らの軍勢に討たれ(『斎藤基恒日記』永享十二年五月十六日条)、一色義貫の京都の邸宅襲撃を、同族の一色教親が受け持った(『斎藤基恒日記』永享十二年五月十六日条、「東寺執行日記」同日条など)のに対し、信栄は一色氏と血縁関係があるわけでもなく、一色守護領国(丹後・若狭・三河)とも無関係である。そうすると、信栄が義貫誅殺の命を義教から受けたのは、信栄が義教から信任を得ていたことを示すものであり、おそらくはこの当時の義教側近の一人であったからではないだろうか。

義教の側近は、畠山満家や山名時熈、満済といった義持期以来の幕府の重鎮が次々と死去する中で、赤松満政や伊勢貞国が、それまで有力守護や満済が務めることの多かった遠隔地の大名・領主との交渉窓口になるなど、義教から様々な場面で重用されるようになっている。先の一色教親も、その父持信は義教の側近の一人であった。時期的にこうした側近の扱いを義教が優遇していく最中であったので、信栄が義教側近であったとすれば、若狭守護に抜擢されたことへの説明がつくだろう。ただし、『満済准后日記』の記述が終わる永享七年以降、義教の側近の様子が不明になるため、これらはあくまで推測に留まる。

こうして若狭守護となった信栄であるが、若狭に入国して約一ヶ月後、永享十二年七月に病死してしまった(『師郷記』永享十二年七月二十三日条)。「応仁略記」では、「今度大和武田が陣所に出て、一色最後をみるより早く、三方の若狭一番に一刀突たりし疵、終になをらず、彼の怨念枕上に立てみえたり、いく程ならずして死にけり」[40]と、一色義貫を討った時に、その家臣三方若狭によって負った傷がもとで死去したとある。法名は長福寺殿天遊光芸居士。[41]ただ、若狭に入部したわずかな期間のうちに、同族の九峰以成を開山として建仁寺十如院を創建し、若狭の土地を寄進したという。[42]

信栄には子供がいなかったようで、跡を継いだのは弟の信賢であり、以後信賢が若狭国の経営を取り仕切ることになる。

なお発給文書は、現在『大日本古文書　吉川家文書之一』五八号の書状一通のみしか確認できない。同書では寛正二年に比定されており、これは足利義政御内書及び飯尾之種奉書（同三二五・三二六号）に見える、「十六日合戦」（河内国淀子合戦）に引き付けられたものであろうが、信栄は前述のように永享十二年に死去しているので、大内氏と共に戦った永享四～五年頃のものとするのが妥当であろう。

3　信賢

信賢は信繁の子で、信栄の弟である。没年と享年から逆算すると、応永二十七年生まれになる。仮名は彦次郎（『薩戒記』嘉吉元年八月二十六日条）で、嘉吉元年十二月には亡き兄と同じ治部少輔になっている。[43]そして文安四年（一四四七）正月から同六年三月の間に大膳大夫に任官している（『草根集』）。当時の室町幕府の中で、左京大夫・右京大夫・修理大夫・大膳大夫のいわゆる四職大夫に任官できるのは、家格の高い家や有力守護家、幕府が政治的に重視する陸奥国人など、限られた家の者のみであった。[44]武田氏でも大膳大夫に任官したのは、この信賢が初めてであり、当時の信賢が幕府内で重要視されていたことがうかがえる。[45]

信賢はその後は死ぬ間際まで大膳大夫であったが、「宗賢卿記」文明三年（一四七一）六月二日条では、信賢が武蔵守に任官したとの噂を記している。この時代の武蔵守への任官は、細川京兆家が将軍元服の際に一時的に任官する時のみに限定され、他の者は原則任官不可能であるので、これは陸奥守の誤りであろう。陸奥守は南北朝期に、甲斐にいた武田信武や大井武田信明が任官しており、家の先例として任官は可能であったからである。実際に『親元日記』文明九年五月二十九日条には、来る二日の「故武田陸奥守」七年忌のために弟（国信）追善として、この日品経歌の披講をしたとあるので、この任官が事実であることがわかる。おそらく応仁の乱での活躍が認められてのことであろう。甲斐武田氏では、この頃陸奥守に任官することはなかったので、ここにおいて若狭武田氏は、幕府内で甲斐武田氏よりも上位に位置付けられたことになる(46)。

信栄の項で見たように、永享十二年七月に兄信栄が無嗣で死去したため、信賢がその跡を継承した。翌年嘉吉の変が起きると、信賢は幕府軍の一手として赤松満祐討伐に播磨に赴き、乱収束後は若狭の一色氏残党蜂起を鎮め、その拠点小浜に入部している。若狭では奉行人を通じた領国統治を進める一方、安芸国の知行分も保持していた。特に安芸では、安芸への勢力拡大を図る大内氏と度々軍事衝突があり、信賢は管領細川勝元の支援を受け、吉川・毛利氏らの協力を受けている(47)。この大内氏との戦いを通じて成立した、管領細川氏との関係は、その後の若狭武田氏の政治動向を大きく左右することとなり、以後十六世紀に至るまで連綿と続いていく。

応仁の乱では、東軍方として弟国信共々京都で戦っており、その中で白井備中守（『経覚私要鈔』応仁元年〈一四六七〉六月十七日条）・逸見弾正忠兄弟（『経覚私要鈔』文明二年七月二十一日条など）が討死している。ただ在京し続けていたわけでなく、応仁元年末から翌二年にかけて若狭に下向している。二月の時点で若狭において城を用意していると言われており（『経覚私要鈔』応仁二年二月九日条）、敵対する丹後一色氏への対応に追われていたと見られる。

信賢が再び京都に現れるのは七月のことで（『山科家礼記』応仁二年七月四日条）、東山や山科で戦っている。そして「応仁別記」によると、西軍についた一色義直の守護国丹後を、信賢が拝領したことで、同じく丹後内の一郡を得た細川持賢の軍と共に、文明元年四月一日に丹後へ打ち入り、一色・山名勢と戦っている。[48] 文明元年中に京都周辺で武田勢の目立った動きはないので、この丹後打ち入りは実際に行われ、それに注力していたのだろう。この丹後の情勢が以後どうなったかは不明だが、文明六年に東西両軍の和与の動きが生じた時に、丹後を一色方に渡すよう武田国信・細川政国に命じられている（『大乗院寺社雑事記』文明六年閏五月十五日条）ので、かなりの部分を制圧していたと見られる。丹後で一定の成果を挙げたからであろう、信賢は翌二年に主力を京都に戻し、如意寺に陣を敷いている（『山科家礼記』文明二年九月十三日条）。

そして、京都内での戦乱が収束しつつあった文明三年六月二日に、信賢は五十二歳で死去した（「宗賢卿記」同日条）。信賢には男子がいたが、幼少であり、かつ乱中という政治状況があったためか、弟の国信が跡を継承した。この男子（祥雲寺殿日頭朝公禅定門）は寛正六年生まれで、和歌や儒学を学び、国信も家督を譲るつもりでいたが、文明十一年三月十九日に若狭において十五歳で病死している。[49]

4　国信

国信は前述のように信賢の弟である。『続群書類従』所収「浅羽本若州武田之系図」に五十四歳で没したというのを信じれば、没年から逆算すると生年は永享九年となる。名前の「国信」は、歴代当主の中で、若狭武田氏本来の

「信―」とも、管領細川氏から一字偏諱を受けての「元―」とも異なる特異な名である。「国」は誰かからの偏諱となるであろうが、この時期武田氏に与えられる者となると、畠山持国が該当しよう。武田氏と管領畠山氏との関係は史料上にもあまり見えないが、おそらく国信の元服は、大内氏との対抗上細川氏との関係が強まる前のことなので、家督を継がずに別家を立てることが想定される庶子に、幕府有力者から偏諱を受けて、その庇護を得られるよう便宜を図った相手として、持国が選択されたのではないだろうか[50]。

国信の仮名は、系図によると彦太郎とある。三男なのに太郎とは奇異であるが、長兄信栄が彦九郎とされているので、安芸武田氏では元々彦九郎を当主が継承していたが、信栄は早世し、次兄信賢の男子が生まれたのが、前述のとおり寛正六年であったので、国信が継承予定者となり、彦太郎の仮名が選ばれたのであろう。官途は初め治部少輔で[51]、兄の死後家督を継ぐと大膳大夫に任官している[52]。家督継承前は、兄と共に応仁の乱など数々の合戦に参加しているが、将軍義政の御供衆としても活動している。

文明三年六月に兄の死で家督を継いだ後も、引き続き東軍方として活動し、また丹後攻めも続けている。東西両軍の和与の話が持ち上がった文明六年に、丹後を一色氏に返還するよう求められるも渡そうとしなかった（『大乗院寺社雑事記』文明六年閏五月十五日条）が、同年七月に、武田勢は逸見駿河入道宗見を始め壊滅し、丹後から撤退することとなり、宗見の死を聞いた国信も、その死を悼んで遁世したという（『実隆公記』文明六年九月十六日条）。

文明九年に乱が終結して平穏が戻ると、国信も主に在京し、足利義凞（義尚）や伊勢貞宗の主催する犬追物に度々名を連ねている。また安芸では、弟元綱が信賢の死ぬ直前に西軍へつき、国信が家督を継承した後もしばらく反目していたが、文明十三年に幕府の仲介と大内氏の申し出によって関係が修復している[53]。

文明十五年には山城守護を仰せ付けられるが、辞退している（『大乗院寺社雑事記』文明十五年正月二十四日条）。文明十八年になると、禁裏御料所若狭小浜をめぐり一色氏と相論しているが、元の如く安堵され、かえって一色氏は面目を失っている（『長興宿禰記』文明十八年八月二十七日条）。この年いっぱい国信は若狭に在国していたようで、家臣寺井賢仲が在京雑掌として活動している。前年に嫡子信親が死去したことが何か影響していたものか。[54] 長享元年（一四八七）になると、義煕の六角征伐に従軍し、義煕が陣没すると、その遺体を護送する行軍に連なっている。

そして、延徳二年（一四九〇）六月二十一日に国信は若狭で没した。国信がいつ若狭に下向していたかは不明だが、二月五日に息子元信と共に足利義視・義稙父子の鹿苑院御成に供奉し（『蔭凉軒日録』同日条）、二十四日には元信のみが供奉している（『蔭凉軒日録』同日条）。武田氏は三月に北野社に籠もった土一揆を追い払い（『親長卿記』延徳二年三月二十一日条）、四月には仏事銭を納めている（『蔭凉軒日録』延徳二年四月十五日条）が、いずれも「武田」とのみあるので、あるいは京都を息子元信に託し、二月半ばに帰国していたのかもしれない。[55]

国信の子には、信親・元信が確認される（元信は次項参照）。信親は国信の長男で、没年と享年から逆算すると寛正三年生まれである。仮名は彦太郎で、[56] 官途は文明十三年三月以前に治部少輔になっている。[57] 文明六年頃から活動が確認され始める。[58] 幕府では主に御供衆を務め、[59] 若狭武田氏代々が得手とする弓馬にも造詣が深く、幕府や大名家で行われる犬追物で射手をよく務めている。しかし文明十七年八月二十二日に、父国信より先に二十四歳で没した（『親元日記』同日条）。

なお、若狭武田氏出身の禅僧で、建仁寺・南禅寺住持を歴任した東暉永杲は、天文十一年に六十二歳以上で没したというので、[60] 当主の子であれば国信の子に該当し、それでなければ不明としかいいようがない。

また系図によっては、蝦夷に渡って蠣崎氏の祖となった武田信広を国信の子とするものがあるが、これは当時の若狭と北出羽地域との交流の深さによる、後世の仮託であろう。

国信の室については不明である。

5　元信

国信の子で信親の弟になる。大永元年十二月三日没。「諸家系図纂」には寛正二年生まれとあり[61]、仏国寺所蔵「武田家系図」では、享年七十六歳とあることから逆算して文安三年生まれとなる。ただ、前者では兄信親より早く生まれたことになり、後者では父国信の年齢が数えで十歳の時の子となるため、いずれも疑問である。大原陵路氏は康正元年（一四五五）の生まれとするが[62]、これは三条西実隆の生年とを混同したことによる誤りである。実際は寛正末から文明初の生まれであったのではないか。

仮名は彦次郎で（『蔭凉軒日録』延徳三年二月六日条など）、官途は延徳三年六月二十日から二十八日の間に伊豆守に任官し[63]、明応九年（一五〇〇）七月以前より大膳大夫となっている[64]。また、翌文亀元年（一五〇一）に四位へ昇進し、死の直前に従三位に叙せられている（これについては後述）。

元信の活動初見は、『蔭凉軒日録』延徳二年二月五日条で、足利義視・義稙父子の鹿苑院御成に祗候している。同二十四日条には「武田彦次郎元言」とあるが、これは単に「信」の人偏が抜け落ちただけの誤記で、当初から「元信」の名であったと思われる。この元信の名は、武田氏通字の「信」が下で、「元」字が上に来ていることから、「元」は武田氏と関わりの深い細川政元からの一字偏諱であると推測される。

元信の活動が始まってから四ヶ月後に父国信が死去し、元信が家督を継承する。その後は義稙の御成への祇候、御成の際の門役勤仕、六角高頼征伐への従軍などを務めている。

明応二年四月二十二日に起きた明応の政変では、様子を傍観する大名・奉公衆が多いなか、早くに足利義澄・細川政元方へ味方する姿勢を出し、四月二十五日に京方として陣を引き払って堺に移ったという（『大乗院寺社雑事記』明応二年四月三十日条）。閏四月三日には上洛し（『北野社家日記』同日条）、同十四日には政元の邸宅に招かれている（『蔭凉軒日録』同日条）。こうした政元方への傾倒は、信賢・国信期に形成され維持してきた細川氏との密接な関係が大きい。政元も日本海への要衝である若狭を押さえ、安芸にも影響力を持っていて、義稙に近い大内氏を牽制できる元信の政治的重要性を認識していたため、十月に元信が下国しようとすると止めている（『北野社家日記』明応二年十月二十一日条）。しかし、政変後に新たな得分として与えられたと思しき深草の地をめぐって問題が生じ、元信は家臣逸見に深草を仰付けていたが、それがうまくいかず、元信は遁世分として広隆寺辺へと移り、元信の家臣たちも逸見を筆頭にほとんど同行してしまった（『大乗院寺社雑事記』明応二年十一月十六日・十八日条）。その後、元信は若狭へ下向している。

ただ、これで元信が政元から離れたわけではなく、翌明応三年に、越中へ逃れた義稙が上洛行動を起こすようなことがあったら、馳参じて京都の警固をするよう政元から伝えられており（「後慈眼院殿御記」明応三年八月十日条）、すぐに元信も義稙が近日中に若狭へ着岸するだろうと報告している（「後慈眼院殿御記」明応三年八月二十二日条）。明応五年以降再び在京するようになるが、姉婿となっていた赤松政則が死去して、強力な味方を失っていた政元にとって、元信の存在はより重要となっていた。また義澄にとっても、政元以外の守護家はみな京都を離れてしまっており、政元一人だけでは心許ない上に、長じた義澄と政元とは意見の相違が出始めていたし、大名一人だけに依拠する状況も危険であるため、自然元信を重視することとなる。

そして、明応八年に足利義稙が越前から上洛を企図し、京都へ攻め寄せた際に、京都周辺で義澄と政元方として旗幟を鮮明にして戦った大名は、この元信だけであった。結果義澄・政元は義稙を西国へ追い落とすことに成功し、元信はこの時の勲功によって、義澄から相伴衆に列すとの上意が出された（『鹿苑日録』明応九年正月十七日条）。相伴衆は幕府内で御一家を除けば最高位の家格で、構成員は斯波・細川・畠山の三管領家と、山名・一色・赤松・京極の侍所四家、そして能登畠山・細川讃州・大内である（おそらく十五世紀末に土岐も）。応仁の乱後は本来の職務である将軍の相伴はしなくなっていたが、家格では依然として他の国持衆と明確な差違があった。そこに加えようというのは、元信が義澄から多大な評価と期待を受けていた現れであろう。

ただこの時は、政元が同意しなかったために実現しなかったようで、文亀二年八月に義澄が政元に対して突きつけた五ヶ条の中に、武田相伴御供衆陪膳事を申付ける条文があり（『後法興院記』文亀二年八月六日・七日条）、義澄が元信を何とか相伴衆にしようとする意気込みがうかがえる。また、政元が反対したことには、それまでの両者の密接な関係からすれば意外に感じられるが、政元からすれば元信が同格になることには抵抗感があったからではないだろうか。十二代将軍足利義晴の時代になると、各地の大名が家格上昇のために、盛んに相伴衆となることを望み、幕府と交渉して列せられているが、義澄段階ではこうした家格の変動はあまりなされていなかったからである。

また前述のように、翌文亀元年に元信は四位に昇進している。実は元信は、この時点でもまだ従五位下への叙爵を受けていなかったため、直接四位に昇進させることになり、口宣案を作成する公家側でも扱いに苦慮した結果、口宣案には従五位下になっていたことにして、五位から四位への越階を果たしたように工作している（「和長卿記」明応十年〈文亀元年〉正月十四日条）。おそらく、若狭武田氏において四位への昇進も初例であったと思われる。元信の位階昇進はこのように異例であったわけだが、それだけ義澄が元信を重視していたことを示している。また時期的に、相伴衆への昇格が果たせないままであったため、義澄が元信を昇進させたと見るべきだろう。

国信は文亀二年は在国していたようだが、小浜で国衆や百姓等の蜂起を受け、武田中務大輔父子が討死する（『実隆公記』文亀二年六月二十日条）など、国内に不穏な状況を抱えていた。永正元年（一五〇四）に入ると、四月二十八日に、幕府に対して葛川へ入って隠居し、以後は家督を譲った子息を補佐する形にしたいと申し出ている（『実隆公記』永正元年四月三十日条）。しかし、その後息子元光が文書を出すなど政務に直接携わった形跡は無く（現在確認できる元光の文書初見は永正十七年）、元信が出家するということもないので、この隠居は成立しなかったようである。元信は同年十二月になって若狭へ下向していることからすると、この隠居騒ぎは、これ以上の在京を望まず、若狭へ帰国したい意図から出されたのではないだろうか。

永正三年四月になると、元信が丹後を攻めるとの風聞が流れ、一色氏が使者を上洛させて調法しようとしている（『宣胤卿記』永正三年四月一日条）。元信は同月に丹後を平定しようとの願文を掲げ[65]、並々ならぬ決意を抱いて八月初めまでには攻め込んでいる（『再昌草』永正三年八月五日条）が、戦況は芳しくなく、八月三日の合戦では数百人が討たれたという（『宣胤卿記』永正三年八月七日条）。

翌四年になると、良好な関係を取り結んでいた細川政元から、政元父子自らの出陣など、多大な援護を受けて一色氏を攻めたてる（『多聞院日記』永正四年四月二十七日条など）が、六月にその政元が京都で暗殺されると、丹後に援兵として来ていた細川澄之は直後に帰京し、情勢も一変する。援兵の一人である政元家臣赤沢宗益も、京都へ撤退しようとするところを討たれ（『多聞院日記』永正四年六月二十七日条）、武田方も多大な犠牲を出し、結局この丹後攻めは失敗に終わった。

永正五年四月に、足利義稙が大内義興と共に大軍を率いて周防から上り、義澄を追い落とし、六月に入京して、再び将軍の座につく。この時元信は、立場的にはそれまでの関係を維持して、義澄・細川澄元方に与していたようだが、京都周辺の軍事行動には、丹後攻めの失敗も尾を引いていたからか、しばらく関与せず、三条西実隆など京都の知己への音信・贈答や、在京雑掌吉田氏春を通じての情報収集に終始していた。幕府に対しても、永正十三年以降進物をしているが(66)、政治的に積極的に関わろうとはしなかった。これは明応の政変から義澄が没するまで、終始義澄方であったことが大きく、また後述するように、細川澄元との姻戚関係などもあって、義稙・細川高国と疎遠なままであったと言える。そして永正十六年十一月二十六日には出家している（『再昌草』永正十六年十二月二十日条）。

永正十八年三月に将軍義稙が京都から逐電すると、高国は七月に播磨から義晴を迎える。改元されて大永元年となった翌八月末に、元信は若狭から上洛し、天皇や三条西実隆を訪問したり贈り物をしている。十月には元信の中沙汰で御所で猿楽が行われ（『二水記』大永元年十月六日条）、翌七日になると、元信を従三位に昇進させる話が持ち上がっている（『実隆公記』大永元年十月七日条）。これはすぐに話がついたようで、十日に礼銭を諸所に納め（『実隆公記』大永元年十月十日条）、二十三日には朝廷から幕府に対して容認することが伝えられており（『実隆公記』大永元年十月二十三日条）、遅くとも十一月初めには勅許が出ていたようである（「拾芥記」大永元年十一月二十五日条）。

この時期武家で足利氏以外に三位に昇進することは非常に稀であり、元信以前となると元々家格が高い管領斯波・

畠山氏以外では、赤松政則と大内義興ぐらいである（大内教弘は贈従三位）。政則・義興共に、昇進した時期は幕府内で政治的に細川氏に次ぐ、または並び立つ存在として位置付けられるため、元信の従三位昇進も政治的産物と解するべきである[67]。つまり、義晴を推戴したばかりの高国にとって、味方となる大名が必要であり、それが元信であり、その歓心を買うための策の一つが従三位昇進であったわけである。実際問題として、京都まで上洛する、あるいは軍勢を出してくれそうな大名は、この時期他に赤松ぐらいしかおらず、その赤松は、当主政村（後の晴政）ではなく、実権を握る浦上村宗と高国はすでに結びついている。

一方元信側からすると、管領細川氏ですら果たしていない三位への昇進は、当時の武家において相伴衆になるよりも困難であるため、自家の家格を高める格好の機会であり、またこの後すぐに没することからすれば、体調もよくなかったであろうから、死ぬ前に三位昇進という箔をつけることができるため、喜んで拝受したと思われる。

こうして三位に昇進した元信だが、まもなく若狭に下向し、十二月三日に死去した[68]。

元信の子には、元光と元度、潤甫周玉・春沢永恩・文岳がおり、『系図纂要』によれば、内藤氏を継いだという元是が、「諸家系図纂」所収系図によれば、治部少輔信堅と朝倉孝景室・久我晴通側室がこれに加わる。

元度は、元光の子とする系図もある。官途は中務（少輔か大輔）で、龍泉寺所蔵硯に「天文三年二月五日献之　宮川住武田中務源元度」とあることから[69]、実在することは確かである。前述した、文亀二年六月二十日に若狭小浜で国衆ら一揆と戦い、息子弥五郎と共に討死している中務大輔（『実隆公記』同日条）は、おそらく奉公衆四番衆で、武田下条の一流の武田政明かその子が該当するが、官途名からすると、元度はこの中務大輔の政治的地位を継承したと思われる。永正九年八月一日に幕府に出仕して、御相伴衆でも御供衆でもないので、国持分で義稙と対面した武田彦四郎がいるが[70]、元光が彦次郎であることからすれば、これが元度かもしれない。なお、元度を武田信高の前身とする説もあるが、これについては次の元光の項で後述する。

信堅は、史料上にはほとんど見えないが、尊経閣文庫所蔵「両家聞書」紙背文書に発給文書が確認できるので、実在したことは確かで、永禄末年まで生存している。この永禄末の時点でまだ俗体なので、おそらく元信晩年の子であろう。ただ、若狭武田家中での位置づけや果たした役割については今後の検討課題である。

潤甫周玉は、建仁寺住持（『鹿苑日録』天文十二年八月二十七日条など）・南禅寺住持を歴任し、小浜の栖雲寺・谷田部の雲外寺の開山を務め、若狭における文芸を主導していたことは、米原氏の研究でつとに知られている。春沢永恩も、潤甫周玉同様に建仁寺・南禅寺住持を務め、天正二年八月十六日に没している[71]。文岳は、米原氏の論考で言及されているように、潤甫と兄弟で、同時に出家しているので、これも元信の子となる。

元信の室については、『続群書類従』所収「尊卑分脈脱漏平氏系図」の、幕府政所執事伊勢貞宗の弟貞祐娘に「武田大膳大夫室」が見え、国信と貞宗がほぼ同世代であることからすれば、これが元信の正室に当たるだろう。元光の母が大永四年九月二十九日に死去したとの記述があるので（『実隆公記』同日条）、これが正室を指すのであれば、元信の後を追うように没したと言える。

6　元光

元信の子。『続群書類従』所収「山県本武田系図」では文明十六年生まれとあるが、永正元年に元服している（『実隆公記』文亀四年二月十一日条）のが元光であれば、それでは二十歳過ぎて元服することとなり、元服には遅すぎるので、生年はもう少し早くなければならない。仏国寺所蔵「武田家系図」は行年八十六歳と記述するが、これでは寛正六年生まれとなるので、国信・元信の年齢からしてそぐわず、誤りであろう。尊経閣文庫所蔵「聞書条々」の奥書のうち、永正十七年の奥書に、元光の署名の脇に二十七歳とあり、そうすると明応三年生まれとなる。永正元年に十一歳で元服したことになり、やや早い感もあるが、全く不自然ではないので、現状では明応三年を生年とするのが妥当であろう。

仮名は諸系図によれば彦次郎である。官途は伊豆守（『実隆公記』大永元年九月一日条など）の後、大永七年二月初め頃に大膳大夫に任官している[72]。なお「系図」などには贈三位との記述があるが、一年忌の拈香法語に「発心寺殿従四位前光禄大夫」とあり[73]、それより後の英甫永雄の詩文集「倒痾集」[74]に「発心寺殿贈従三品天源勝公禅定門肖像」と題する画賛があるので、天文二十一年八月以降に追贈されたことになる。おそらくは、後述する義統が足利義晴の娘を室に迎えたなどの、幕府との関係が接近した際に追贈がされたのであろう。

文亀年間に『実隆公記』に見える「武田子息」が元光であれば、元服前後に在京していたことになる。その後文書を発給し始める永正十七年までの動向は不明だが、翌大永元年には在国する父元信の代わりに在京し、足利義晴・細川高国支持の表明をし、元信への三位昇進の手続きなども行っている。

同年末に元信が死去すると、しばらく在国しているが、大永四年九月に再び在京していることが見える（『実隆公記』大永四年九月二十九日条）。確たる年代は不明だが、若狭では後瀬山城を築き、そこを本拠として移っている。

京都では、義晴―高国政権が安定していたが、大永六年に高国が家臣香西元盛を殺害したことをきっかけに大乱となり、高国と敵対していた細川澄元の子晴元が、四国から上陸して高国方と戦っている。その中で元光は若狭に在国していたが、同年暮れに高国合力のために上洛している（『二水記』大永六年十二月二十九日条）。しかし、翌年二月の合戦で大敗し、内藤佐渡父子・粟屋一族・熊谷・大野ら麾下の多くが討死したため（『言継卿記』大永七年二月十三日条）、元光は高国と共に義晴を奉じて近江へ退いている。同年十一月に再び上洛を遂げている（『二水記』大永七年十一月三日条）が、その後は被官を上洛させることはあっても、自身は若狭に在国し続けることとなる。この背景には、大永七年の武田氏の敗北に乗じて、丹後の海賊が蜂起して若狭沿岸を荒らすなど、国内外の不穏な状況もあった。この蜂起の背後には一色氏、そして元光と密接な関係にある高国と敵対する、細川晴元方が裏で糸を引いていたのであろう。

その後、高国は享禄四年（一五三一）に大物崩れで自害するが、晴元は家中の対立を経て義晴との関係を築くことになったため、元光も在国しながらではあるが、幕府と疎遠になることはなかった。元光は天文三年九月から天文四年三月の間に出家して入道宗勝となっている[75]ので、あるいは自身が出家して、息子信豊に家督を譲る形をとることで、幕府に復帰したのかもしれない。

天文七年になると、元光の嫡子信豊に対し、粟屋元隆が一族の中務大輔信孝を擁して反旗を翻している。これはすぐに鎮圧したが、これ以降武田家臣の離反が度々起こる。また、信孝はその後越前朝倉氏に身を寄せて、若狭への乱入を絶えず図っており、元光・信豊父子も幕府を通じて朝倉氏に釘を刺してもらっている（『大館常興日記』天文七年九月二十日条など）。また、同年には丹後加佐郡でも動乱が起きており、これを機に家督を正式に譲ったようである[76]。これは発給文書からも確認でき、天文八年以降権限を信豊に譲り渡して任せるようになっていることがわかる。以後、元光は政治からは身を引いたようである。そして天文二十年七月に没した[77]。前述の一年忌に行われた拈香法語は天文二十一年七月十日になされているので、没日もその辺りになる。

元光の子には信豊・信高・信重・信実・文渓永忠がいることが知られている（嫡子信豊は次項で扱う）。

信高と信重については、従来の研究でも異論が多い。まず、狂歌師として知られる英甫永雄の父が、龍泉寺殿蒲澗周稜居士であり、その官途が「前司農」、すなわち宮内（少輔か大輔）で、弘治二年（一五五六）十月五日に三十六歳で没したことは、つとに知られている（つまり大永元年生まれ）。伊藤東慎氏[78]や米原氏は、この龍泉寺殿が建仁寺十如院にいた僧蒲澗と同一人物で、一度寺に入ってから還俗したのだろうと指摘している[79]。問題はこの龍泉寺殿が誰かである。米原氏は、龍泉寺の過去帳に「武田中将信高公」（中将はおそらく中務かその唐名中書の誤り）とあることから、系図に宮内少輔とある信重を英甫の父とし、小高敏郎氏は、信重の名が系図以外に見えず、若狭に残る系図・記録からすると信高とすべきで、最初元度と名乗っていたとしている[80]。そして前述の伊藤東慎氏は保留、永江秀雄氏は、米原・小高氏の論をふまえ、龍泉寺に残る史料を重視して信高であるとしている[81]。

では、この信高・信重・龍泉寺殿の関係はどのように捉えるべきか。

まず信高についての情報をまとめると、西福寺に対して出した文書が一通残っており[82]、官途は中務、仏国寺所蔵「武田家系図」のように元度と同一人物とする説もある、龍泉寺過去帳の龍泉寺殿のところに「武田中将信高公」とあることなどが挙げられる。このうち元度と信高が同一人物である説は、天文三年の時点で元度は中務の官途を持ってたので、少なくとも元服してしばらく年月を経ていると想定されるのに対し、大永元年生まれの龍泉寺殿はいまだ数えで十四歳なので、同一人物とするのは無理があり、別人と見るべきである。西福寺宛文書は、年代が不明なので何とも言えない。そして系図や地誌類は、いずれも江戸時代に成立したものであり、小高・永江氏が依拠する森家本系図も、松前氏祖とする武田太郎を書き載せるなど問題が多く、無批判に使うことはできない。

そして、この信高と関連する人物として注意せねばならないのが、前述の、粟屋元隆と共に反乱を起こし、越前朝倉氏のもとへ逃れ、その後若狭復帰を狙って策動していた武田中務大輔信孝の存在である(83)。ともに中務の官途を持ち、名前も音通で同じ、時代もほぼ同じである。米原氏はこれをもって信高＝信孝の可能性を指摘するが、それを批判する永江氏の論の展開は、信高は信豊の実弟であり、信高を継承した信方は信豊次男であって、親密な関係が保たれているので、信高が信豊を狙って挙兵したとは考えられないとしている。しかし、これは龍泉寺殿＝信高である前提があってのことなので、その前提が成立しなければ、信高＝信孝としても問題は無くなる。

次に信重だが、『続群書類従』所収「浅羽本若州武田之系図」に信豊弟として宮内少輔信重、同「山県本武田系図」に、「永正四年生、宮内大輔、永禄比申次衆」、同「細川系図」に細川藤孝妹に、「若狭大守武田宮内少輔信重建仁寺十如院長老永雄母号宮川」とあること、『寛政重修諸家譜』の三淵氏の系図に、晴員娘が武田宮内少輔信重に嫁すとあること、同じく「若州武田系図」に信重があり、彦五郎・宮内少輔と付しているなど、系図類にのみ名が見える人物である。ただ信高と違い、若狭武田関係系図以外にも見える点は重要である。

ではどちらを龍泉寺殿とすべきなのか。信重の官途は宮内で一致しており、司農＝宮内であることが確実な龍泉寺殿と合致する。一方、信高は同じく中務で一致しているので、司農との整合性がとれない。むろん途中で官途を変えることもありうるので、一概には言えないかもしれないが、元々元度が継承した家は中務を代々の官途としているようなので、最初宮内から中務へ変更するならともかく、その逆はよほどの政治的意義がない限り、まず変更しないであろう。永江氏は中務と司農両方に任じられる可能性もあるのではないか、必ず司農が宮内少輔を意味し、中務が中務少輔であったとする解釈をしてもよいのだろうかと述べている。確かに前者は可能性はあるが、後者はまず疑問を差し挟むことなく、中務は必ず中務の官であり、司農は宮内として用いられたとしてよいだろう。少なくとも一定程度の学識を備えた禅僧が唐名を誤って用いる可能性より断然高い。小高・永江両氏が信高を龍泉寺殿とする裏付けは、結局同時代史料には無く、後世の史料であり、そこに誤記や改竄が無いわけではない。それは信重についても同様であるが、若狭武田関係系図以外で永雄の父とあるのは信重のみである。過去帳も、「司農」と「中将（中書）」の矛盾から、当初法名・道号のみが記されていたところ、後世に誰かの比定によって「武田中将信高公」の部分が記された可能性がある。信高関係は、前述の松前祖とある武田太郎の記述など、不審な点が散見されることも気になる部分である。

結論としては、信重と信高は別人であり、龍泉寺殿は信重、信高は信孝と同人とするのが妥当と考える。

信高と信重の関係を整理すると、若狭には下条武田の一族中務大輔家がいたが、文亀二年に親子共々戦死してしまった。そこで元信の子元度がこの武田中務大輔家を継いで、その所領などを受け継いだ。元度は宮川に住していたので、以後これを宮川武田家とするが、元度は天文三年から七年の間に死去し、おそらくその子である中務大輔信孝＝信高がその跡を継承した。しかし信孝は反乱を起こし、越前へ去っていった。ただ、信孝と信高のどちらが先の名前であったかはわからない。そして、信孝の退去で当主が不在となった宮川武田家を継承させるべく、元光が自分の子を入嗣させた。これが信重＝龍泉寺殿で、信孝の一件を受けて代々の官途中務を避け、宮内少輔の官途を用い、弘治二年に死去した、となろうか。

ところで、天文十年に明通寺へ袖判寄進状を出した人物がいる(84)。袖判の花押形は、森左京大夫に書状を出した武田彦五郎信当[85]のものと同一であるので、この寄進状を出したのも武田信当ということになる。彦五郎の仮名からすれば、これが信重の前名ではないだろうか。この信当は、米原氏が言及するように、尊経閣文庫所蔵「検見覚悟之事」天文十五年の奥書にも名が見え、元光との関係も良好のようである。

信重の子は前述の英甫永雄がいることは確実である。後述する信豊の子彦五郎信方は、彦五郎の仮名が共通するので、信重の養子になっていたと思われるが、これは信重死後に信豊がその跡を相続させたのであろう。そして、永禄六年以降京都で活動が確認される武田宮内大輔[86]は、官途が同じことから、これもおそらく信重の子（それも実子か）で、信方が入った代わりに京都へ上り、幕府に仕えたと思われる。この宮内大輔は永禄八年を最後に京都で見えなくなるので、義輝の死に殉じたか、京都を離れたのだろう。

なお、天保二年（一八三一）に松前藩の松前氏に対して龍泉寺が出した文書中には、信高の子として山城愛宕山長床坊住侶の行海法印と英甫永雄・信方、そして蝦夷地へ渡海して松前氏の祖となったかとある太郎信―（―は失念して不明とある）が記されている[87]。この信高は信重のことだが、太郎信□は、松前氏が若狭武田に出自を求めていることを知った後世の誰かによる仮冒であろう。

信重の室は、前述の「細川系図」にある細川藤孝妹（奉公衆三淵晴員娘）で、狂歌に堪能であったことが知られる宮川尼である。

また越前に逃れた信孝＝信高は、朝倉氏の庇護下にあったが、その娘が朝倉孝景の室となって、義景を生んだことが、『続群書類従』所収「日下部系図」に見える。この孝景室は前述の「諸家系図纂」では元信娘とある。義景は天文二年生まれなので、信高娘を母とすると年代があわないので、元信娘とするのが妥当だろう。信高のその後の動向は不明だが、年未詳ながら正法寺に対して、左衛門督＝朝倉義景が八幡御影を写し置き、灯明料を寄進すると伝えた武田中務少輔入道光昭(88)がいる。花押形は信高時代のものとは異なるものの、義景との関係からすると、これが信高の後身ではないか。また、宮川武田家を継いだ信方は親朝倉であったので、信高かその後継者がその下に身を寄せた可能性があり、後世信高と信重とが混同されたのは、この信高系の人物が、信高系と信重―信方系とを系図の上で統合した結果であるかもしれないが、これは想定に過ぎないので、今後の検討課題である。

信実は、安芸武田光和が死去したことで、安芸武田氏へ入嗣したことは前述した通りである。その前は栖雲寺に入って僧になっていた(89)。官途は刑部少輔で、「武田刑部少輔信実」が安芸吉田表で毛利元就と戦って敗れたことが見え(90)、信実なりに勢力の挽回を図っていたことがうかがえるが、大勢は覆せず、結局没落した。その後は若狭にもどったらしいが、しばらく史料上から見えなくなる。

次に信実の姿が見えるのは、永禄十二年三月一日に御供衆として将軍足利義昭に出仕する「武田刑部少輔」で（『言継卿記』同日条）、元亀元年（一五七〇）には「武田刑部大輔」が同じく御供衆として出仕している（『言継卿記』元亀元年六月一日・同年十月十七日条）。この刑部大輔は「永禄六年諸役人附(91)」に御供衆として見える「武田刑部大輔信実」なので、永禄十二年から元亀元年の間に刑部少輔から刑部大輔に変わったのだろう。信実は右の「永禄六年諸役人附」の義輝時代には名が見えないので、足利義昭の将軍就任に伴い、上洛して仕えたことになる。この頃、本来奉公衆である若狭の本郷信富に対し、信富の身上について尽力していることが見える(92)。また同時期に、故実の書写や伝授を受けていることが、尊経閣文庫所蔵「両家聞書」の奥書や同所蔵「検見要法」の貼紙奥書に見える。この「両家聞書」は、表紙も含めて全紙に紙背文書が確認でき、信実が受け取った文書で構成されている。数通ある仮名消息が誰からのものかは不明だが、武田一族の信堅・元康、武田家臣粟屋統泰・大野豊親、義昭側近上野秀政、朝倉一族の景尚・景種、そして信実自身の発給文書がある。時代的には永禄末頃のものと見られる。

天正元年に義昭が信長と対立して没落すると、それにつき従ったようで、天正五年に比定される熊谷信直宛の足利義昭御内書[93]の中で、信直が「信実」を通じて、義昭に対して入洛の儀に馳走すると言上しており、この信実は武田信実に比定できる。信実は一時期安芸にいたこともあり、毛利家中の安芸関係者との仲介をしていたのであろう。その後の信実の消息は不明だが、天文十年頃から活動しているので、天正五年の時点でかなりの高齢になっており、間もなく死去したのかもしれない。

文渓永忠は、前述の英甫永雄がこの文渓の俗姪であることからすれば、元光の子となる。

元光の娘は、系図類には記述はないものの、「羽賀寺年中行事」に、天文九年に元光の十七歳になる娘が、六角定頼の猶子となって京極氏（高延か）に嫁いで、近江の南北の和睦がなったとの記述がある。[94]

元光の室については、『続群書類従』所収「細川系図」に、細川澄元娘に「嫁武田氏」との注記があり、この武田氏とは、身分や澄元を取り巻く政治的状況からすれば元光が該当するだろう。さすれば元光の正室はこの細川氏ということになる。

7　信豊

信豊は元光の子である。「羽賀寺年中行事」に天文九年の時点で二十七歳とあり、[95]また尊経閣文庫所蔵「射法大概」の永禄六年の奥書に五十歳とあることから、永正十一年生まれである。父元光や子元栄（後の義統）と異なり、

「元」字を頭につけない名乗りであるが、これは元光が細川高国と晴元との争いの中で高国方であり、信豊が元服した頃の高国は、京都から没落している頃で、政治的に不安定であったことが影響して、偏諱をもらうことがなかったのであろう。

仮名は彦次郎[96]で、官途は天文八年十二月に伊豆守となっている[97]。大膳大夫であったとする史料もあるが[98]、最後まで伊豆守のままであったようである[99]。甲斐武田晴信が大膳大夫に任官しており、「武田大膳大夫」が二人同時にいることになるのを避けたためであろう。

元服は享禄から天文にかけての頃と思われるが、家督を継承した時期は、前述のように、信豊の発給文書は天文八年以降から安堵状などが出るようになり、それとは逆に父元光の文書が出なくなり、前述の伊豆守任官も同年十二月になされるので、天文八年としてよいだろう。おそらく、前年に起きた武田信孝・粟屋元隆の反乱も大きく影響している。以後は信豊が幕府との交渉や、若狭国内への安堵・宛行・感状発給などをするようになる。一方で百姓等による徳政要求、丹後加佐郡の支配動揺、信孝の蠢動による越前境の不穏な状況など、内外に問題を抱えてもいた。

信豊は、弘治二年六月から八月にかけて、盛んに弓馬関係の故実を三郎（息子元康、後に信由）に伝授していることが見える。同年十月に弟である宮川武田の龍泉寺殿＝信重が死去し、系図によってはこの年に信豊が死んだとするものもあることから、嫡子義統とその弟三郎元康をめぐり家督継承を原因とする動乱が起きたことがうかがえる。つまり信豊・元康と義統とが対立したことが想定される。そして永禄元年七月に、信豊は再び義統と対立し、被官人も分裂して若狭を二分するまでになり、信豊は近江高島郡へ移っている[100]。八月・九月・十月と信豊は禁裏に恒例の進物をしているが[101]、これらは逗留先から出したものか。翌年二月十日に、若狭から吉田兼右に太刀と馬代三百疋を出している（「兼右卿記」同日条）ので、一時的に若狭に戻っていたかもしれないが、義統との対立は続き、将軍足利義輝から調停するよう依頼された近江の六角承禎・義治父子により、ひとまずの和議が成り(102)、義統は八月晦日に高浜から小浜に戻っている(103)。だが信豊の正式な帰国はならず、いまだ国内では小競り合いがあり、不安定な状況が続く。信豊が帰国できたのは、実に永禄四年四月のことであった(104)。これ以降法名紹真を用いるようになる。

これ以後の信豊の動向は、永禄四年十一月以降わからなくなるが、連歌師里村紹巴が永禄十二年に天橋立へ向かう途中、立ち寄った若狭国で、六月七日に「御隠居之御屋形様」を訪問し、十二日にこの御隠居のところで源氏物語桐壺巻を講釈している(105)。米原氏が推測するように、この御隠居は信豊であろう。その後元亀三年二月十四日に朝倉義景の出した安堵状に、「当寺領諸寄進之事、任永正拾六年十一月十九日仏国寺、大永三年十一月十七日発心寺、天文八年八月廿六日信豊一行之旨、可有寺納(106)」とあり、元信を仏国寺、元光を発心寺と呼んでいるのに対し、「信豊」とあることから、米原氏はこの時点でも信豊が存命していると推測している。ただ孫元明が越前に連行された時も、その後織田信長の勢力が若狭に入った時も、信豊の存在は全く顧みられることがないので、生きていたとしても、全く影響力のない状態であったと思われ、もはや正体のない有様であったかもしれない。

信豊が死去した年代は不明だが、永禄十年に死去した息子義統が天正八年四月八日没とする系図があることからすると、あるいは天正八年に死去したのは信豊であったかもしれない。なお、米原氏は天正九年六月朔日付羽賀寺衆徒宛条目に信豊が袖判を据えていることから、この時点で健在であったとするが、依拠する文書の年代は天正九年ではなく、天文九年の間違いなので(107)、信豊が生存している可能性があるものは、前述の元亀三年が最後になる。

信豊の子には、義統・信方・信景・信由・義貞が確認される（義統は次項で述べる）。

信景は官途右衛門佐が確認される。仮名は不明だが、あるいは足利義輝時代に御部屋衆に名を連ね、永禄六年正月九日に山科言継の訪問を受けた武田小次郎（『言継卿記』同日条）が信景であるかもしれない。以下で述べるように、義昭と最初から行動を共にしているので、それ以前から幕府に仕えていたとするのが自然だからである。なお、『続群書類従』所収「浅羽本若州武田之系図」では彦五郎とあるが、これは後述の信方と混同されたものだろう。

永禄八年に将軍足利義輝が三好・松永氏によって討たれた後、奈良から脱出して近江へ逃れた足利義昭に信景は近侍していたようで、義昭が各地の大名へ協力を呼びかけた際に、越後の上杉輝虎に対し、輝虎が義昭の上洛に協力するとの返事を賞賛し、自分も若狭に対して申談じる覚悟であると伝えている(108)。その後義昭の上洛作戦中、上洛して将軍就任後の動向は杳として知れず、「永禄六年諸役人附」にもその名が見えないので、若狭武田を動かすことができなかったこともあって、一時的に義昭から離れていたと思われる。義昭が信長によって没落した後、いつ頃かは不明だが、その下に馳せ戻っており、天正四年に義昭が備後鞆へ移った際に、吉川元春・小早川隆景に対し、御礼の手紙を出している(109)。ただその後は不明である。

信由は系図に仮名が三郎とあり、官途は上総介が確認される(110)。年未詳だが、父信豊が右京大夫（細川晴元か氏綱）に対し、「三郎御字之儀」を申し入れたところ、子細なく遣わされたことを謝して太刀を贈っているので(111)、この三郎が信由であれば、当初は「元━」の名であったことが想定される。そこで惹起されるのが、信豊が永禄四年に若狭へ帰国した際に、多聞院へ祈念の儀を申して「父子之料所」方を調えたと述べた時に(112)、同日付で「大御屋形様并拙者」料所を調えたと述べた元康の存在である(113)。この二通からすれば、元康は信豊の子とでき、かつ「元━」の名であるので、この元康は信由の前身ではないか。尊経閣文庫所蔵「両家聞書」紙背文書中の武田信実宛元康書状の奥ウハ書に、

「三郎元康」とあるのもこれを補強する。

『続群書類従』所収「山県系図」によると、弘治二年に始まった信豊・義統父子の内訌で信豊が敗北すると、信由は弟義貞と共に同族の武田信玄のいる甲斐に亡命したとある。そして甲斐では「国持ちの御牢人」として、これも弟義貞と共に「御客人」待遇を受けていたという[114]。いつ甲斐に赴いたか定かでないが、元康が信由と同人であれば、永禄四年末以降のことになる。

その後、元亀二年に敦賀で久政と対面し、三年八月に書状を受け取っていることが見える[115]。前述の「両家聞書」紙背文書は永禄後半頃の文書が多いので、義昭の上洛をきっかけにすでに上洛していたかもしれない。また、おそらく在洛中に上総介への任官と、信由への改名がなされたのだろう。その後は義昭の使者としても活動し、甲斐武田と安芸毛利との間を往来したが[116]、天正十年に武田滅亡の際に、織田信忠によって殺された[117]。『多聞院日記』天正十年三月二十三日条には「若狭武田ノ五郎」が織田方に生け捕られて討たれたことを記すが、これは後述の彦五郎信方ではなく、信由を指すのだろう。

義貞は実名は不詳だが[118]、入道して義貞と名乗る。官途は甲斐守である。仮名も不明だが、信景が小次郎であったなら、信由（元康）が三郎、信方が彦五郎なので、義貞は四郎を含む仮名であったかもしれない。前述のように信由と行動を共にしている。元亀元年末には上洛しており（『言継卿記』元亀元年十二月二十四日条）、義昭に仕えて甲斐守に任官したのだろう。それ以後は信由と別行動となり、天正四年には義昭使者として武田・上杉・北条間の和睦に奔走している[119]。また年未詳だが「武田甲斐守入道義貞」の署名で高野山成慶院に「当国中無事」を伝えていることからすると、甲斐にいたのかもしれない。甲斐武田氏滅亡後の消息は不明である。

そして信方は、仮名彦五郎で、官途は不詳である。他の兄弟と異なり、若狭にいて義統に近い立場で活動しており、それは永禄元年から確認できる。同年の信豊と義統父子間の争いでは、十月末から十一月上旬にかけての戦いでの軍功を義統から賞されている[121]。その後も義統を補佐する一方、信豊から永禄六年頃に様々な故実の伝授を受けていることが、尊経閣文庫所蔵「二騎検見条々」・「射法大概」などの奥書からわかる。信方は宮川武田家を継承したことから、若狭内での所領は宮川保を中心に領しており[122]、また独自に幕府とのつながりを持ち、義輝・義昭からそれぞれ御礼への返事をもらっている[123]。義昭からは、越前で上洛の隙をうかがっている時期に、何度も上洛に協力するよう依頼されている[124]。しかしそれに応じなかった結果、信方は謀叛であるとされて窮地に立たされ[125]、義昭に対して詫び言をして、朝倉義景の仲介を受けてなんとか赦免され、事なきを得た[126]。

信方は兄義統が永禄十年に死去した後、若狭武田氏の重鎮として活動していた。義昭が京都に戻ると、その側近上野秀政に対し、賀茂庄本家分を上意下知に任せて社納を違乱しないと述べ[127]、他の若狭の領主同様に、義昭・信長への恭順を示している。また信長には、知行のことで家臣中川重政を通じて依頼もしている[128]。しかし、元亀元年になると朝倉義景と密かに意を通じ、信長からの近江北郡への参陣命令[129]にも従わなかったようで、十月には明確に敵方に回っている（『言継卿記』元亀元年十月二十二日条）。同年十二月に結ばれた信長と義景との和議に、義昭の仰せを受けて寄与したらしく、翌年正月に賞されている[130]。そして再び戦端が開かれた信長と義景との間で、信方はそのまま義景方についていたため、朝倉氏滅亡後に没落した。その後の動向は不明だが、ゆかりの深い龍泉寺に肖像画が残り、また仏国寺所蔵「武田家系図」には、信方のことを指す元実の記述に、備後国鞆に住し、天正十四年三月二十四日に死去したとある。この系図は不審が多いが、もし鞆にいたのであれば、他の兄弟同様に足利義昭に馳参じ、鞆に居して、義昭が京都に戻る前に現地で没したことになる。

なお、上述の仏国寺所蔵「武田家系図」には、信豊の次男として長源寺住持日感を記しており、「百家系図稿」所収岡系図[131]では、信豊の子として義統・信由・信景、そして盛俊を掲げている。この盛俊は初名盛信で、母は逸見河内守妹、岡刑部左衛門・和泉守とあり、盛俊の子に武俊・定俊を記し、上杉家に仕えた後に小浜に住した定俊の子が京極氏に仕えたとある。

また『続群書類従』所収「明智系図」には、明智光隆に、「明智玄蕃頭、妻武田義統妹」とあり、その子明智光秀に「母武田義統妹」と注記されている。家格からすれば武田氏よりも随分低い美濃土岐明智氏に対し、信豊の娘が嫁いだとはよほどのことがなければ考えにくく、また光秀の年齢は不詳ではあるが、織田信長よりは年上であったとの見方がされていることからすれば、信豊の娘を母に持つには年代的に非常に難しいので、後世の仮託か、別人と誤ったとするのが妥当であろう。

信豊の室としては、天文五年八月頃に死去し、本願寺証如から香典として千疋が信豊に届けられた妻（『天文日記』天文五年八月二十五日条）がいる。その後再婚したか、天文十三年閏十一月六日には、妻の乳人按察が山科言継に鮭を贈っている（『言継卿記』同日条）。しかしいずれも何氏であるかは不明である。

8　義統

義統は信豊の嫡子である。生年は大永六年生まれとする説があるが、前述のように父信豊が永正十一年生まれなので、大永六年では少し早すぎる。後述の息子元明が永禄五年頃生まれであることを鑑みると、享禄末〜天文初の生まれであろう。

初名は元栄で、おそらく細川晴元からの偏諱である。永禄元年末から同四年初の間に、将軍足利義輝から「義」の一字偏諱を受けて義元となり、永禄四年四月から翌五年の間に義統へと改めた[132]。将軍からの一字偏諱は、若狭武田氏で初めての事例であり、かつ将軍の下の名である「輝」ではなく、足利将軍家の通字「義」字を拝領している。戦国期には「義」字偏諱を受けることは、さほど困難ではなくなっていたが、それでも通常の「晴」や「輝」の偏諱よりも格上であった。

またもう一つ特筆すべきこととして、その室が十二代将軍義晴の娘であることが挙げられる。このことは『言継卿記』永禄七年五月十九日条などからも確認される。実は尊氏以降の足利将軍家において、娘は必ず寺に入れていて、婚姻に用いることはなかったので、足利氏の女性が大名の室となるのはこれが初見である。それだけ当時の若狭武田氏が将軍から重視されていたことの裏返しであろう。輿入れの年代は天文十七年かともされているが、確たる裏付けが無く、確定できない。むしろそれより後の、若狭武田氏を政治的に頼みとする比重が大きくなる、三好長慶の台頭によって、義晴・義輝父子が近江へ没落した天文十八年六月から、義輝が二度目の京都再入洛をする永禄元年十二月の間のいつかとするのがよいだろう。

仮名は彦次郎[133]で、官途は最初治部少輔[134]、次いで伊豆守[135]、そして大膳大夫[136]となっており、いずれも若狭武田累代が用いた官途である。

天文末年から活動が確認できるが[137]、父信豊との関係が悪化し、前述のように弘治二年に若狭国内で動乱が起きており、これは以後永禄四年まで断続的に続くこととなる。そして信豊との諍いは、弟元康の若狭退去という形で決着したと思われるが、同年六月に今度は大飯郡の逸見昌経が、粟屋氏や丹波の内藤宗勝（松永長頼）と結んで兵を挙げる（「厳助往年記」永禄四年六月条）。これは越前朝倉氏の援軍を受けて何とか撃退するが、度重なる内乱と家中の分裂、そして離反は、若狭武田氏の勢力と支配体制を大きく揺らがせることとなった。

一方京都との関係は、不安定な領国のこともあり、上洛することはなかったが、在京雑掌として清水式部丞次忠が駐在しており、山科言継をはじめとする公家たちとの交流が『言継卿記』からうかがえる。そして永禄八年五月十九日に足利義輝が殺害されると、その翌二十日付で義統は朝倉義景に変について伝えており[138]、在京雑掌から絶えず京都の情勢を窺っていたことがわかる。

その後義統は、奈良から近江に移った足利義昭から協力を呼びかけられるが、前述のような国内状況の中でそれに応えることはできなかった。永禄九年八月末に義昭は三好氏によって近江矢島から没落するが、真っ先に頼ったのが義統で、少ない供を連れて若狭に移っている（『言継卿記』永禄九年閏八月一日条）。しかしその直後に、若狭では武田父子間で取り合いをしていることが他国に聞こえている（『多聞院日記』永禄九年閏八月三日条）。この父子はおそらく義統と元明になると思われるが、元明はいまだ孫犬丸の名乗りで、元服前の幼少であるので、反義統勢力が孫犬丸を担いでのことと見られる。あるいは三好氏とつながる勢力が義昭を迎えた義統に反発したのかもしれない。結局義統は、義昭の期待に応えられず、また国内も不穏であるため、義昭を越前の朝倉義景のもとへ送り届けている。

そして義統は翌永禄十年に没した。この義統の没年には諸説あり、『系図纂要』と東京大学史料編纂所架蔵謄写本「武田系図」などが永禄十年四月八日没、仏国寺所蔵「武田家系図」が永禄十年十一月九日没、そして「諸家系図纂」四之一武田系図・同「四之二武田系図」が天正八年四月八日没としている。天正八年は次の元明のところで見るように、武田信玄の生前に義統が没していることは明らかであるため、問題外である。あるいは天正年間に没したと思われる父信豊の没年が誤って伝えられた可能性もある。残る永禄十年の四月か十一月かが問題となるが、米原氏が妥当とする十一月としてよいのではないか。

義統の子には、元明以外には現在確認できない。室としては、先述の足利義晴娘がいる。

9　元明

元明は義統の子である。『続群書類従』所収「山県本武田系図」には天文二十一年生まれ、「浅羽本若州武田之系図」には天正十年に自害した時に二十一歳（つまり永禄五年生まれ）とあるが、父義統死後に武田信玄から朝倉義景へ出された書状には、「孫犬丸幼少故」とあるので、(139)永禄五年説が妥当だろう。幼名は上述の孫犬丸で、仮名は孫八郎(140)になる。歴代当主の仮名が彦太郎・彦次郎であるのと全く異なっている。これは元服した時にすでに権力体としての若狭武田氏が崩壊していたことが大きかっただろうが、なぜ孫八郎にしたかは不明である。朝倉一族が「孫―」の仮名を用いているので、その影響によるものか。官途については伝わっておらず、二十一歳で没したのであれば、まだ官途に改めていなかった可能性が高い。

元明については、従来父義統死去後、幼少で当主を継ぐも、越前朝倉氏によって越前へ連れ去られてしまったとされていたが、実際には朝倉氏が庇護するためであり、祖父信豊らが若狭に健在であったこともそれを示すとする解釈がなされている。(141)よく知られている前述の武田信玄書状がこの解釈の背景にあるが、当時の政治状況などからしても、そう捉えるのが自然であろう。

幸便之条令啓札候、同名大膳大夫（武田義統）他界候以後、孫犬丸幼少故、親類被官恣之擬、剰企逆意国中錯乱、既孫犬丸名代断絶眼前候之処、貴国被相招、種々被加御悃意之由、御哀憐誠奇特候、向後弥被引立者、於信玄可為祝着候、委曲信興口上申含候之間、不能具候、恐々謹言、

六月十五日　　　信玄（花押）

朝倉（義景）左衛門督殿[142]

元明はこうして朝倉氏のもとに留め置かれたが、足利義昭上洛以後の、織田信長と朝倉義景との対立の中で元明はどうしていたのか。おそらく越前にいたままであったようである。元亀元年に上洛して在京するよう信長から求められた畿内周辺大名・国衆の中に名が見え[143]、永禄十二年に比定される文書で、織田家から若狭広野孫三郎に対し、義統判形に任せて知行が安堵され、同時に孫犬＝元明へ忠節するよう伝えられている[144]ことからすると、信長からはこの頃まだ若狭国主として扱われていたようである。

朝倉滅亡後は越前から離れ、信長に仕えることになる。しかし従来の国持のような扱いではなく、旧臣逸見氏などと同格扱いで、信長から若狭を任された丹羽長秀の与力として組み入れられた。『信長公記』によると、天正八年に逸見昌経が死去した後に、その旧領八千石のうち、三千石を与えられたとある[145]。

天正十年六月に本能寺の変が起こると、明智光秀に与したため、乱の治まった後、秀吉により自害させられた。

元明には二男一女があったようで、死の直前に自ら記したという武田系図[146]には、長男元義、次男源作、娘龍子が記されている。また元明の生き延びた子が、後に津川内記と名乗り、京極家に仕えて佐々義勝と改め、重臣として高浜城代となったという[147]。

元明の正室は、後に秀吉の側室松の丸殿となったことで知られる、京極高吉の娘龍子である。婚姻が結ばれた時期は定かでないが、三人の子がいることからすると、天正元年八月の朝倉氏滅亡から天正七年までの間となろう。なぜ京極氏との婚姻になったかは、共に旧守護家である家格の適合や、かつて元光の娘が京極家に嫁いだことによるものと思われる。なお『続群書類従』所収「別本若州武田系図」には、元明と松の丸殿の子として木下勝俊が記されているが、これにのみ見える説であり、可能性としては甚だ低いと見られる。

註

（1）例えば守護としての側面からは、佐藤進一『鎌倉幕府守護制度の研究』（要書房、一九四八年）・同『室町幕府守護制度の研究（上）』（東京大学出版会、一九六七年）・同『室町幕府守護制度の研究（下）』（東京大学出版会、一九八八年）があり、これは後に今谷明「守護領国制下における国郡支配について」（同『室町幕府解体過程の研究』岩波書店、一九八五年）につながる。安芸の領主としての側面としては、松岡久人「大内氏の安芸支配」（『広島大学文学部紀要』二五－一号、一九六五年、後に岸田裕之編松岡久人著『大内氏の研究』〈清文堂、二〇一一年〉所収）があり、岸田裕之「安芸国人一揆の形成とその崩壊」（『史学研究』一四〇号、一九七八年、後に同『大名領国の構成的展開』〈吉川弘文館、一九八三年〉所収）なども後に呈されている。
（2）及川大渓「古文書上の安芸武田氏史料」（『芸備地方史研究』五三号、一九六四年）。
（3）『芸備地方史研究』一〇八及び一〇九号、一九七六年。
（4）『甲斐路』二九号、一九七六年。
（5）広島市祇園公民館、一九八四年。
（6）戎光祥出版、二〇一〇年。
（7）『愛媛大学教育学部紀要』第Ⅱ部二〇巻、一九八八年。現在機関リポジトリでダウンロードできる。

(8) 吉田賢司「室町幕府の軍勢催促」(同『室町幕府軍制の構造と展開』吉川弘文館、二〇一〇年)。
(9) 塙書房、一九六六年。後に『網野善彦著作集 第一巻』(岩波書店、二〇〇八年)所収。
(10) 『日本歴史』二五七号、一九六九年。後に同『戦国武士と文芸の研究』(桜楓社、一九七六年)所収。
(11) 『小浜市史紀要』第三輯、一九七二年。後に同『戦国武士と文芸の研究』(桜楓社、一九七六年)所収。
(12) 小高敏郎「雄長老の伝と文事」(同『近世初期文壇の研究』明治書院、一九六四年)、永江秀雄「雄長老の出自について」(『小浜市史紀要』第一輯、一九七〇年)、伊藤東慎「狂歌師雄長老と若狭の五山禅僧」(『禅文化研究所紀要』三号、一九七一年)。
(13) 『月刊歴史』一八号、一九七〇年。後に同『近世史小論集 古文書と共に』(思文閣出版、二〇一二年)所収。
(14) 小浜市教育委員会、一九七九年。
(15) 大森睦子、一九九六年。
(16) 『国立歴史民俗博物館研究報告』第二集、一九八三年。
(17) 『兵庫教育大学研究紀要 第二分冊 言語系教育・社会系教育・芸術系教育』五号、一九八四年。現在機関リポジトリでダウンロードできる。
(18) 『小浜市史紀要』第六輯、一九八七年。
(19) 山梨県立博物館監修・西川広平編著『甲斐源氏 武士団のネットワークと由緒』(戎光祥出版、二〇一五年)。
(20) 『甲斐』一一四号、二〇〇七年。
(21) 新人物往来社、二〇〇六年。
(22) 東京堂出版、二〇一五年。
(23) 吉川弘文館、一九九五年、第二版は二〇一〇年。なお若狭地域については佐藤圭「『織田信長家臣人名辞典』の若越人名について」(『若越郷土研究』四〇-五号、一九九五年)が補足をしている。また、功刀俊宏「若狭武田家臣の行く末」(日本史史料研究会編『日本史のまめまめしい知識 第1巻』岩田書院、二〇一六年)が、若狭武田氏滅亡後の家臣たちの動向について述べている。
(24) 大野康弘「粟屋越中守勝久と国吉籠城戦」(『若越郷土研究』五四-一号、二〇〇九年)。

（25）源城政好「地方武士の文芸享受―文化と経済の交換―」（村井康彦編『公家と武家　その比較文明史的考察』思文閣出版、一九九五年、後に同『京都文化の伝播と地域社会』〈思文閣出版、二〇〇六年〉所収）。
（26）高橋成計「若狭逸見氏の叛乱と内藤宗勝の動向について―永禄四年の叛乱について―」（『丹波』二号、二〇〇〇年）。
（27）櫻井帯刀「中世後半の高浜について」（『若越郷土研究』三一―一号、一九八六年）。
（28）大原陵路「若狭本郷氏について」（『福井県史研究』創刊号、一九八四年）、市川裕士「若狭本郷氏の動向と室町幕府・守護」（『若越郷土研究』五二―一号、二〇〇七年）など。また羽田聡「天文期における室町幕府側近衆の所領とその評価―大館氏を中心に―」（『年報三田中世史研究』五号、一九九八年）が大館氏を事例として述べるように、所領・得分を若狭に有する家の研究もなされている。
（29）山田徹「「分郡守護」論再考」（『年報中世史研究』三八号、二〇一三年）。
（30）「天陰語録」（『続群書類従　第十三輯上』四二頁）。
（31）足利義教袖判室町幕府神宮方連署奉書案（「御前落居奉書」『室町幕府引付史料集成　上巻』五七頁）など。
（32）湯川敏治編『歴名土代』（続群諸類従完成会、一九九六年）。
（33）前註（31）文書など。
（34）『満済准后日記』永享四年正月二十三日、同年十月十日条など。
（35）細川勝元奉書（『大日本古文書　毛利家文書之二』八七号）。
（36）「天陰語録」（『続群書類従第十三輯上』四二頁）。
（37）「仏国寺文書」（『小浜市史　社寺文書編』五号）。以後同系図はこれによる。また信敦の記述は『系図纂要』にも見える。
（38）山本大・小和田哲男編『戦国大名系譜人名事典　西国編』（新人物往来社、一九八五年）九六頁。ただし信繁の子である出典は見出せなかった。
（39）「羽賀寺年中行事」（『羽賀寺文書』『福井県史　資料編9　中・近世七』二七号）。
（40）『群書類従第二十輯』四六五頁。

(41) 東京大学史料編纂所架蔵謄写本「春浦録」、同「梅渓集」。
(42) 東京大学史料編纂所架蔵謄写本「梅渓集」。前註米原氏論文も参照。なお米原氏は天隠龍沢の「天陰語録」に九峰が「武田武庫之家」に生まれたと見えることから武田の同族であったと述べているが、武庫はすなわち兵庫の官途であるので、具体的には代々兵庫頭・兵庫助となる奉公衆武田下条家の出であったとすべきだろう。九峰以成は文明十五年に八十一歳で死去したので、応永十年生まれとなる。時期的には兵庫頭であった武田下条満信の子となるであろう。
(43) 武田信賢禁制写（「松雲公採集遺編類纂巻一二四」『福井県史　資料編2　中世』九号）。
(44) 拙稿「四職大夫」（木下聡『中世武家官位の研究』吉川弘文館、二〇一一年）。
(45) 系図などでは信賢以前に大膳大夫になっている記述がされているが、確実に任官したという徴証が無く、また鎌倉時代に武士で大膳大夫に任官できるのはいなかった（大江広元・中原師員といった京下りの元下級官人のみ）ので、これらは後世の仮託に過ぎない。
(46) 武家における陸奥守については、拙稿「武家における陸奥守について」（東京大学日本史学研究室紀要別冊『中世政治社会論叢』二〇一三年）参照。
(47) 細川勝元奉書（『大日本古文書　毛利家文書之一』八七・八八号）、室町幕府奉行人連署奉書（『大日本古文書　吉川家文書之一』四五号）。
(48) 『群書類従　第二十輯』四九九頁。
(49) 「雲樵独唱集」所収「祥雲寺殿小祥忌香語」（『五山文学新集　第五巻』一九三頁）。
(50) こうした幕府有力者からの一字偏諱については、拙稿「室町幕府において将軍直臣に対して将軍以外が名前の一字を与えること」（日本史史料研究会編『ぶい&ぶい新書1　日本史のまめまめしい知識』岩田書院、二〇一六年）参照。
(51) 『蔭涼軒日録』寛正三年十月二十八日条、『斎藤親基日記』寛正六年八月十五日条など。
(52) 『大乗院寺社雑事記』文明四年正月二十五日条、『山科家礼記』文明四年十二月五日条など。
(53) 武田国信書状案（『大日本古文書　蜷川家文書之二』一一六一二号）。

(54) 国信は信親の御影像を作成させ、希世霊彦に賛を寄せてもらっている（『五山文学新集　第二巻』所収「村庵藁」四九二頁）。
(55) なお年未詳だが、「宣秀卿御教書案」（東京大学史料編纂所架蔵写真帳）紙背文書に、次の文書がある。
先日尊書委細令拝見候、仍逸見衆共為合力但州罷立之処、田公其□候、本人衆者引退候、田公者七月八日腹切候、逸見弟共打死仕候ハんする覚悟ニて、火敷たる合戦共にて候、雖然逸兄弟存する内者能仕候て、一人も無大事罷のき候、弾正者不在候つる、兄弟□人罷立候、近比あふなき事にてハ罷のき候、返々御懇蒙仰候、難有□□（後欠）
若狭武田氏の軍勢が但馬まで攻め入ったことを示している。丹後へ攻め入ることはしばしば見られるが、但馬へはこれ以外に見られない。山名家臣田公が自害していることから、田公（肥後守か）が生存している長享二年八月から国信が死ぬ延徳二年までと推測され、延徳元年頃のものか。
(56) 「伊勢家書」文明十年二月二十八日条（『後鑑　第三』六四九頁）。
(57) 文明十三年三月十六日付犬追物手組（「伊勢家書」『後鑑　第三』六九八頁）。
(58) 文明六年六月四日付犬追物手組（「伊勢家書」『後鑑　第三』五八五頁）。
(59) 『長興宿禰記』文明十一年九月十四日条、前註（56）「伊勢家書」など。
(60) 前註（12）伊藤氏論文。
(61) 『大日本史料　第九編之十三』大永元年十二月三日条。
(62) 山本大・小和田哲男編『戦国大名系譜人名事典　西国編』（新人物往来社、一九八五年）九七頁。
(63) 『蔭凉軒日録』延徳三年六月二十日条の時点で「武田彦次郎」で、同二十八日条において亀泉集証から受領任官を賀されているので、この間に任官がなされたことがわかる。
(64) 明応九年七月七日付の犬追物手組（東京大学史料編纂所架蔵台紙付写真）に「武田大膳大夫」とある。
(65) 武田元信願文（「中山寺文書」『福井県史　資料編9　中・近世七』一九号）。
(66) 「室町幕府申次覚書写」（拙稿「「室町幕府申次覚書写」について」科学研究費研究成果報告書『目録学の構築と古典学の再生』二〇一二年）。

(67) 拙稿「位階」(木下聡『中世武家官位の研究』吉川弘文館、二〇一一年)参照。
(68)『大日本史料第九編之十三』大永元年十二月三日条。
(69) 龍泉寺所蔵鳳足石硯(福井県立若狭歴史博物館特別展図録『若狭武田氏の誇り』二〇一五年)。
(70) 国立公文書館内閣文庫架蔵写本「武家故実雑集」所収「武雑礼」。
(71)『大日本史料第十編之二十四』天正二年八月十六日条。東京大学史料編纂所架蔵謄写本「枯木藁」に永禄二年の時点で五十六歳とあるので、永正元年生まれになる。
(72)『言継卿記』大永七年正月十五日条・『再昌草』大永七年二月一日に「武田伊豆守元茂」とあり(茂は光の誤りか、またはこの時期そう名乗っていたのか不明)、『言継卿記』大永七年二月十一日条以降、大膳大夫の官途で見える。
(73) 東京大学史料編纂所架蔵謄写本「梅渓集」。
(74) 東京大学史料編纂所架蔵謄写本「倒痾集」。
(75) 天文三年九月五日付武田元光安堵状(「仏国寺文書」『福井県史　資料編9　中・近世七』二号)に「元光」と署名しており、『後奈良天皇宸記』天文四年三月一日条で「武田入道大膳大夫」とある。
(76)「羽賀寺年中行事」(「羽賀寺文書」『福井県史　資料編9　中・近世七』二七号)。
(77) 東京大学史料編纂所架蔵謄写本「羽弓集」、同「枯木藁」。
(78)「羽賀寺年中行事」(「羽賀寺文書」『福井県史　資料編9　中・近世七』二七号)。
(79) 前註(12)伊藤氏論文。
(80) 前註(12)小高氏論文。
(81) 前註(12)永江氏論文。
(82) 武田信高安堵状(「西福寺文書」『福井県史　資料編9　中・近世七』五六号)。
(83)『大館常興日記』天文七年九月二十日、天文八年十二月一日条など。
(84) 武田信当袖判中村親昆寄進状(「明通寺文書」『福井県史　資料編9　中・近世七』一二四号)。

(85)　武田信当書状（京都市歴史資料館蔵「馬場義一家文書」）。
(86)　宮内少輔とも。「永禄六年諸役人附」（『群書類従第二十九輯』）、『言継卿記』永禄六年正月二日・永禄七年正月二日・同年十一月二十七日、永禄八年正月十五日条など。
(87)　松前氏先祖之儀ニ付書状等写（「龍泉寺文書」『小浜市史　社寺文書編』三五号）。
(88)　武田光昭書状（「正法寺文書」『福井県史　資料編2　中世』二号）。
(89)　「羽賀寺年中行事」（「羽賀寺文書」『福井県史　資料編9　中・近世七』二七号）。
(90)　大内義隆感状写（「萩藩閥閲録巻一五之二」『萩藩閥閲録　第一巻』一八号）。
(91)　『群書類従第二十九輯』一七七頁。
(92)　武田信実書状写（「本郷文書」『福井県史　資料編2　中世』一七三号）。
(93)　足利義昭御内書（『大日本古文書　熊谷家文書』一五九号）。
(94)　「羽賀寺年中行事」（「羽賀寺文書」『福井県史　資料編9　中・近世七』二七号）。
(95)　「羽賀寺年中行事」（「羽賀寺文書」『福井県史　資料編9　中・近世七』二七号）。
(96)　武田信豊書状（「成簣堂文庫所蔵文書」『福井県史　資料編2　中世』四号）。
(97)　『歴名土代』に十二月十二日に従五位下伊豆守に叙任されたことが見え、『大館常興日記』天文八年十二月二日条で「武彦」とあったのが、同二十八日条で「武田豆州」へと変化している。
(98)　「和簡礼経第九」（『改定史籍集覧　第廿七冊』五八〇頁）の武田信豊書状写の注記として、「上包右ニ同、表ニ信豊、裏ニ大膳大夫」とあることから、大膳大夫に任官していたかもしれないが、これ以外に徴証がない。
(99)　たとえば「兼右卿記」永禄三年三月二十七日条に「武田伊豆守信豊」とある。
(100)　「羽賀寺年中行事」（「羽賀寺文書」『福井県史　資料編9　中・近世七』二七号）。
(101)　『お湯殿の上の日記』永禄元年八月二十日・九月二十四日・十月四日条。
(102)　足利義輝御内書写（「国会図書館所蔵古簡雑纂」『福井県史　資料編2　中世』一〇・一一号）、「羽賀寺年中行事」（「羽賀寺文書」『福井県史　資料編9　中・近世七』二七号）。

(103)「羽賀寺年中行事」（「羽賀寺文書」『福井県史　資料編9　中・近世七』二七号）。

(104) 武田信豊書状（「羽賀寺文書」『福井県史　資料編9　中・近世七』二八号）など。

(105)「紹巴天橋立紀行」（『大日本史料　第十編之二』七〇五頁）。

(106) 朝倉義景安堵状（「神宮寺文書」『福井県史　資料編9　中・近世七』五九号）。

(107) 武田信豊袖判下知状（「羽賀寺文書」『福井県史　資料編9　中・近世七』二二号）。

(108) 武田信景書状（『大日本古文書　上杉家文書之二』五二〇号）。

(109) 武田信景書状（『大日本古文書　吉川家文書之二』五五八号）、武田信景書状案（『大日本古文書小早川家文書之二』一六一号）。

(110) 浅井久政書状（「尊経閣文庫所蔵文書」『福井県史　資料編2　中世』八四号）。

(111) 武田信豊書状（「保阪潤治氏所蔵文書」『福井県史　資料編2　中世』七号）。

(112) 武田信豊書状（「羽賀寺文書」『福井県史　資料編9　中・近世七』三四号）。

(113) 武田元康書状（「羽賀寺文書」『福井県史　資料編9　中・近世七』三五号）。

(114)『甲陽軍鑑』末書（『甲陽軍艦大成』下巻、三二二頁）。

(115) 浅井久政書状（「尊経閣文庫所蔵文書」『福井県史　資料編2　中世』八四号）。

(116)『甲陽軍鑑』末書（『甲陽軍艦大成』下巻、二七五頁）。

(117)『信長公記』（角川文庫版）三八九頁。

(118) あるいは武田信玄書状（「朝倉家文書」『戦国遺文　武田氏編第三巻』一五五一号）や一色藤長書状写（「古今消息集」『戦国遺文武田氏編第六巻』四〇八四号）で使者を務めている「信興」が、義貞の実名であるかもしれない。幕府・朝倉義景との関わりがあり、武田氏の通字である「信」字を用いていることからすれば、可能性としてはあるだろう。

(119) 武田勝頼書状（「高橋琢也氏所蔵文書」『戦国遺文　武田氏編第四巻』二七二五号）。

(120) 武田義貞書状写（「成慶院所蔵武将文苑」『戦国遺文　武田氏編第六巻』四三一五号、なお同書では穴山義貞書状写とある）。

(121) 武田義統感状（「尊経閣文庫所蔵文書」『福井県史　資料編２　中世』六二号）。
(122) 武田信方宛行状（「龍泉寺文書」『福井県史　資料編９　中・近世七』二号）。
(123) 十二月二十二日付足利義輝御内書（個人蔵）、三月二十二日（永禄九年）付足利義昭御内書（「尊経閣文庫所蔵文書」『福井県史　資料編２　中世』六五号）。
(124) 足利義昭御内書（「尊経閣文庫所蔵武家手鑑」『愛知県史　資料編11』五〇八号）。
(125) 山県秀政・某勝長連署奉書（「白井家文書」『福井県史　資料編２　中世』四八号）。
(126) 朝倉義景書状（「尊経閣文庫所蔵文書」『福井県史　資料編２　中世』六八号）。
(127) 武田信方書状（「尊経閣文庫所蔵文書」『福井県史　資料編２　中世』七一号）。
(128) 中川重政書状（「尊経閣文庫所蔵文書」『福井県史　資料編２　中世』九〇号）。
(129) 織田信長朱印状（「尊経閣文庫所蔵文書」『福井県史　資料編２　中世』七五号）。
(130) 真木島昭光書状（「尊経閣文庫所蔵文書」『福井県史　資料編２　中世』八〇号）。
(131) 静嘉堂文庫所蔵。
(132) 現在残る確実に年代がわかる義統発給文書からは、永禄四年から永禄八年の間となる。永禄五年正月十七日付の義統安堵状写（「白井家文書」『福井県史　資料編　２中世』三六号）は、署名の「義統」部分が書写時に補われたようであるのでそのまま用いることはできず、『福井県史』の年代比定で十二月二十九日付宛行状（「白井家文書」『福井県史　資料編２　中世』三七号）が永禄五年かとされているので、これに従えば永禄四年から五年の間となる。政治的にも四年に父信豊との争いに終止符が打たれたので、これを機に改名したとできるため、現状はこの四年から五年の間としておきたい。
(133) 武田義統感状（「尊経閣文庫所蔵文書」『福井県史　資料編２　中世』六二号）。
(134) 明通寺鐘鋳勧進時入目下行日記（「明通寺文書」『福井県史　資料編９　中・近世七』一三九号）に「少輔殿様」とあり、代々の当主及び後継者の官途遍歴からすれば、治部少輔であったことがわかる。ただ義統が永禄元年時点でも彦次郎であるので、この下行日記の作成された年代によっては、別人である可能性も残る。

(135)『お湯殿の上の日記』永禄元年九月二十四日条に「たけたいつかみ」とあることによる。
(136)武田義統書状(『大日本古文書　島津家文書之三』一一九一号)。信豊と異なり、大膳大夫になっていたのは、先に大膳大夫であった武田晴信がすでに出家していたので、「武田大膳大夫」になっても差し支えなかったからか。
(137)武田元栄書状写(「雑々書札」『戦国遺文　六角氏編』七二〇号)。
(138)前註(136)文書。
(139)武田信玄書状(「朝倉家文書」『戦国遺文　武田氏編第三巻』一五五一号)。
(140)『信長公記』(角川文庫版)三五二頁。
(141)前註(15)大森氏著書など。
(142)前註(139)文書。
(143)織田信長書状写(「二条宴乗日記」奥野高廣編『増訂織田信長文書の研究』二一〇号)。
(144)木下秀吉等連署状(「慶應義塾図書館所蔵」名古屋市博物館編『豊臣秀吉文書集一』八号)。
(145)『信長公記』(角川文庫版)三五二頁。
(146)武田家系図(「仏国寺文書」『小浜市史　社寺文書編』五号)。ただし奥書の元明の花押形は、現在元明のものとされる唯一の書状(「尊経閣文庫所蔵文書」『福井県史　資料編2　中世』七〇号)の花押形と全く異なり、むしろ叔父にあたる武田信方の花押形に近い。そもそもこの系図は、父義統が死去した後も数年在世し、接点は十二分にあったと思われる祖父信豊の没年を弘治二年にしていること、早世した信親が国信死後に若狭守護となったとあること、元信を信親の子にしていること、元信・元光の年齢など、内容に不審な点が多々見られ、元光の長男を元度＝龍泉寺殿としていることから、元明が死の直前に自ら記したというのは後世の仮託であって、実際には宮川の元度・信方系に関わりの深い者が作成したものではないだろうか。
(147)前註(21)高野著書、『小浜市史　通史編　上巻』など。

第1部
安芸武田氏

Ⅰ　鎌倉期の武田氏

―甲斐武田氏と安芸武田氏―

黒田基樹

はじめに

甲斐武田氏についての研究蓄積は膨大な量にのぼっており、大名研究のなかでも武田氏研究は特にすすんでいる部類に属している[1]。しかし、その内容は戦国大名としての武田氏研究がほとんどであって、それ以前の鎌倉御家人及び守護大名としての武田氏研究は概説程度のものでしかない。実際問題として、信虎期以前の武田氏関係の史料は極めて残存数が少なく、この点がそれらについての研究を妨げていることは否めない[2]。しかし、だからといっていつまでも手つかずにしておいていいというわけでもなかろう。

本稿は、そのような状況下にある鎌倉期の武田氏を研究していく上において最も基礎的な部分である系譜関係について明らかにしようとするものである。

一

武田氏の本国はいうまでもなく甲斐国である。鎌倉期における甲斐守護についてはほとんどその徴証はないが、武田氏以外の者が甲斐守護となっていたことを示す史料もないので、当初より武田氏が歴任していたと考えてよいと思われる。

武田氏についても、元弘三年（一三三三）四月の幕府上洛軍の編成に「武田三郎一族並甲斐国[3]」とあるのが唯一の手がかりである。これについては既に佐藤進一氏が[4]、「武田三郎」は『建武年間記』[5]に建武元年（一三三四）十月十四日北山殿笠懸射手の一人として記されている「武田石禾三郎政義」であり、当時の甲斐守護と考えられており、これに異論をさしはさむ余地はない、といわれている。

この武田石和政義は次のような系譜[6]をひくものである。

信義（太郎）―信光（石和五郎 伊豆守）―信政（小五郎）┬信時（五郎次郎）―時綱―信宗（伊豆守）―信武（兵庫助 甲斐守 伊豆守 陸奥守）
　　　　　　　　　　　　　　　　　　　　　　　　　└政綱（五郎三郎）―信家（三郎 伊豆守）―貞信―政義（石和三郎 駿河守）

二

武田氏にとって甲斐国守護職の他にその伝統的家職ともいいうるものに安芸国守護職がある。これは武田信光の時初めて補任されたものであるが、鎌倉期を通じて一貫して武田氏が補任され続けたわけではなかった。佐藤氏[7]は、武田信光の安芸守護在職について、『吾妻鏡』文治五年（一一八九）十月廿八日条の、「安芸国大名葉山介宗頼、依伊沢五郎（武田信光）之催、為奥州御下向御共、率勇士参向之処」とあるのを、その初見とされているが、これはさらに遡らせることができるのではなかろうか。すなわち、同じ『吾妻鏡』の元暦二年（一一八五）二月十三日条の「今日、伊沢五郎書状自鎮西到着于武衛御旅館、其詞云、為廻平家追討計、雖入長門国、彼国饑饉依無粮、猶欲引退于安芸国」という記事は、この時点において、信光が安芸国と特別な関係にあったことを推測させるものといえる。というのは、当時、源範頼に従って周防・長門まで進軍していた多くの東国御家人のなかで、特定の国名をあげて帰還を望んでいるのは信光一人だけである。これは信光にとって安芸国が何らかの意味を有していたからに他ならず、そして、それは信光がすでに安芸守護であったからではなかったか。前掲の条文そのものは、信光の安芸守護在職を直接に示すものではないが、信光が安芸国とは何らかの特別な関係にあったと推測されることと、『吾妻鏡』同年五月廿三日条に「当島（対島）守護人河内五郎義長（武田信義弟）」とみえていることからも、この時点において信光が安芸守護であったと推測してもよいのではなかろうか。すでに武田信義・安田義定・河内義長の甲斐源氏一族の守護補任が認められており、また、信光自身の文治五年時の守護在職へのつながりとを考えるならば、この元暦二年時における信光の守護補任は決しておかしなものではなかろう。

以下については煩雑になるので安芸国守護在職表を掲げておきたい。

在職期間	守護
↑元暦二年二月(?)—文治五年十月↓（一一八五）（一一八九）	武田信光
↑建久七年十月—承久三年六月▲（一一九六）（一二二一）	宗孝親
▼承久三年—（嘉禎元年五月）（一二二一）（一二三五）	武田信光
▼嘉禎元年五月—仁治二年四月↓↑寛元三年正月（一二三五）（一二四一）（一二四五）	藤原親実
↑文永六年四月—建物二年八月↓↑弘安九年三月(?)（一二六九）（一二七六）（一二八六）	武田信時
↑正応二年十月—正応六年五月↓（一二八九）（一二九三）	名越宗長
↑元徳三年四月↓（一三三一）	武田氏

（河村昭一『安芸武田氏』掲載のものを一部改めた。表中、▼は補任、▲は改替をあらわす。）

このうち、藤原親実までは佐藤氏の研究成果と同内容のものである。佐藤氏は、北条氏一門の守護在職について名越宗長であろうと推測され、その在職も正応六年時に確認されたにすぎなかったが、河村氏は、その北条氏一門が名越宗長であることと、彼の守護在職を正応二年時においても確認された。そして、武田信時から名越宗長への守護改替を、弘安九年三月までに鎌倉初期の守護領の一つ苅田久武郷が武田又太郎六郎から没収されていることから、それ以前のことと推測された。また、その後の安芸守護について、元徳三年四月の安芸国宣にみえる「守護代福島新左衛門信綱」が南北朝期に武田信武のもとで守護代をつとめた福島氏の一族であることから、元徳三年時の安芸守護を武田氏と推測されたものである。

なお、最後の元徳三年時の安芸守護の武田氏は、『光明寺残篇』に、元弘元年（一三三一）の河内楠木城攻めの幕府軍の編成に「武田伊豆守」とあり、これが「西南自山崎至于天王寺大路」一手に属していることから安芸守護であったと考えられる。この「武田伊豆守」は、信武が伊豆守を称するのが暦応四年（一三四一）以後のことなので[8]、信武の父信宗にあたると考えてまず間違いあるまい。

従って、鎌倉期に安芸守護であった武田氏は、信光・信時・信宗の三人であったことが確認される。

三

次に「伊豆守」の受領名について考えてみたい。武田信光が、寛喜元年（一二二九）十月六日に伊豆守に任ぜられているが[9]、この他に伊豆守であったことが確認される武田氏としては、信宗と信武がいる。ところで、各種の武田系図には多くの人物に「伊豆守」と註記されている。いま、関係する人物についての註記を列挙すれば次の通りである（なお、『吾妻鏡』その他確実な史料によって確認できる通称・官途名・受領名などは省略した）。

このうち、「伊予守」と註記されているものが多くみられるが、これは別の系図では「伊豆守」ともなっているので、これらはすべて「伊豆守」の誤記と考えてよいであろう。そうすれば、伊豆守であったとされるのは信政・信時・時綱・信家の四人となる。ここで注目されるのは、信家を除く信政―信時―時綱が、信光と信宗―信武を系譜的に結ぶ存在であるということである。実際に伊豆守に任ぜられたかどうかはともかくとして、信光から信武に至るまで、その系流が代々伊豆守を称していたとされている事実は重要なことではなかろうか。しかも、この系流は信光、信時、信宗と武田氏において安芸守護であったことが確認される人々を見事に含んでいるのであって、このことから、私はこの系流（以下、信時系と称す）は代々安芸守護に補任される武田氏、すなわち安芸武田氏であったと考えたい。

	信政	信時	時綱	政綱	信家	貞信
尊卑分脈		治部少甫 伊豆守	弾正少弼 伊豆守		石禾二郎（三イ） 伊豆守 宗信イ	建武武者所 甲斐守 信貞イ
卜部本武田系図(10)	石和小五郎	伊予守	伊予守	号八代	伊豆守 改信貞	
古浅羽本武田系図(11)	井沢小五郎 伊豆守	伊豆守	伊豆守 弾正忠	（政経） 八代三郎 五郎	伊豆守 改宗信	甲斐守 改信貞
武田源氏一流系図(12)	小太郎	治部少輔 伊豆守	三郎 伊豆守 弾正少弼		伊豆守 宗信イ （石和三郎イ ニアリ）	（信貞） 建武武者所 甲斐守
一本武田系図(13)	伊予守	伊予守	伊予守			
円光院武田系図(14)				（信綱）		
河窪本武田系図(15)	石和五郎 伊豆守	伊予守	伊予守	号八代		
両武田系図(16)	石和小次郎	伊予守	伊予守	号八代		
若州武田系図(17)	伊豆甲斐 安芸守	六郎 伊予守	伊豆安芸守	石和五郎 三郎		

文永十一年（一二七四）十一月に蒙古襲来に際して守護信時は幕府から安芸下向を命じられているが(18)、それ以後、信時系は安芸守護を他氏に交替されたのちもそのまま安芸に在国し続けていたのではなかろうか。

なお、信時系以外で唯一伊豆守に任ぜられたとされている武田信家については後述する。

四

甲斐武田氏は信義—有義—信光と継承されていったと推測されるが、信光は前代の有義には弟にあたり、信光は初め石和五郎を称していた。嫡子小五郎信政も、各種系図に「石和小五郎」とあることから武田石和氏を称していたものと思われる。このように信光以後の武田氏はいわば武田石和流ともいうべきものであった。そう考えると、『若州武田系図』が政綱を「石和五郎三郎」とし、またその子信家を『尊卑分脈』（以下『分脈』と略す）・『武田源氏一流系図』（以下『一流系図』と略す）が「石和三郎」としていることは注目に値しよう。しかも信家の孫政義が「武田石和三郎」を名乗っていたことは前述の如く確実である。これらのことから政綱の系流（以下、政綱系と称す）が「武田石和三郎」を代々の通称としていたとみてよいであろう。このことは、信光以後の甲斐武田氏が武田石和流であったことを考えると実に興味深いことである。しかも、この政綱系の政義が甲斐守護として確認しうる唯一の人物であることを思えば、この政綱系こそ甲斐武田氏の嫡流であり、また代々甲斐守護に補任される武田氏、すなわち甲斐武田氏であったのではないだろうか。

五

それでは、この甲斐武田氏と先の安芸武田氏とはどのような関係にあったのであろうか。甲斐武田氏と安芸武田氏とが分かれるのは、武田信政の次代、すなわち信時と政綱のときである。信時の史料上の初見は『吾妻鏡』嘉禎三年（一二三七）六月廿三日条で、同書には信時は建長四年（一二五二）十一月十二日条まで四回みえている。その後は、文永六年（一二六九）以降、安芸守護として確認することができる。これに対して政綱の史料上の初見は『吾妻鏡』仁治二年（一二四一）正月廿三日条で、同書には政綱は弘長三年（一二六三）十一月廿日条まで二十九回みえている。惣領である信時は『吾妻鏡』においてはほとんど活躍がみられず、むしろ、政綱の方が信光死後の武田氏を代表している感が強い。もっとも、その後において信時は安芸守護として確認されることから信時の存在は確固たるものであったといえ、政綱が惣領信時のもとから独立した存在となったとまで考える必要はなかろう。

ところが、信時・政綱の次代、すなわち時綱・信家のときになると、逆に信時の子時綱は史料上では全くその存在は確認できず、そのためか各種系図においても時綱の代が系譜上最も混乱をみせており、『円光院武田氏系図』では時綱は政綱（系図上では「信綱」）の子に位置付けられてもいる。ここで注目されるのは、信時系以外で唯一伊豆守に任ぜられた信家の存在で、その時期はちょうど信時系の史料上における空白期にあたっているのである。『鎌倉年代記裏書』嘉元三年（一三〇五）条に北条時村殺害の犯人の一として「比留新左衛門尉宗広、預陸奥守、使武田三郎、」とある。ここにみえる「武田三郎」は信家のことと考えられるが、その際、信家と同様に使者を勤めたのは工藤・諏訪・長崎・南条氏などいずれも北条得宗家の有力被官であったから、信家もまた得宗被官であったと推測される。徳治二年（一三〇七）五月日付円覚寺毎月四日大斎番文[19]にはその結番にここにみえているメンバーが再び顔をみせているのであるが、ここでは「武田三郎」ではなく「武田伊豆守」となっている。各種系図が信家に「伊豆守」と註記していることからも、この「武田伊豆守」は信家のことと考えられる。また「北条貞時十三年忌供養記[20]」にみえる「武田伊豆入道」、『常楽記[21]』嘉暦元年（一三二六）条に「七月五日。武田伊豆入道他界。」とあるのもいずれも信家のことである。『常楽記』正中元年（一三二四）条に「十月三日、安藤左衛門入道息女他界。武田伊豆前司妻。」とあり、信家の妻は先の「北条貞時十三年忌供養記」にも名がみえている有力得宗被官の安東左衛門入道の娘であったことが知られる。以上のように、信家が伊豆守に任ぜられていたことは勿論、彼が得宗被官であったことも確実である。さらに、信家について『分脈』・『古浅羽本武田系図』（以下『古浅羽本』と略す）・『一流系図』には「改宗信」とか「宗信イ」とあって、信家はのちに宗信と改めたとされているのであるが、注目すべきは「宗信」「貞信」[22]という名乗りである。これはその時期から考えてそれぞれ北条時宗・貞時の偏諱を与えられたものと考えられよう。すなわち、得宗被官であった信家は、このような関係から得宗時宗から諱字をうけて「宗信」と改め、また子の貞信も得宗貞時から諱字をうけて「貞信」を名乗ったものといいえる。

このように、信家以降の政綱系は北条得宗家と密接な関係にあった。北条得宗家と政綱系との私的なつながりは、『吾妻鏡』弘長三年十一月廿日条に、北条時頼の終焉の際に政綱が祇候していることから、すでに政綱のときから認めることができる。政綱自身が得宗被官であったかは確認することはできないが、政綱が北条得宗家と私的に親しい関係にあり、その子信家が得宗被官であったことは確実である。しかも信家は信光以来の伊豆守に任官しており、それゆえその存在は得宗被官中でも特異なものであった。この時期、信時系は史料上には全くあらわれず、信家が信光以来の伊豆守に信時系以外で唯一任官していることをみると、この時期、信家は武田氏の惣領の扱いをうけていたと考えられる。

それでは、武田氏の惣領家は信家のときに信時系から政綱系へ移ったとみてよいのであろうか。その後、信時以降安芸に在国し続けていたと思われる信時系は信宗のときになって、安芸国守護職と伊豆守の受領名を再び手中にして登場していき、一方、政綱系は甲斐国守護職を手中にした。ここで伊豆守の受領名が信宗―信武と再び信時系に伝えられたことの意味は大きい。このことから、鎌倉後期が惣領制の解体期にあたることを考えれば、これは政綱系が武田氏の惣領家云々というよりも、むしろ庶子家であった政綱系が北条得宗家と密接に結びつくことによって、惣領家からの独立を図ったと考えた方が妥当と思われる。要するに、信家のときに北条得宗家と被官関係にあった政綱系は北条得宗家の権力をバックにして甲斐国守護職を手中にし、これを世襲することによって、惣領家安芸武田氏の統制から独立した甲斐武田氏として成立したものと考えられる[23]。

六

最後に南北朝期の武田氏について、以上に述べてきたことに関連する限りで触れてみたい。

建武期においても武田政義が甲斐守護であったことは、『諏訪大明神絵詞』[24]（縁起第四）に「甲州守護武田駿河守（政義）、同（建武）三年（一三三六）正月一日、武家（足利尊氏）の方人として当郡（諏訪郡）によせ来る」とあることから明らかである。こののち政義の消息は全く不明となる。次に甲斐守護として確認されるのは武田信武で、彼は観応二年（一三五一）九月より甲斐守護であったことが明らかである[25]。すなわち、甲斐守護が政綱系から信時系に移っているのであるが、この間の事情については全く不明である。ただ観応の擾乱において、観応二年十二月二十九日に甲斐七覚寺で足利直義方の武田上野介貞政（政義弟）が尊氏方の小笠原長基の軍勢と戦っていることから[26]、この時期、信時系と政綱系がそれぞれ尊氏方と直義方の二派にわかれて抗争していたことが推測されるので、甲斐守護の交代は直接的にはこれによるものであろう。

この間、信時系と甲斐国との関係を示すものとして、暦応二年（一三三九）六月に信武の子武田刑部大輔信成が一条郷内の地一町三段を一蓮寺に重寄進し、翌々四年八月十七日に同じく信成が一条郷内石坪泥女子跡二町・斎藤彦三郎之継沽却地を一蓮寺に寄進している[27]。さらに貞和二年（一三四六）十月十三日には信武が「武田惣領源信武」として一条郷蓬沢内田地一町七段を一蓮寺に寄進している[28]。しかし、信武・信成父子が実際に甲斐の地を踏むのは、観応二年に直義追討のため尊氏に従って関東に下向してからのことである。従って、以上の事実は信武が「武田惣領」として政綱系から甲斐守護を奪い、本国甲斐において自身の勢力を築きあげようとするものではなかったか。なお、信武が建武四年六月以降、甲斐守を名乗っていることは[29]、その意味で重要なことである。

また、建武期における安芸守護は不明であるが（おそらく信武が任ぜられたと思われる）、足利尊氏の建武政府離叛後、安芸守護として登場するのは信武である。彼はのちに甲斐守護をも兼ね、尊氏の有力部将として尊氏に従って各地を転戦するが、その間、安芸において実際に守護権を行使していたのは子の氏信であった。甲斐守護を継ぐ信成は、初めは安芸にいたがのちに信武に従って甲斐に移っている。氏信は初め兵庫助を称し、文和元年（一三五二）から伊豆守を称している[30]。のちに安芸守護を継いで守護大名安芸武田氏の祖となる人物であるが、この氏信が父信武の後を襲う形で「兵庫助」「伊豆守」を称していること、実名の「氏信」は尊氏の偏諱を与えられたものと考えられること、『古浅羽本』に「武田惣領」、『若州武田系図』にも「総領」とあること、信光以来の「伊豆守」を氏信の子孫が代々受け継いでいることから、この氏信は信武の嫡子であったと考えられる。信武が「安芸武田氏」の出であることを思えば、彼は伊豆守の受領名とともに安芸守護を嫡子氏信に受け継がせ、自身は政綱系より甲斐守護を奪取し、これを庶子の信成に与えたものと考えることができるのではないか。

おわりに

以上、鎌倉期の武田氏について系譜関係を中心にみてきたが、この時期における武田氏についての研究蓄積はほとんど皆無の状態に近い。従って、基礎的な事実関係から順々に積み重ねていく必要があると思われる。本稿はそのような意識のもとに成されたものであるが、やはり関係史料の稀少さから大部分が大胆な推測となってしまった。大方の御叱正をうけてより確実なものとしていきたい。

なお、本稿は甲斐武田氏と安芸武田氏とに主眼をおいたために、鎌倉・南北朝期を通じて重要な動きをみせていた武田一条氏及び武田岩崎氏については全く触れなかった。今後、これらについても検討して鎌倉期における武田氏を全体的に論じうるようにしたい。

註

（1）柴辻俊六編『武田氏の研究』（戦国大名論集10）所収「文献一覧」参照。
（2）『甲府市史史料目録　甲斐武田氏文書目録』参照。
（3）『光明寺残篇』（『群書類従』巻第四五四）。
（4）『増訂鎌倉幕府守護制度の研究』。
（5）『群書類従』巻第四五四。
（6）『尊卑分脈』その他各種武田系図をもとに筆者が作成した。注記は史料上確認できるものにとどめた。

（7）（4）に同じ。
（8）暦応四年十一月十日付武田信武請文（『吉川家文書』九九九号）。
（9）『明月記』同日条。
（10）『続群書類従』巻第一二一。
（11）『同右』巻第一二二。
（12）『系図綜覧』上所収。
（13）『甲斐叢書』所収。
（14）（13）に同じ。
（15）（12）に同じ。
（16）『続群書類従』巻第一二三。
（17）同右。
（18）『東寺百合文書』ヨ一―一二（『広島県史　古代中世資料編Ｖ』八九頁）。
（19）『円覚寺文書』（『神奈川県史　資料編２　古代・中世２』一五八七号）。
（20）『円覚寺文書』（『同右』一二三六四号）。
（21）『群書類従』巻第五一三。
（22）この貞信は諸系図に「建武武者所」「改信貞」などとあることから、『建武年間記』に延元元年（一三三六）四月建武政府が定めた武者所の結番のうち六番筆頭としてみえる「武田大膳権大夫信貞」と同一視しているものもあるが（佐藤進一『室町幕府守護制度の研究上』など）、『建武年間記』にみえる武田信貞は、『卜部本武田系図』・『古浅羽本』・『分脈』に「大膳大夫　建武比武者所」と注記されている武田岩崎氏系の信貞のこととする方が妥当である。信貞の系譜は次の通り。

信光―信隆―時隆―宗光―信貞

（23）先にも述べたように、甲斐守護として確認されるのは武田政義一人だけである。従って、それ以前の甲斐守護については全く想像の域をでないわけであるが、信時系は蒙古襲来を機に安芸に移住したとみられることから、甲斐における武田氏の中心は政綱系であったと思われ、その意味において、政綱系を「甲斐武田氏」とよぶのは妥当といえるだろう。また、信家は当時武田氏の惣領であったとみることができるが、伊豆守の受領名に注目すれば、信家の後、武田氏の惣領職は再び信時系に伝えられたものとみることができる。それゆえ、前出の『円光院武田氏系図』が時綱を政綱の子に位置付けていることの意味は大きいといえる。

(24)『続群書類従』巻第七三。
(25)観応三年十月二日付波多野清秀関所警固番覆勘申状写（『黄薇古簡集』）。
(26)観応三年正月日付佐藤元清軍忠状写（『佐藤文書』）。
(27)一蓮寺々領目録（『一蓮寺文書』『新編甲州古文書』一号）。
(28)同右。
(29)建武四年六月廿七日付武田信武施行状（『毛利家文書』一五二六号）。
(30)文和元年十二月廿七日付武田氏信預ケ状（『熊谷家文書』一二三三号）。

Ⅱ　分郡成立史論
—安芸武田氏を事例として—

田島由紀美

はじめに

室町期の安芸国では、守護による国支配が存在せず、安芸国国人一揆に象徴されるような領主階級の結集そのものが、守護支配であるというのが通説である[1]。即ちそれは、安芸国国人衆の個々の研究、或いは国人一揆についての多くの研究による評価であろうが、守護、又は守護家側からの研究は、未だ不充分である。

安芸武田氏は、代々守護を務めることが多かったにもかかわらず、守護としての支配権を〝分郡〟に限られた〝分郡守護〟として把握されている[2]。分郡守護とは、学界においても比較的新しい概念で、佐藤進一氏が初めて明示した制度史的視点であり[3]、その後、小川信氏、今谷明氏等々により[4]、数多くの分郡守護の存在が確認されている[5]。分郡守護は、当該国の守護職の地域分割された分郡に守護に准じて守護権を行使することができた。〝分郡〟は分国に対応する概念であり、守護公権の行使可能な範囲を特定地域に限られた点以外では、一国守護と何ら変わりはないと言えるであろうと定義づけられている[6]。

この分郡守護によって解決せねばならない問題は種々あるだろうが、個々の分郡、或いは、分郡守護についての研究が、まだ不充分であると言わざるを得ない段階であり、果たして、制度史的視点からとらえて良いのかすらも疑問とする。分郡守護が室町幕府の制度上存在したのか否かについては、今後の課題とすることにして、ここでは当面、安芸武田氏の分郡成立過程、及びその時期について考察を進めて行きたい。安芸武田氏を分郡守護ではなく、あえて史料上に現われる文言[7]を使い〝分郡主〟として扱うことによって、その領主制を明らかにすることの方が、〝分郡〟・〝分郡守護〟という概念の持つ様々な課題に応えていくことを可能とするであろう。

1、分郡成立前史

文治五（一一九〇）年、武田信光が安芸国守護について以来、武田氏は代々安芸国守護となるが、甲斐・伊豆等、他国との兼任で、安芸国に在国しておらず、七代氏信の時に、甲斐武田氏とわかれ安芸国一国のみの守護となる。「甲斐信濃

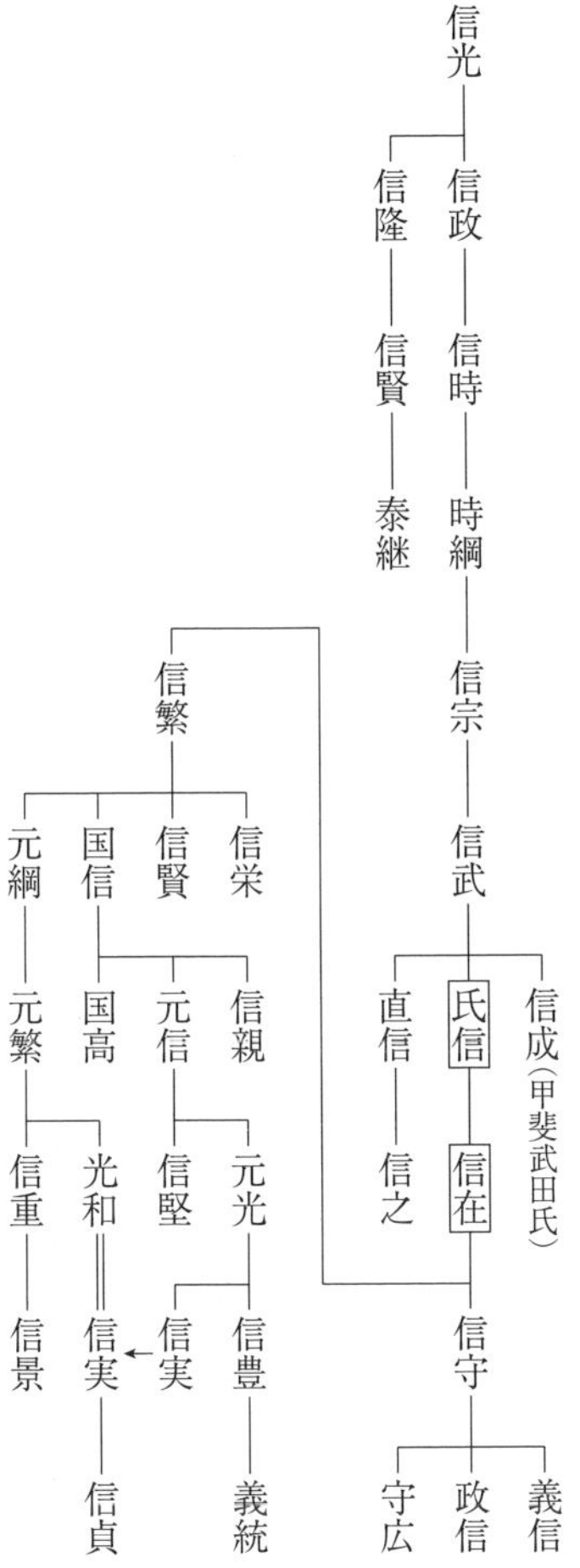

〔安芸武田氏略系図〕

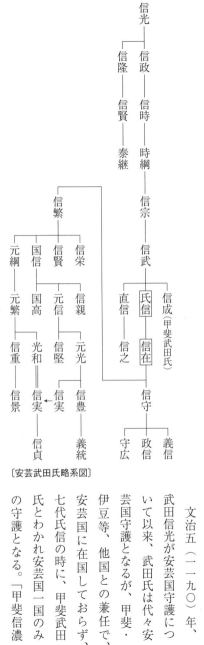

源氏綱要」によると、信光以降信武までの六代は、出世地が甲斐国府中であるのに対し[8]、氏信は安芸武田殿と呼ばれ[9]、その子信在以降は出世地の記載がない[10]ことからも推察できる。ここで、氏信の領国経営について考えてみたい。貞治四（一三六五）年二月五日、氏信は、幕府より棟別銭の徴収を命じられている。

〔史料1〕

将軍足利義詮御判御教書[11]

春日社造替料諸国棟別拾文事、所被下

綸旨也、安芸国分可致厳□（密）沙汰之状如件、

貞治四年二月五□（日）　花押（足利義詮）

安芸国守護

これによると、氏信は安芸国分の賦課権を有している。この時期は、一般的に言って、守護が領国主となりうるように歴史的条件が大きく変わり、守護職＝吏務観ではなく、守護職＝所領観が成り立つようになっていく時期である。氏信は、安芸銀山《かなやま》城に在城し、安芸国における領主制の展開を図った。表Ⅰは、武田氏の所領宛行表であるが、氏信の点数が全体の中でかなりのウェイトを占めている。小稿では、宛行地までは記さなかったが、建武年間と思われる武田信武の預置状一点[12]と若狭国守護職を得てからの信賢の二点[13]を除いて、他は全て〝分郡〟と称される安南・安北・山県・佐東郡が対象地となっている[14]。

建武年間の預置状一点は、信武が児玉新左衛門尉に豊田郡下竹仁村地頭職を預けたものである。児玉氏は、武蔵国児玉郡の出身で備後国・美作国等の地頭職と共に安芸国賀茂郡・豊田郡に所領を持ち[15]、水軍を編成しており[16]、天文頃

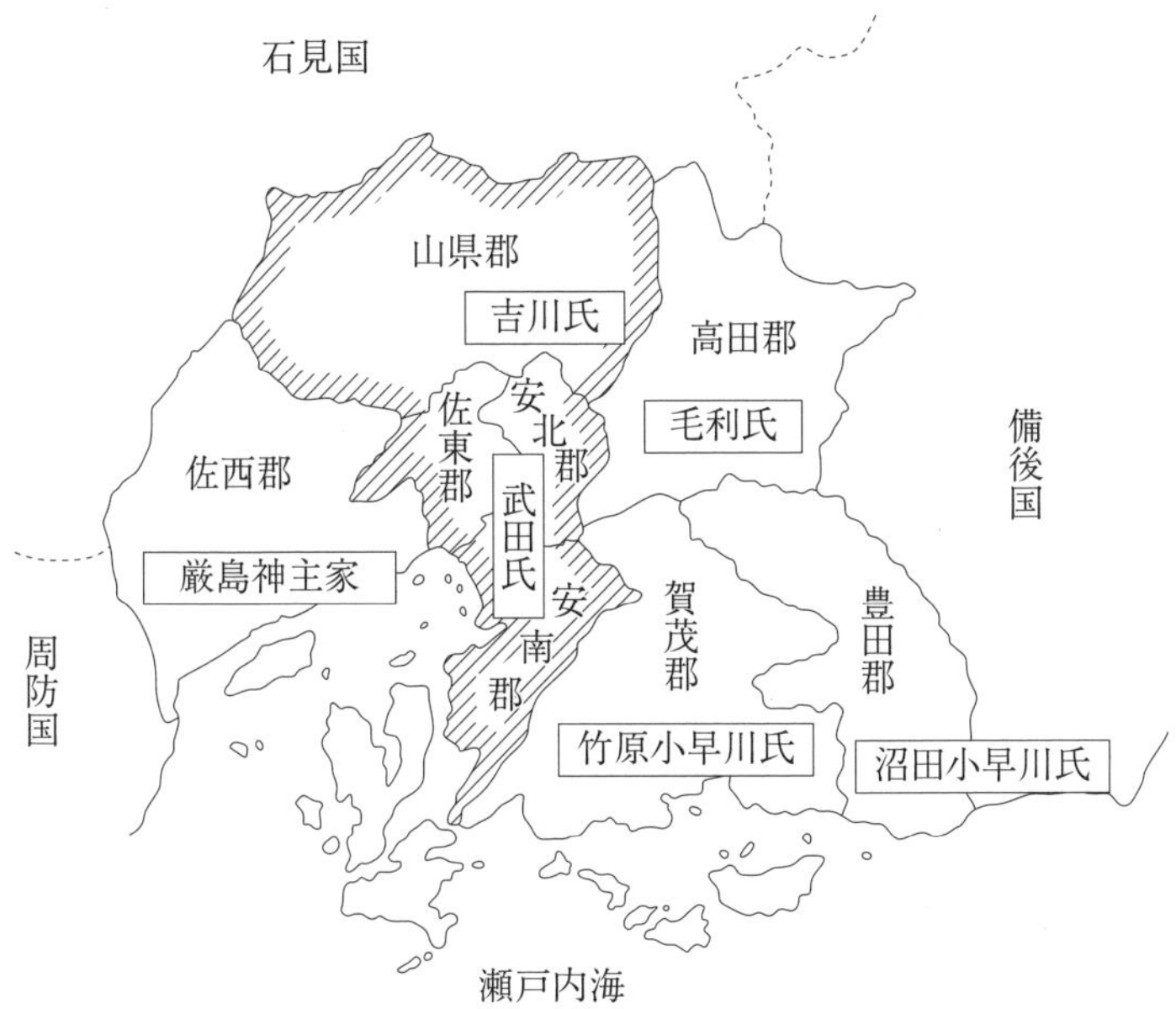

〔安芸国略図〕

には毛利氏に属していたと思われる。[17]暦応四（一三四一）年、信武の下で石見国に出向いており、[18]こうした状況下で信武の預ケ状が下されたものと思われる。しかし、これは児玉氏が武田氏の被官となっていた云々ではなく、足利直義軍勢催促状[19]に「所遣武田伊豆守信武也」とあることより守護権力の内にある軍事指揮権に従っていただけのことであろう。この児玉氏に後の康暦二（一三八〇）年、今川了俊（貞世）守護の時、大内満弘預ケ状[20]が出されていることからも推測できる。[21]

氏信の後、その子信在が守護職を有していたのか否かは確定できないが、応安年間に入ると、九州探題と兼任という形で今川了俊が安芸国守護となる。この後、細

〔表Ⅰ〕武田氏所領宛行一覧表

人名	文書数
信　武	2
氏　信	13
信　在	3
信　氏	2
信　守	2
信　繁	3
信　賢	3
元　信	4
元　繁	2
光　和	3
元　光	1
元　信	1
計	39

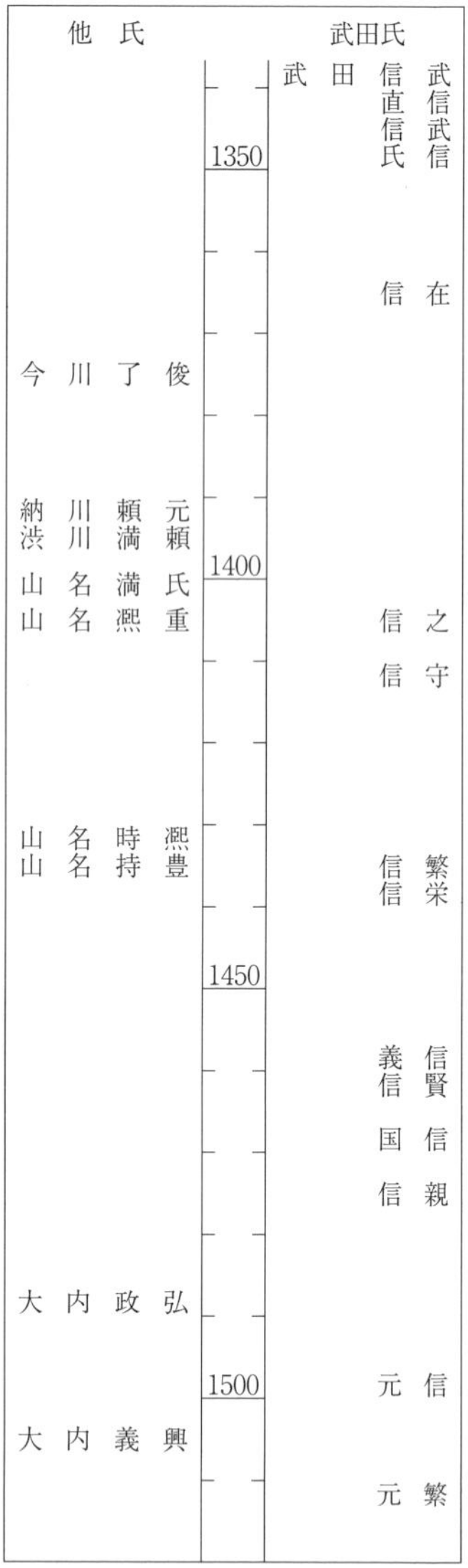

〔表Ⅱ〕安芸国守護補任表

川・渋川・山名氏と武田氏以外の守護が続くが、この時期、武田氏は分郡の郡主として認識される様になる（表Ⅱ参照[22]）。武田氏について論じる場合、勢力範囲を分郡に限られ、領国経営が満足に行われなかった点のみを強調されることが多いが、他氏の守護職下にあって、分郡主として[23]、守護と同等の権限を持っていたという事実をもっとダイレクトにとらえる必要があるように思う。

分郡守護については、今谷明氏等の各地での事例をあげた研究があるが[24]、今谷氏は、幕府側の正式な職称ではないと思われるとしながらも、幕府が、一国守護職に准じて分郡守護を扱っていたとしている。又、岸田裕之氏は、分郡守護武田氏の成立は、「応永十一年九月二十三日安芸国国人が一揆して以降の一連の武田氏の行動に対する褒賞的意味をもつ幕府政策の一つのあらわれであろう」と述べている[25]。確かに、大守護牽制の手段の一つとして、各地に分郡が実存し、最終的に守護職あるいは守護公権の行使が幕府によってのみ認可されるものであったにせよ、幕府政策として、言いかえれば、幕府側の働きかけによってのみ分郡守護の成立を考えるには、疑問を投じる。武田氏の守護としての一面を考察すると共に、領主としての一面を考察することこそが、分郡の成立を考える上で、最も有効であると考える。

２、安芸武田氏領主制の展開

史料２から６までは、武田氏の安芸国東寺領荘園ならびに厳島社領への押領の文書である。周知のように、守護や国人層の在地領主としての伸長は、国衙領や荘園への侵出を必然的に伴うもので、その性格上、押領を受ける側に史料が残存する場合がほとんどである。安芸国において、武田氏はじめ国人衆の国衙領および厳島社領への押領は、鎌倉期よりあるが、最も顕在化するのが、応安年間より応永年間（一三六八～一四〇〇年頃）に至る分郡成立期である。

〔史料２〕

室町将軍足利義満家御教書案[26]

東寺雑掌頼憲申安芸国々衙事、申状如此、爲當寺修造料所、度々勅裁分明之處、延年寄綺於物忩、或守護人或国人等、任雅意押領云々、不可然歟、當寺修営事、別而所有厳密沙汰也、且任去十三日　綸旨、止方々違乱、沙汰居国務於雑掌、可令執進請取、使節不可有緩怠之状、依仰執達如件、

応安元年十月七日　　　　武蔵守（細川頼之）判

大内(弘世)介殿

史料２の傍点部分の守護人とは、武田信在であろうと思われる。この文書が大内氏に発給されたのは、隣国周防国の守護であり、前年貞治六（一三六七）年より、安芸国に侵入する等[27]、大内氏が安芸国に関わってきたためと思われる。このように押領が行える程在地に根を張り、しかも隣国守護をもってしなければ停止できない勢力は武田氏以外考えられず、この時期氏信が伊豆守ではなく前伊豆守と称していることからも、ここでいう守護人とは、氏信の子信在と考えられる。具体的名前を掲げず「或守護人或国人等」と記してあるのは、頻繁に守護及び国人の押領が行われており、文書に恒常性を持たせたと理解できるであろう。

また、史料３・４では、武田遠江守による杣村の押領を停止するよう小早川氏に命じたものである。小早川氏は幕府の奉公衆であり、安芸国有力国人であるため、使節の遵行を命じられたものと思われる。

〔史料３〕

室町将軍(足利義満)家御教書[28]

東寺雑掌申安芸国衙職内杣村温科村等事、請文披見畢、杣村者武田遠江守申子細云々、不日止彼妨可沙汰付雑掌、若猶不承引者、企参洛可明申之由、可相触之、次温科村者無国衙職之旨、地頭大蔵少輔金子大炊助申之云々、国領分明之由、田所在俊捧請文(起請之詞載之)之上者、厳密可沙汰付雑掌、将又戸野郡戸両郷事、先度被仰之處、未遵行云々、甚無謂、所詮彼是松田勘解由左衛門尉相共致其沙汰、可被執進請取之状、依仰執達如件、

嘉慶元年十月十一日　左衛門佐(斯波義将)（花押）

小早河美作前司(春平)殿

先にも述べた様に、押領と呼ばれる行為が、所領の拡張を意図する国人側の必然的行為である以上、それを停止することは容易ではなく、ここでは使節遵行者の小早川氏も、また、史料2の大内氏も、別な史料[29]には、押領者側としてあらわれる。

史料4の御教書は、大意は史料3と変わらないが、入野郷南方は平賀尾張守弘章、同北方は平賀出羽入道直宗、佐西郡は厳島掃部頭親詮、杣村は武田遠江守押領とでてくる。これらは、史料3の温科村の金子大炊助も含めて、各々の本領地であり、押領はたやすく、停止はむずかしい状態であったと言える。

〔史料4〕

室町将軍家御教書[30]

東寺雑掌申安芸国衙職内入野郷南北・佐西郡・杣村（佐東郡）等事、重申状具書如此、入野郷南方者平賀尾張守、同北方者同出羽入道、佐西郡者厳嶋掃部頭（親詮）、杣村者武田遠江守押領云々、甚無謂、不日松田勘解由左衛門尉相共止彼等妨、沙汰付雑掌、可執進請取、将又佐西郡・杣村段銭切留事、任先例可致沙汰之由、被仰之處、猶以難渋云々、所詮重致催促、可被沙汰渡雑掌、更不可有緩怠儀之状、依仰執達如件、

至徳四年七月廿一日　左衛門佐（花押）

小早河美作前司（春平）殿

中でも、武田氏は、史料4の傍点部分で、杣村に独自の段銭を徴収していたことが推定でき、押領の根強さを示していると言える。

〔史料5〕

室町将軍家御教書(31)

厳島社雑掌申安芸国杣村内大塚久知両村事、武田伴遠江五郎捧建武二年御下文至徳三年安堵等案、爲杣七ヶ村内之由雖支申、去貞治年中雖拝領杣七村、爲厳重神領之間、閣之由、大内左京権大夫入道（義弘）進状上本社領云々、此上早止彼遠江五郎妨、可被沙汰付社家雑掌之由、所被仰下也、仍執達如件、

応永四年八月十八日　　沙弥（斯波義将）（花押）

右兵衛佐（渋川満頼）殿

史料5では、杣七ヶ村の内大塚村と久知村が、厳島社領であるので、時の守護渋川氏に、武田氏の押領を停止するよう申し渡している。武田氏は、建武二年の下文と至徳三年の安堵案等を捧げ、正当性を主張するが、結局、厳島社家に沙汰されることとなる。このことからも、杣村押領に関しては、建武以降の断続的押領と考えることが可能であろう。

又、史料6では、佐東郡内己斐・今武をはじめとする村々ならびに諸免田について相論を行っている。

〔史料6〕

室町将軍家御教書(32)

厳島神主安芸守親胤代与武田伊豆入道乗光代相論安芸国佐東郡内己斐、今武、定順、利松、坪井、古河、堀立、吉次等村々幷諸免田以下事、於當郡者拝領之間、不可各別之由、乗光雖申之、厳島社領之段、先々施行之上、庄内尚以有各別給人之条傍例也、況於郡内哉、所詮不日停止乗光押領、可被沙汰付親胤之由、所被仰下也、仍執達如件、

応永四年七月廿五日　　　　沙弥（花押）
右兵衛佐《（渋川満頼）》殿

ここで注目すべきは、「於當郡者拝領之間、不可各別之由」と乗光が申し立てている点である。結果として、拝領は乗光の押領として受け取られ、申し立ては却下されるが、何故、乗光が右の様なことを申し立てたかである。当郡拝領の根拠としては、次の3通りの考え方ができるであろう。

1、佐東郡は分郡内であり、特別な郡であるからという考え方。
2、半済等の一時的処置を契機とした領有権の主張という考え方。
3、史料7に掲げたように、鎌倉期より郡地頭職を有していたためという考え方。

〔史料7〕
六波羅施行状(33)
安芸国三入左一方地頭熊谷四郎頼直法師法名行連与佐東郡地頭武田孫四郎泰継相論両条、
一佐東河手并鵜船事、
一倉敷事、
以前両条、任弘安十年九月廿一日関東御下知之旨、且存知、且可致沙汰如件、
正応元年六月廿日
右近将監平《（盛房）》朝臣（花押）
越後守　平《（兼時）》朝臣（花押）

鎌倉期の諸職を室町期のそれと連続的に考えるには無理があるだろうが、武田氏が佐東郡を本拠地として城を構えていること、又、史料5において建武二年の下文を捧げていることからも、全く可能性がないこととは言えないであろう。しかし、いずれにしても、1・2・3どれも、分郡成立史上、有機的に結びつくものであり、一概に分けて考えることはできず、これらすべての要因が「於當郡者拝領之間」と言わしめた原因であると言えよう。

又、武田氏は、史料8によると、主殿寮入江保の代官職をめぐっても毛利氏と対峙している。

〔史料8〕

安芸国入江保領家職補任状[34]

補任

主殿寮領安芸国入江保領家職事

右、件領家年貢事、所申付武田治部少輔殿也、彼年貢京着玖拾貫文（此内拾貫文夫足也）任御請文之旨、毎年十月中可有其沙汰、右有無沙汰事者、雖爲何時、可令改易、其時一言子細不可承者也、改毛利凞房申付上者、無不法懈怠之儀者、不可改動也、

仍爲後日補任状如件、

嘉吉二年九月廿四日

左大史小槻宿禰（晨照）（花押）

入江保代官職の攻防については、別稿を期すこととして、ここでは、代官職の請負という形態によって、武田氏は、その勢力の伸長を図っていたとだけ述べておくこととする。

3、在地領主段銭考

さて、これまで武田氏の領主制の展開について押領の文書を通して考察を行ってきたが、ここで、武田氏分郡以外の安芸国について考えてみたい。

〔史料9〕

将軍足利義教袖判奉行人連署奉書[35]

（足利義教）（花押写）

造　外宮料安芸国安南佐東山縣等参郡役夫工米事、早守事書之旨、不日可被究済之由、所被仰下也、仍執達如件、

永享二年閏十一月廿七日　大和守

加賀守

掃部頭

武田伊豆守殿

永享二（一四三〇）年、武田氏は、安南・佐東・山縣等参郡の役夫工米の徴収を命じられている。先に述べた分郡＝安南・安北・佐東・山縣郡の内、ここで安北郡が欠落している理由については断定はできないが、中世において国郡制の枠組に変動が起こっていることを意味するのではないだろうか。もちろん、山や川を境界とする郡単位での名称変更であり、郡同士の合併・離脱である。古代、安芸郡・佐伯郡と称されていた郡が、それぞれ二分割され、安

南・安北郡、佐東・佐西郡と称されたり、高田郡の一部にあった高宮郡が消滅したり、吉田郡が存在したり、又、一時期、安北郡の一部を高宮郡と称したりする例が見られる。こうしたことから、安南・佐東・山縣等参郡の「等」の中に安北郡が含まれているのではないかと考えるのは早急すぎるであろうか。

史料9とほぼ同じ時期、永享二年十二月十四日、毛利氏によって、役夫工米段銭が支払われている。

〔史料10〕

役夫工米段銭請取状写(36)

請執申役夫工米段銭事

合貳十貫文者

右、所請執申如件、

尾道平賀

永享貳年十二月十四日　在判

毛利（熈元）殿

史料9が段銭の弁済を催促されたもので、史料10が段銭の請取状であるため、安易に比べることはできないのかもしれないが、武田氏に対して、分郡である安南・佐東・山縣等三郡の役夫工米が、毛利氏に対して、分郡外である高田郡の役夫工米が幕府より命じられたであろうことは、容易に推察できる。更に言うと、武田氏の役夫工米を毛利氏が弁済した可能性はないということである。

〔史料11〕

室町幕府奉行衆下知状[37]

造内宮役夫工米安芸国吉田郡事、□年被成御教書訖、于今無沙汰、甚不可然、厳密加催促、不日可有進納之由、所被仰下也、仍執達如件、

文安三年五月三日

河内守（花押）

備中守（花押）

沙　弥（花押）

毛利治部少輔殿

〔史料12〕

毛利氏一家中役夫工米段銭配賦帳[38]

「やくむたゝむはいふちょう」

役夫工米段銭公田壹段別五拾文宛

吉田殿御分

合田数九町二段

分銭四貫七百十八文

麻原殿御分

合田数五町八段六十分

分銭貳貫九百七十八文

坂殿御分
合田数五町大三十分
分銭二貫五百九十六文
上竹仁保桓田数五段二百分
分銭百八十九文保桓不知行
福原殿御分
合田数四町壹段六十分
分銭二貫百六文
中馬殿御分
合田数三町二反大
分銭壹貫六百六十八文
河本殿御分
田数壹町五段大
分銭七百九十四文
文安三年六月三日

史料11によって、文安三年五月三日、毛利氏惣領凞元は、吉田郡（高田郡）の造内宮役夫工米の催徴と進納を命じられたため、譜代家臣で惣領家の奉行人的地位にあった渡辺将をして、一族内の配分を決め、配賦帳を作成させている。その配賦帳が史料12で、惣領吉田殿にはじまり、麻原・坂・福原・中馬・河本の一族庶子五家に図田面積を割りふっている。この図田面積は、各々の所領面積にほぼ正確に比例している[39]。

〔史料13〕

渡邊将役夫工米配符（竪切紙[40]）

役夫大工米段銭公田一反別五十文宛

合田数四町壹段六十歩　福原殿御分

分銭二貫百六文

文安三年六月三日

渡邊将（花押）

史料11・12をうけて、渡辺将が、福原氏に送った配符帳が史料13である。現存する史料はこれ一点のみであるが、おそらく、麻原・坂・中馬・河本の四氏にも同様の文書を作成し、全部をとりまとめた後、惣領家分と合わせて中央に進納していたのであろう。このように、毛利氏は、在地領主段銭権を取得しており、小稿では委しい検討はしないこととするが、小早川氏も在地領主段銭権を有していた。小早川氏については、岸田裕之氏[41]、永原慶二氏[42]等の研究があるが、岸田氏は、小早川氏所領内の驀沼寺領をとりあげ、応永二（一三九五）年、小早川仲義がひきぬ氏に寺領内における将軍筋以外の自身取得段銭・棟別銭を永代免除したものと、寛正五（一四六四）年、弘景が東禅寺に寺領内における自身取得段銭を寄進し、将軍筋の段銭であっても賦課しないとしたものの二つの文書を検討して、国家的賦課がすべて領主小早川氏の収取体系のなかに組み込まれて在地からは区別のつかない存在になってしまった[43]と指摘している。段銭の京済等を主たる内容とする守護使不入権を小早川氏が獲得した[44]のは、永享十（一四三八）年のことである。百瀬今朝雄氏の研究(45)によると、朝廷・寺社関係の段銭の課徴・免除権は康暦二（一三八〇）年頃を画期として、朝廷側から離れ、将軍の掌握するところとなった。また、桑山浩然氏は、役夫工米など一国平均役の免除権が幕府に帰する時期を一般的に定めることはなお検討を要すると言いながらも、応永初年、すなわち、十五世紀初頭に至ればはっきり認められる(46)としている。永享年間、幕府から武田氏・毛利氏・小早川氏に段銭賦課が命ぜられたのも、幕府が実権を握っていたことを示す例であろう。分郡については武田氏が、高田郡については毛利氏が、賀茂・豊田郡については小早川氏が、段銭徴収権を有しており、こうしたことから、守護が、特に武田氏以外の守護の場合、一国平均役を梃子として領国形成を行おうとすることは不可能とも言える状況であった。

おわりに

以上、安芸国分郡についての考察を行ってきたが、分郡成立期、安芸国の政局は不安定であり、武田氏と分郡内・外の国人との関係は、中央の政治状勢を如実に反映しているにもかかわらず、小稿では、あえて割愛してしまった。幕府、或いは中央の動向を全く無視した形の論考となってしまったが、先にも述べたように、武田氏の領主制の展開こそが、分郡成立の第一の要因であると考えるからである。毛利氏・小早川氏等によって、安芸国一国の支配こそ貫徹できなかったが、他氏守護職下にあってすら、分郡主としての地位を武田氏が保持した意味は大きい。

分郡の崩壊については、今後一考を期したいが、武田氏が若狭国守護を兼任したり、在京して幕府相伴衆になる等(47)、幕府内での地位が高まったにもかかわらず、安芸国においての領国支配がさしたる発展を見せなくなった時点で、分郡は崩壊し始めて行くと考えている。又、分郡の消滅＝分郡守護の消滅とは考えられず、分郡主の有名無実化によって、分郡は崩壊して行くと理解している。

註

(1) 村田修三氏「戦国大名毛利氏の権力構造」（『日本史研究』七三号）。
(2) 今谷明氏「守護領国制下に於る国郡支配について」（『千葉史学』一号）。
(3) 佐藤進一氏『室町幕府守護制度の研究（上）』。
(4) 小川信氏『足利一門守護発展史の研究』、今谷明氏前掲論文、同氏「室町時代の河内守護」（『大阪府の歴史』七号）など。
(5) 今谷明氏は、註（2）によって、三十ヶ国、五十六ヶ郡で分郡守護が存在していたとしているが、この数値は半国守護をも含んだ数である。個々の事例の研究によって、半国守護を分郡守護の概念の中に含むか否か検討せねばなるまい。
(6) 註（2）に同じ。
(7) 『大日本古文書　吉川家文書』応永廿二年三月日付吉川経見申状案、以下『吉川』と略す。
(8) 『広島県史　古代中世資料編Ⅰ』甲斐信濃源氏綱要。一五五七（信光）、一六五八（信政）、一七一〇（信時）一七三六（時綱）、一七五八（信宗）、一八七六（信武）
(9) 同前一八八九（氏信）（系図は、文書より推定）。
(10) 同前一九〇〇（信在）、以下、『広Ⅰ』と略す。
(11) 『広Ⅴ』春日神社文書四号。
(12) 『広Ⅴ』山口県文書館所蔵文書一三号。
武田信武預ケ状

□（紙破文字不見）芸国下竹仁村地頭職事、□□軍忠所預置也、任先□□被致其沙汰之状如件、

年七月朔日　前伊豆守（武田信武）在判

□（児）玉新左衛門尉殿

(13)『吉川』二七九号、『吉川』二九〇号。
(14)『広島県史　中世』三一七頁、三一九頁参照のこと。
(15)『広Ⅴ』山口県文書館所蔵文書一四号。
(16)『広Ⅴ』山口県文書館所蔵文書四号。
(17)『広Ⅴ』山口県文書館所蔵文書一号。
(18)『広Ⅴ』山口県文書館所蔵文書七号。
(19)同前。
(20)『広Ⅴ』山口県文書館所蔵文書一六号。
(21)今川了俊守護の時、大内満弘から預ケ状が発給された理由については、別稿に期したい。
(22)守護補任表については、文書により推定し作成した。
(23)『吉川』二四八号。
(24)今谷氏前掲論文。
(25)岸田裕之氏「安芸国人一揆の形成とその崩壊」(『史学研究』一四〇号)。
(26)『広Ⅴ』東寺百合文書一七一号。
(27)『広Ⅲ』解説参照。
(28)『広Ⅴ』東寺百合文書一九三号。
(29)『広Ⅴ』東寺百合文書、一六二、一六三、一六九号、同一七五号など。
(30)『広Ⅴ』東寺百合文書一九二号。

(31)『広Ⅲ』御判物帖六二号。
(32)『広Ⅲ』御判物帖六〇号。
(33)『大日本古文書　熊谷・三浦・平賀家文書』一九七号。
(34)『広Ⅴ』宮内庁書陵部所蔵文書（壬生家文書）四三号。
(35)『広Ⅴ』東京大学史料編纂所所蔵御前落居奉書一号。
(36)『大日本古文書　毛利家文書』Ⅰ二九号　以下『毛利』と略す。
(37)『毛利』Ⅰ七一号。
(38)『毛利』Ⅰ七二号。
(39)『広島県史　中世』。
(40)『広Ⅴ』福原文書一七号。
(41)岸田裕之氏「守護支配の展開と知行制の変質」（『史学雑誌』八二—一一号）、「室町幕府体制の構造—主として当該時代の賦課—負担関係を通してみた—」（『日本史を学ぶ2』）。
(42)永原慶二氏「中世経済史総論」（『日本経済史大系2中世』）。
(43)註（41）に同じ。
(44)田沼睦氏「室町幕府と守護領国」（『講座日本史3封建社会の展開』）。
(45)百瀬今朝雄氏「段銭考」（『日本社会経済史研究』中世編）。
(46)桑山浩然氏「室町幕府経済の構造」（『日本経済史大系2中世』）。
(47)秋元大輔氏「室町幕府諸番帳の成立年代の研究」（『日本歴史』三六四号）。

【付記】小稿は、四国中世史研究会および駒沢大学史学大会・駒沢大学大学院史学大会での報告をまとめたものである。右大会参加者に深く感謝する。

Ⅲ　安芸国の国人と守護

田島由紀美

はじめに

中世後期の守護の支配権の及ぶ範囲は必ずしも一国単位ではなく、分郡、或いは半国であった例が非常に多いことは周知の通りである(1)。分郡守護論は、幕府・守護論、又は地域史の抱える諸問題を解決する問題提起として活発に展開されるようになった。しかし、分郡守護の概念規定すら充分であるとは言えず、各地に実存した分郡の実態や、分郡守護を幕府の職制の中で把握すべきか等、数多くの課題を残している。

私は、安芸武田氏を素材とすることによって、分郡の成立は幕府側からの設定ではなく、在地の事情、つまり領主制の展開を第一要因とすることを明らかにしようとした(2)。又、分郡崩壊期に焦点を当て、幕府傾倒主義の惣領家と在地志向主義の安芸代官との対立が、分郡の動揺を惹起したと結論付けた(3)。これらの論考は、当該期の守護・国人の思想を考察する点においては有効であったと確信するが、分郡守護論の諸問題を解決するには尚距離があったと言わねばならない。そこで小稿では、安芸武田氏が〝郡主〟と称された時期と一国守護職を有していた時期の分郡内外の国人領主との関係を明らかにすることによって、幕府から守護職を下賜されていたと思われる時期と分郡経営が順調な時期とが必ずしも相関関係にはないということを論証したい。

一、吉川氏との関係について

〝郡主〟とは史料上に現れる文言であるが、一点しか残存しておらず、分郡守護の別称であるか否かの確証はない。

（史料1）

吉川法秀経見申状案[4]

吉河駿河入道法秀（経見）謹言上

當知行地安藝國山縣郡内太朝庄本新平田内宮庄同福光名志知原村内石中原◯石見國永安別符一方地頭職等事

副進

一巻　文證等

右此所々者、承久以来普（譜）代領當知行無相違者也、仍代々忠節之条、郡主武田（祐光）方有存知之、被執申之上者、當于法秀身安堵被成下　御判、彌為致忠節、言上如件、

應永廿二年三月　日

これによると、吉川氏は武田氏を郡主と称している。武田信守（祐光）もこれに応え、同（一四一五）年三月廿八日、経見の本領安堵を吹挙しており[5]、その結果同年十二月廿四日足利義持から御判御教書が発給されている[6]。領主が本領安堵の御教書を申請する際、守護による幕府奉行宛ての吹挙状が添えられるのは極く一般的な事で[7]、これは守護

の一国御家人統率権の行使のひとつであると言えよう。この大朝庄・平田内宮庄・同福光名・志知原村内石中原については、応永十二（一四〇五）年十二月十一日と応永十三年三月十五日に山名満氏から充行状が出されている。[8] これは応永十一年九月二十三日安芸国国人三十三名の一揆があった後の事で、吉川経見はこの一揆に参加していない。[9] 又、この一揆の直前にも山名満氏の安堵状が出されている。[10]

（史料２）

山名満氏安堵状[11]

當知行之地事、不可有相違之状如件、

應永十一年八月三日　　　満氏《山名》（花押）

吉川駿河守殿

もともとこの一揆が、直接的には山名満氏の守護補任に対して結ばれたもので、新守護補任・入国によって所領の整理・召放されることに抗しようとしたものであるので、史料２でみるように当地行之地を安堵された吉川氏にとっては参加する意味が半減していたに違いない。もっとも吉川経見はこの時期、幕府・守護山名氏に対して忠節を尽しているので[12]史料２のような処置をとられたのである。

（史料３）

山名満氏書状[13]

委細承候了、兼又彈正小弼殿事、驚入候、仍遠江《吉川》、刑部太府《大輔》振舞言語道斷次第候、不替時被致沙汰候条、心能存候、尚々小弼殿事、無等閑忠節儀候間、痛敷歎入候、將亦、承候間事、二通志たゝめ進之候、次京都より左右候

者、重可申候、又武田治郎少輔歎申子細候間、被申時分候、御心得為御申候、恐々謹言、

（應永十三年）三月十五日　満氏（花押）

吉河駿河守殿

史料3によると吉川弾正少弼が弟である吉川遠江守と刑部大輔に打ち取られたため、経見が遠江守等を沙汰したことがわかる。そして武田信守から何らかの子細があったようである。分郡守護武田氏の成立は、一揆以降の一連の武田氏の行動に対する褒賞的意味を持つ幕府政策の一つのあらわれであろう[14]、と評されているが、山名氏守護職下にあっても、国人衆に影響力を持つ武田氏が幕府に認められた、とも言い換えられるであろう。この事件解決のため、山名満氏が次に掲げる充行状と下知状の「二通したため進之」ている。

（史料4）

山名満氏充行状[15]

安藝國山縣郡大朝庄并志地原事、吉河彈正小弼無子孫由、駿河守申候間、小弼本領彼在所貳ヶ所駿河守宛行（ママ）所也、仍任先例不可有相違知行之状如件、

應永拾三年三月十五日　満氏（花押）

（史料5）

山名満氏下知状[16]

吉河彈正小弼庶子等事、無子孫由駿河守申候間、為駿河守惣領一味同心、任先例可致忠節之状如件、

應永拾三年三月十五日　満氏（花押）

吉河人々中

討たれた吉川弾正少弼には子孫がいないことを経見が申請したため、弾正少弼の遺領が経見に宛行われたのである。又、経見が弾正少弼の本領を譲り受けるということは、経見が吉川家の惣領となることを意味している。史料5の下知状は、一族で問題が起こらないよう、経見を惣領として一味同心するように「吉河人々中」に対して申し渡したものである。

こうした惣領交替劇の後、史料1でみたように吉川氏は武田氏を郡主と称するようになる。武田信守の挙状には「安芸国分郡山縣」とあり「郡主武田」が「分郡」の郡主であることがわかる。応永二二（一四一五）年段階の守護補任状が現存していないので確定はできないが、武田氏の有していた守護職が分郡のみの守護職であった可能性は非常に高い。永享二（一四三〇）年には役夫工米の徴収範囲が分郡に限定されており(17)、武田氏が分郡守護であったという根拠の一つとなっている。

嘉吉元（一四四一）年になると、武田氏は安芸国に併せて若狭国の守護職を得るなど、幕府内での地位は高まるが、この間、武田氏と吉川氏が直接被官関係を結んでいたと思われるような事実は見当たらない。

（史料6）

幕府奉行連署奉書案（折紙）(18)

吉川左衛門大夫之經申、舎弟彦三郎（信経）事、背亡父浄心（経信）讓與之旨、令忽諸惣領（之経）上者、於彼割分之地者、被成奉書訖、
若有自然儀者、可被合力之經代之由、所仰下也、仍執達如件、

康正貳年十月廿日　散位

下野守
武田大膳《(信賢)》大夫殿

康正二（一四五六）年十月廿日、之経の弟信経が亡父経信の命に背いたために、武田信賢に之経に合力するよう幕府が命じたものである。同日付で同内容の文書が小早川凞平にも発給されている。[19] 幕府が之経を支援し、なおかつ、武田氏・小早川氏に合力を命じたのは、吉川物領家と幕府との関係を更に強固なものにしようとしたことの現れであろう。又、武田氏が吉川物領家に合力することによって、武田氏を吉川氏の内政に関与させようという意図もあってのことと思われる。

康正二（一四五六）年頃の武田氏と吉川氏は密接な関係を持ち、敵対関係にはないものの必ずしも友好的関係であったとは言い難い。

（史料7）
武田信賢書状[20]

（端裏ウハ書）「小早川殿（凞平）進之候　（武田）信賢」
（押紙）従是知行方
河戸村之内國衙分之事、御口入之事候之間、吉川方《(之経)》へ可預置候、仍其外之事者、要害等悉請取候注進到來候者、則以別儀若州ニ一所彼方へ可遣候、巨細者使者可申候、恐々謹言、
（異筆）「康正二年」
六月一日　　信賢（花押）

この史料は武田信賢が小早川凞平を口入として、河戸村国衙分を吉川之経に預置き、要害等を請取った後に更に若州に一所を吉川氏に遣わす旨を伝えた書状である。吉川氏所有の要害と河戸村国衙分・若狭国勢井村を交換することに吉川氏は非常に難色を示していたので、信賢は小早川氏を調停役に頼んだのであろう。この書状をうけて、小早川凞平は同年七月十六日、吉川之経宛に書状を認めている。

（史料8）

小早川凞平書状(21)

腰文可有御免候、國へ進状候、

御状委細承候了、
抑就河戸事、御親父(経信)へ自　管領(勝元)御書被下候、人目實目出候、これほと御懇之儀、且者御面目至候、此上を重而菟角入道殿被仰候てハ、誠無勿躰事にてあるへく候、夜晝思案仕候へ共、無為之外ハあるましく候、いかにも堅國へ御申あるへく候、取亂候之間、一筆申候、武田方ハ御教書のしたの事にて候へとも、我々申ニよつて、如此無等閑被申候、國衙分と若州ニ一所御知行候て、むかい六ろ原分并ようかい武田方へ御渡候て、無為之儀可目出候、今度菟角被仰候てハ、口惜御事にてあるへく候、次俄出陣太儀可有御察候、恐々謹言、

(康正二年)七月十六日　凞平（花押）

「(切封ウハ書)　小早河

吉川左衛門大夫殿(之経)　凞平

御返報」

史料8によると、凞平は、「経信に管領細川勝元から御書が下されたことが実に目出たく勿体ないことであり、凞平としても吉川氏の動静に関してなおざりにしておくことはできず、書状を認めた」と言っている。そして、「武田方は、幕府権力を背景としているけれども、我々が意見することによってこのようになおざりにすることなく、武田も取り計らっている。無事武田と交換して、何もしないことの方が良いでしょう」と、元経に意見し、更に、「今度のことで何かと文句を言うことは残念なこと」、つまり、「幕府にとっての吉川氏の立場を悪くするであろう」と言っている。応仁元（一四六七）年、吉川元経の代替りに際して武田信賢安堵状[22]が発給されているので、この交換が無事取り行われたことが知られる。

又、武田氏が幕府権力を後立てとして吉川氏に対していたことは、武田氏発給文書からも窺える。寛正六（一四六五）年十一月二日の武田信賢書状[23]によると、管領畠山政長や、先管領細川勝元の名前を出すことによって、吉川氏の周防進発を促している。吉川氏にとって武田氏は幕命伝達者にしかすぎず、武田氏の持つ守護公権に従っていただけのことで、被官関係はない。

当該期の安芸国は、安芸国国人三十三名一揆に象徴されるように、国人の談合による国支配が成立する傾向にあり、幕府―守護―国人というシェーマではなく、幕府―守護、幕府―国人という二元的支配構造であった。史料上の文言〝郡主〟を誇大解釈するとしても康正期には既に形骸化しており、敬称と言うよりも在地側からの俗称、又は別称であると推測する。守護の挙状を必要とした吉川氏の苦肉策の造語とは言えないだろうか。郡主と分郡守護をイコールで結ぶには慎重にならざるを得ないが、ほぼ同時期に幕府からは分郡守護として、在地側からは郡主として、武田氏が利用されていたと言えるであろう。

二、毛利氏との関係について

毛利氏は、武田氏分郡外の有力国人で、武田氏と被官関係を結んだことは一度もない。本稿では、武田氏と毛利氏の間で激しい争奪戦が展開された主殿寮領安芸国入江保代官職に焦点を当て考察を進めて行きたい。

（史料9）

　　安藝國入江保領家契約状案[24]

□□（契約）

　主殿寮領安藝國入江保領家職事

右、件領家年貢事、當年至徳四分所令契約毛利兵部（廣内）少輔殿也、彼年貢四十貫文可致其沙汰、但四十貫文内拾貫文者、口入仁玄觀御房仁可進候、残卌貫文者、可被京進也、此分來十一月中無懈怠可沙汰給、若有無沙汰事者、雖破此契約、不可被申子細、且相傳之支證并御奉書等案文進之、仍為後日契約之状如件、

　　至徳四年四月八日

　左大史小槻宿祢在御判

至徳四（一三八七）年四月八日、入江保領家年貢について毛利廣内が契約している。年貢高は四十貫文であるが、その内十貫文は口入仁玄観御房に進らせ、残りの三十貫文を京進するように申し渡した契約状である。

しかし、同年七月廿四日の「玄観書状[25]」によると「彼請料事、地下有名無実之上、今時分国中動乱候間、万事難叶

候」とあり、史料９の契約が事実上毛利氏の押領行為と化していたことがわかる。又、その後の永享二（一四三〇）年二月十日の凞房宛毛利光房譲状に入江保が見えるものの不知行である。[26] しかし、たとえ不知行であっても本所（官長者小槻氏）は代官職を毛利氏と契約せざるをえず、永享十一年八月十一日、毛利弘房入江保領家職請文が出されている。

（史料10）

毛利弘房入江保領家職請文[27]

請文

主殿寮領安藝國□（入江保）

右、件領家御知□事、肆拾貫文所請申也、毎年十一月中無懈怠可致其沙汰、若有背此請文之旨申事者、雖為何時、可有御改易候、其時不可申一言子細、仍為後日請状如件、

永享十一年八月十一日　　（毛利）治部少輔弘房（花押）

しかし、嘉吉二（一四四二）年九月廿四日には、武田氏が代官職に補任されている。毛利凞房を改易して武田氏に申し付けたのであるから不法懈怠なく努めるようにとある。

（史料11）

安藝國入江保領家職補任状[28]

補任

主殿寮領安藝國入江保領家職事

右、件領家年貢事、所申付武田治部少輔（信賢）殿也、彼年貢京着玖拾貫文此内拾貫文夫足也任御請文之旨、毎年十月中可有其沙汰、若有無沙汰事者、雖為何時、可令改易、其時一言子細不可承者也、改毛利凞房申付上者、無不法懈怠之儀者、不可改動也、仍為後日補任状如件、

嘉吉二年九月廿四日

左大史小槻宿禰（晨照）（花押）

この代官職獲得のため、武田信賢は官長者小槻晨照に働きかけている。

（史料12）

武田信賢書状(29)

度々申入候之処、不預御返事候、無心元存候、入江補任之事、早々給候者、可為恐悦候、為彼一昨日も進使者候、是非不承候間、重令啓候、恐々謹言、

（嘉吉二年）三月十二日　　信賢（花押）

（小槻晨照）官長者殿

御宿所

嘉吉元（一四四一）年頃より、武田氏は入江保代官職獲得に力を入れており、同年十二月、武田信賢に対して幕府が馬越左京亮の競望を停止するよう命じている(30)。この馬越左京亮は武田氏被官で、鎌倉期頃の入江保預所円行の子息三郎親遠が馬越彦三郎親藤と改名して土着していた(31)。この馬越氏の背後に武田氏が存在していたため(32)、京着年貢九〇貫文（うち一〇貫文は夫銭）で補任されたのであった。

（史料13）

武田信賢安藝國入江保領家職請文[33]

（端裏書）
「入江保請状　武田九十貫
　　　　　　毛利四十　」

預申

主殿寮領安藝國入江保領家職事

右、件領家御年貢事、京着玖拾貫文（此内拾貫文者夫銭）所請申也、毎年十月中可致其沙汰、縦依弓矢雖入符遅々候、於請申分者、其間事者、以他要脚可沙汰仕候、若背此請文之旨者、請人（建仁寺如是成首座）可弁候、猶不法懈怠候者、雖為何時、可有御改易候、其時不可申一言子細候、仍為後日請状如件、

嘉吉貳年九月廿四日　（武田治部少輔）信賢（花押）

この史料は、補任状と同じ日付で出された信賢の請文である。これによると、領家年貢の不納はかなり深刻な問題であったらしく、わざわざ「縦依弓矢雖入符遅々候、於請申分者、其間事者、以他要脚可沙汰仕候」と戦乱があって入符が遅くなった場合は他の要脚をもって弁済する旨が述べられており、更に、この請文に背いた場合は、建仁寺如是院成首座が替りに弁済するとある。これは実際、武田氏が代官職を獲得していても、毛利氏知行が行われているために、他の要脚を以って沙汰しなければいけない状況が考え得ると言うことであろう。

永享六（一四三四）年の毛利氏惣領家と五庶子家の所領面積の書き上げの中に入江保五七町二反が別記されており[34]、毛利氏一族によってほぼ恒常的に入江保が知行されていることは推測できる。つまり、武田氏が代官職を請負ったものの、領家年貢の弁済は容易ではなく、このことは次の史料14からもわかる。

（史料14）

逸見真正書状(35)

□足到候者、追々可進之候、不可有麁略候、

御状委細拝見仕候了、仍入江保公用事承候、更ニ非無沙汰之儀候、自来年ハ如請文可致沙汰候、雖然、當年事ハ、若州様事も去年の乱ニ散々式候之間、于今遅々候、乍去近日可到来候、□(方)々借用仕候涯分可致奔走之由申候、次國富事も随分随御意候と、是には存候、仍彼公用事三千疋分、當年事ハ先早々致沙汰候へ、不然者、年貢米を可進候之由、堅國へ申下候、自其も可有御催促候歟、定不可有無沙汰候、猶々寄々路次煩候て、用脚未到候、少の事ハ可有御待候、重々可進候由を申候、態御音信恐悦候、恐々謹言、

（嘉吉二年ヵ）極月廿一日　　真正（花押）

官廳者

人々御中

（禮紙切封ウハ書）「（墨引）　逸見駿河入道

官廳者　□御中　御報真正」

武田氏在京奉行人逸見真正書状であるが、入江保年貢拾貫文を同年十二月十八日送った後、十二月二十一日この書状を認めている。ここで、「去年の乱で散々な目にあったので遅くなってしまったが、近日中に到来するであろう、方々で借用し涯分奔走している」事が述べられているが、興味深いのは、「若州様事も」と武田信賢を若狭武田として逸見が把握していることである。この時信賢は若狭守護と安芸守護を兼任していたが、安芸国入江保の領家年貢を

若狭国において弁済しているのである。若狭国の経営は、安芸国の経営に比べて比較的順調に進んでいたのではないかと考えられ、このことからも武田氏惣領家の志向が安芸国から若狭国へと向かって行ったことが推測できる。

入江保代官職は、この後、毛利氏の請負うところとなるが、武田氏にとって、入江保代官職の請負いは、分郡から分郡外へ勢力を伸長するための一つの重要な契機であったと言えよう。しかしながら、結果的にそれが果たせなかったのは、地理的要因にはばまれたことが在地不掌握に拍車をかけてしまったためであろう。

おわりに

以上、吉川氏・毛利氏との関係から、安芸武田氏について考察を進めてきた。分郡守護武田は、武田氏の領主制の展開を前提として成立したが、守護職の補任が必ずしも在地状況を反映してはいないと言えよう。武田氏と比して安芸国に縁薄い山名氏が安芸国守護に任じられたのは、対大内氏という役割を山名氏が果たすことを幕府が期待したからである。つまり、幕府によって政治状況は考慮されたが、在地状況は考慮されなかったということである。守護職が吏務観ではなく所領観をもってして考えられるように変化を遂げる中、分郡守護という国家政策の点から言えば一つの矛盾が生まれてくることとなる。分郡守護は幕府の正式な職制にはなくとも、守護公権を行使できる者を在地側から幕府に要求して行ったとは言えないだろうか。〝郡主〟なる文言は、そういった点を加味して吉川氏が作り、武田氏は吹挙状を添えるという守護公権を自ら有して行ったのである。

また、信賢は幕府との政治的かけひきにより一国の守護職を獲得したが、一連の入江保代官職の争奪にみられる様に、安芸国において、信賢は順調な経営を成したわけではない。信賢は守護職を得るのとほぼ同時に入江保代官職の獲得に乗り出しており、幕府をも巻き込んだ挙句に代官職を獲得している。しかし、実際問題入江保は武田氏にとって不知行地であった。信賢の場合、まず権威を得るために職の獲得に力を入れるが、その後の内容が充実していない。後に分郡崩壊の要因となる幕府傾倒主義の惣領家に在地志向主義の庶子家が反して行くのがオーバーラップする様である。

註

（1）今谷明氏「守護領国制下に於る国郡支配について」（『千葉史学』一号）。
（2）拙稿「分郡成立史論—安芸武田氏を事例として—」（『史学論集』一六号）。
（3）拙稿「安芸武田氏の支配組織」（『史報』八号）。
（4）『大日本古文書　吉川家文書』一、二四九号、（以下『吉川』と略す）。
（5）『吉川』一、二五〇号。
（6）『吉川』一、二五一号。
（7）田沼睦氏「室町幕府と守護領国」（『講座日本史3　封建社会の展開』所収）。
（8）『吉川』一、二四三号。
（9）『吉川』一、二四四号。
（10）『大日本古文書　毛利家文書』一、二四号（以下『毛利』と略す）。
（11）『吉川』一、二四一号。
（12）『吉川』一、二五五号。

(13)『吉川』一、二四六号。
(14)岸田裕之氏「安芸国人一揆の形成とその崩壊」(『史学研究』一四〇号)。
(15)『吉川』一、二四四号。
(16)『吉川』一、二四五号。
(17)『広島県史　古代中世資料編』Ⅴ、東京大学史料編纂所所蔵御前落居奉書一号(以下『広』と略す)。
(18)『吉川』一、二八六号。
(19)『吉川』一、二八七号。
(20)『吉川』一、二七九号。
(21)『吉川』一、二八一号。
(22)『吉川』一、二九〇号。
(23)『吉川』一、三三六号。
(24)『広』Ⅴ、宮内庁書陵部所蔵壬生家文書三七号(以下壬生家文書と略す)。
(25)『広』Ⅴ、壬生家文書三八号。
(26)『毛利』一、四六号。
(27)『広』Ⅴ、壬生家文書三九号。
(28)『広』Ⅴ、壬生家文書四二号。
(29)『広』Ⅴ、壬生家文書四〇号。
(30)『毛利』一、六四号。
(31)『広』Ⅴ、壬生家文書三五・三六号。
(32)『毛利』一、六六号。
(33)『広』Ⅴ、壬生家文書四三号。

(34)『毛利』一、四七号。
(35)『広』Ｖ、壬生家文書四五号。

Ⅳ　安芸武田氏の支配組織

田島由紀美

はじめに

安芸武田氏は、守護としての支配権を〝分郡〟に限られた〝分郡守護〟として把握されている。[1] 分郡守護とは、学界においても比較的新しい概念であるが、[2] 守護公権の行使可能な範囲を特定地域（＝分郡）に限られた点以外では、一国守護と何ら変わりはないと言えるであろうと定義づけられている。[3] 現在、分郡守護は、特殊例外的現象ではなく、今谷明氏をはじめとする多くの研究者により、三十ヶ国五十六ヶ郡に及ぶ事例が検出されている。[4] 今谷氏は、国郡制的枠組が、律令制下以来、江戸幕府末期まで基本的に存続し、また維持された点を世界史上稀有の歴史的現象として重要視し、中世史上、殊に守護領国制下の郡支配の研究が全くと言ってよい程ないことに不審を抱き、全国的規模で分郡守護を数量的に明らかにした。[5] しかし、未だ、分郡守護の個別実証研究はその数においても、不充分であると言わざるを得ず、分郡守護の概念すら満足に規定できていない状況である。分郡守護である時期、そうでない時期にかかわらず、個別の事例研究を進めることが急務であると思われる。

かつて、私は、安芸武田氏を事例とする事により、分郡守護の成立と分郡主の成立について言及した。[6] 武田氏が独自の領主制を展開することによって、分郡の郡主としての地位を確立し、それを利用する形で、あるいは、それを認めざるを得ない形で、幕府が分郡守護職を付与したために分郡守護武田氏が成立したと考えられる。分郡安定期になると、武田氏は、若狭国守護職を獲得したり(7)、幕府相伴衆になる(8)等、幕府内での地位は高まるが、惣領の長期在京が、分郡経営の破綻を招くこととなる。小稿では、分郡崩壊期に焦点を当て武田氏の支配組織について明らかにしたい。

（表1）安芸武田氏略系図

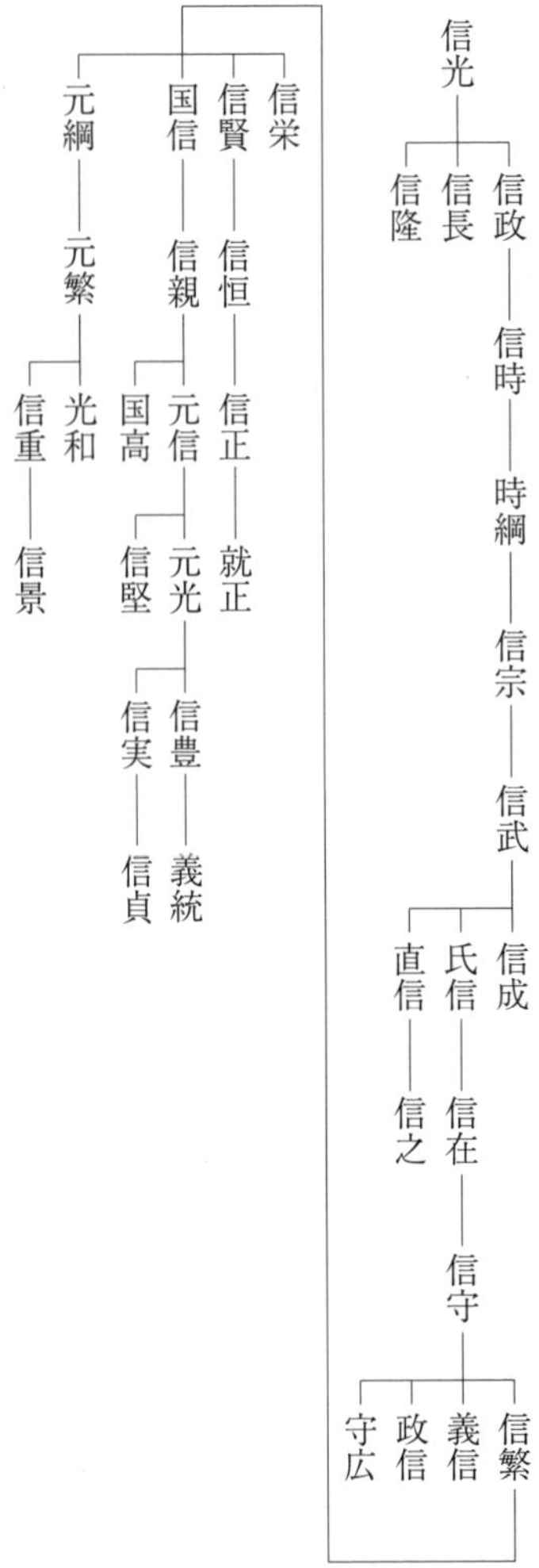

一、安芸守元綱の離反

安芸武田氏の分郡が動揺し始めたのは、安芸国の代官的立場にあった末弟元綱の離反を契機とする。

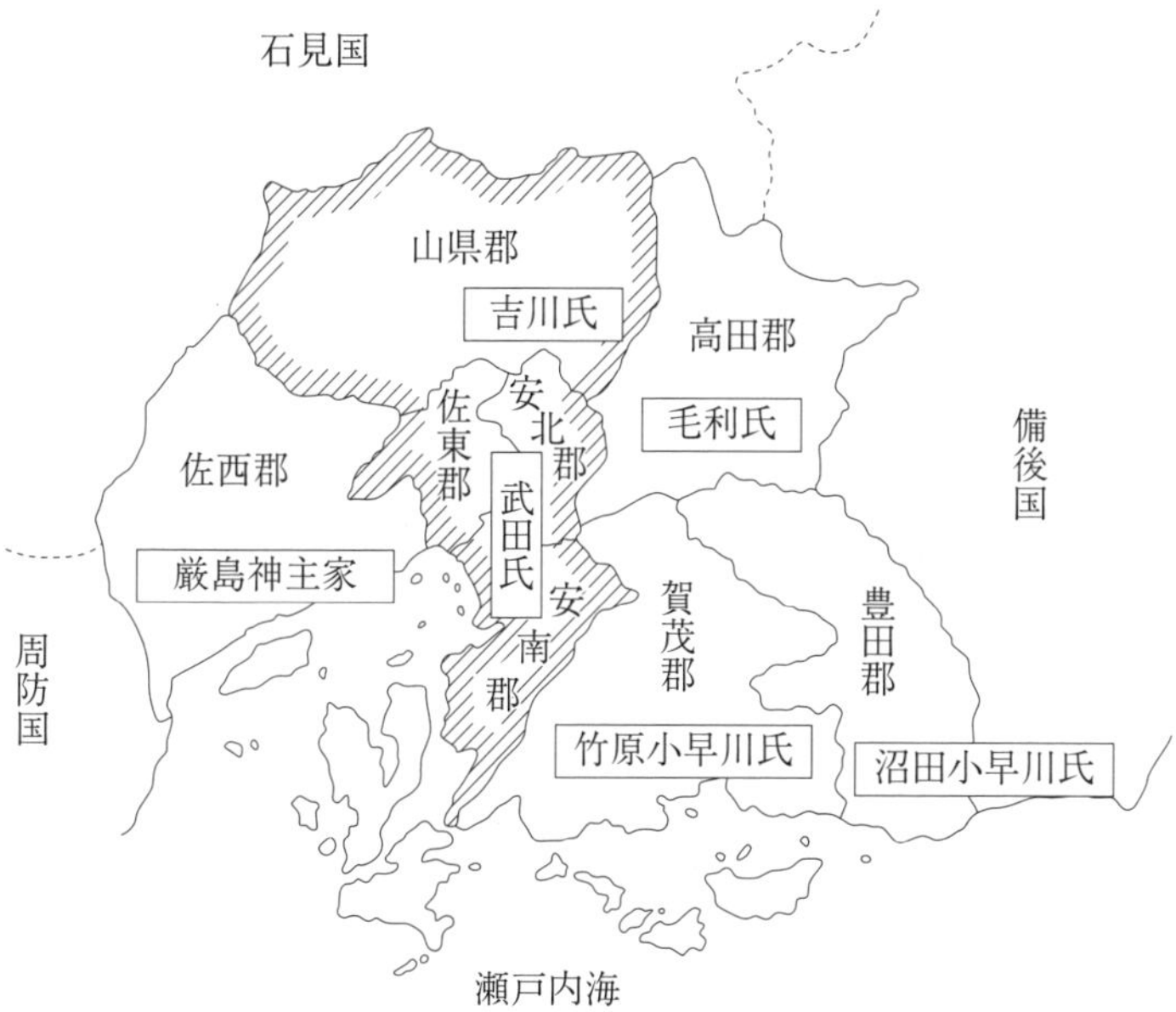

〔安芸国略図〕

（史料1）

武田安芸守元綱事、対舎兄大膳大夫信賢致不忠知行分、郡司等及殺害云々、隠謀之企既令露顕之上者、不移時日合力信賢代、可被加退治之由被仰出候也、仍執達如件、

文明三　一
　正月十二日　　貞基（布施）判
　　　　　　　　之種（飯尾）判
内藤中務丞殿[9]

文明三年正月十二日以前に元綱は兄信賢に対し、知行分を不忠致している。武田氏惣領家は、在京を常としている上に、兄信栄の代に若狭の守護職を獲得している[10]。そのため、安芸国については、元綱が実質的経営者であったと思われる。知行分とは、その経営権のことであり、郡司等殺害に及んだのは、郡司という役職が惣領家の意志を伝達する機構であったためと推測する。

（史料2）

足利義政御内書写

武田安芸守（元綱）出張芸州云々、合力武田治部少輔手、不移時日可加對治、有戦功者、可抽賞候也、

（文明三年）五月十六日　（義政）（花押）

小早河備後守（煕平）とのへ(11)

史料2では、幕府から小早川氏に対して、武田国信への合力が命じられている。ここで、「武田安芸守出張芸州」とあるのは、元綱が、一度安芸国外にあったことを意味する。武田氏とは敵対関係にあった隣国大内氏の下に身を寄せたものと思われる。このことは、後述する史料5によっても推測できるであろう。また、「芸州出張」から、元綱の単なる逐電ではなく、応仁の乱における旗色を東軍から西軍へ変え、安芸国に侵攻してきたであろうことがわかる。

（史料3）

吉見信頼外六名連署状写

就武田安芸守（元綱）事、度々雖被成御教書候、于今依不被致其沙汰、去十一日各被召殿中、其方様可有同罪御成敗之由被仰出候間、先々　上意之趣一同申下、可加意見候、其間事者可奉憑御意得旨、申達勢州候、如此之儀相互之事候之間、皆々随分奉公候、尚以於無一途之御取合者、一段可有御成敗候条、無勿躰候、不可過御覚悟候哉、殊其方御事者、以忝　上意過分在所御拝領事候處、被仰出之旨、別而無御忠節者道違候条、不可然候、子細猶御雑掌可被申候哉、恐々謹言、

（文明三年）閏八月十五日　周布左近将監
和兼

小早川又太郎　元平
三隅中務少輔　長信
福屋太郎左衛門尉　國兼
吉川次郎三郎　元經（経基）（花押）
土屋又次郎　賢宗
吉見　三郎　信頼

高橋命千代殿
御宿所(12)

史料3によると、元綱討伐について幕府から度々御教書が発給された様子がうかがえる。吉見信頼外六名は、安芸国分郡内外の国人で、元綱離反が、武田氏内部の出来事のみですまされる問題ではなく、安芸国内の東軍・西軍のバランスを崩す重大事項として幕府が考えていたことを表わしている。この文明三（一四七一）年は安芸国内が最も騒然とした年で、各地で戦闘があり、(13)元綱と前後して毛利氏も西軍に寝返っている。

（史料4）

室町将軍家足利義政御教書

毛利治部少輔（豊元）事、不應御成敗、引退陣代云々、令與敵歟、為事實者、非沙汰之限、早相談武田（國信）手、被致忠節者、
可有恩賞之由、所被仰下也、仍執達如件、

文明三年閏八月廿七日　　　右京大夫（勝元）（花押）

毛利麻原少輔三郎殿(14)

「令與敵歟」の敵とは、広義では西軍、大内氏側であろうが、狭義では元綱のことを示しているであろう(15)。この元綱離反は、文明十三（一四八一）年になってようやく解決する。

（史料5）

宗勲武田國信書状案

「武田（宗勲武田国信）との、状案文明十三五」

一大内方與治卩少輔間事、御執合肝要候、可然之様被仰定候者、眞實可為祝着候、恐々謹言、

……………………………（紙継目）……………………………

五月廿八日　　　宗勲（武田国信）有判

伊勢殿（貞宗）

御宿所

一就安芸守（武田元綱）身上事、自大内方（政弘）被申候之趣、連々承候、御指南之上者、不及是非可致和睦候、仍割分事、雖不可有甲斐々々敷事候、何様可申合候、不可有等閑候、恐々謹言、

五月廿八日　　　宗勲（武田国信）有判

伊勢殿（貞宗）

御宿所[16]

幕府政所執事伊勢貞宗が国信と元綱の和解の仲介をつとめるが、元綱の意向は大内政弘を通して伝えられている。元綱は、離反以来大内氏との関係を密にしていたものと思われる。当初武田氏と大内氏は敵対関係にあり、武田氏が分郡守護職を与えられたのも、幕府側にしてみれば、対大内氏という政治的期待からであった[17]。しかし、応仁の乱は大内氏の幕府方帰順をもって終息し、文明十三年の時点では、武田氏と大内氏が、中央政治事情によって対立する理由は解消していた。『広島県史　中世[18]』では「この和解は武田氏と大内氏の対立関係の解消をいっそう確実なものにしたと思われる」という見解であるが、「仍割分事、雖不可有甲斐々々敷事候」とあるように、国信にしてみれば不本意な同意である。「安芸守身上事」にまで介入してくる大内氏の姿勢は、表面上はともかくも、武田氏惣領家との対立をむしろいっそう深めたのではないだろうか。また、「割分＝分郡内の若干の所領」という理解であるが[19]、断定はできないものの分郡の実質経営権を回復したということではないだろうか。

二、是経書状にみる武田氏の支配組織

武田氏惣領家が安芸国不在のため、国内事情を考慮しない幕府傾倒主義であったのに対し、元綱は実質経営権を握り、惣領家から独立の動きを図ったものと思われる。こうした武田氏の当主不在の代官支配は、武田氏の内部事情ではなく、武田氏分郡内外において周知の事実であった。

（史料6）

是経書状（切紙）

「〳〵」（端切裏封）

尚々申候、［　］只今者［　］ましく［　］上原御憑被下［　］之逗留にて御下向肝要候、孫三郎[A]を上
候間、御届候哉、承度候、

淺枝孫五郎[B]下之時、条々承候、委細得其意申候、

一已前以飛却（脚）申候、何共御了簡候て、日数之御暇成共御申候て、可有御下向候、御公事之事も、しか〳〵と有間敷候間、御下向も候者、拙者罷上候て、致調法度存候、

一福屋宮内少輔、今月廿一日死去候、其前より重富同本郷申事候て、此方を憑候て罷退候刻、可仕居心中ニ候ヘ共、度々色々申上候處、御奉書之一通も御取着なく候、又是非をも不承候ニ、左様ニ仕候ヘハ、御意如何候とためらひ候處、安芸守（武田元綱）色々被申子細共候、何かをもうち捨候て、如前々可請扶持之由被申候、彼両人之事も如何申候、可有御承引之由被申候、駿州之事も、不可有訴要之由被申候間、然者可申合心中候、

一高橋毛利和与仕候子細者、大九郎（高橋）ハ隠居仕、命千代高橋ニ成候て、毛利被官ニなり候、おかしく候、

一我等申事、近日無御下向候者、二ニ一被仰下候者、可畏入、委細者蔵人上之時申候条、不能巨細候、国元ニ逗留仕、迷惑過法候間、難堪忍仕候、依御意、近日可罷上心中候、色々爰元之儀ニ取乱候て、今度備中笠岡之儀ニ罷上候ハて失面目候、

一佐波、都治、天野方ヘ之御奉書、到着候て、御請取上申候、

一料足之事、色々致了簡、只今三千疋上進之候、又戸坂方ニ替之事申合、重而七月中ニ上可申候、河戸江悉役銭

をかけ候、可有御心得候、委細此者可申候、
一九郎三郎身上之事、堅申定候て可申合候、何も麦蒔より可相定候、
一又三郎かたへ御状着候て、子細申候へハ、直ニ御返事可申之由候間、不及是非候、一向我々申事共者、無承引候、今度之御状ニはしつめ事被仰下候、是ハ思召被着候哉、何事も無相違様ニ可被仰出候、
一しち(志知)原城衆之事、今者無何事候間、御下向之時、可申心中候て、只今之事者、是非を不申候、乍去、自然雑説共候ハヽ、可然様ニ可申付候、
一小城江之事申候へハ、近来御うれ敷候由被申候、是も直ニ御返事可申之由候、
一物申事蒙仰候、心得申候、御意事ニ候間、其分可申付候、
一新造之事、國近へおろし御申候へかしと存候、色々之儀共候間、用心大事候、数度申候へ共無御返事候、
一御判御申候者、二山領、又吉木有田領可然候歟、金山よりハ吉木を取候へと被申候、可有御心得候、何を仕候ハんも、人之こゝろそろひ候ハす候間、迷惑まて候、早々御下向可然候、
一千法師(興経)殿一字之事、御申肝要候、御縁之事、戸坂子を金山へ養子ニ○《めされ候て》可被仰合之由、度々被申候、いかゝ可仕候哉、
一房か給所之事承候、其分二郎右衛門ニ申付候、
一中務事、明所を不存候間、相尋候て可申候哉、不然者本郷を可有御扶持候哉、
一余谷城之事、當秋仕度候、何も時儀定候ハてハ不成事候間、有無ニ御下向あるましきにて候者、以飛脚承候て、拙者罷上可申合候、爰元之時儀はたと退屈仕候、子細者度々申上候き、

一石井谷部之事、度々申候つる、御失念にて候哉、しか〳〵と武田方へ御届候へかし、於此方者、金山へハ申届候へ共、御在京事候間、萬一六借敷候ハん時之事候間申候、是程之儀をさへ無御届候て者、武田方へ御知音も御在京も無益と存候、何事を申候も不届候間、迷惑候、早々御返事可被仰下候、恐々謹言、

六月二日　　是経（花押）

吉川治部少輔殿

人々御中(20)

この史料は、吉川氏の家臣と思われる是経の書状である。是経の名字は詳らかでないが、孫三郎（傍線A）・浅枝孫五郎（傍線B）等と相談をしながら、順に上京して、在京中の吉川氏に連絡をとっていたものと思われる。是経書状は、吉川家文書の中に五点あるが(21)、いずれも年未詳で、是経の名字の記載がなく、吉川氏の外交面を主たる内容とする書状である。これは、年未詳六月二日の文書であるが、二条目に「安芸守色々被申子細共候」とあることより、文明三（一四七一）年以前と思われる。元綱・国信和解後の文明十三（一四八一）年以降には、元綱関係の文書がないことからも、やはり、応仁の乱により在京中の吉川氏の下へ、文明二（一四七〇）年頃出されたものと考えるのが妥当であろう。又、このことは、三条目に「大九郎ハ隠居仕、命千代高橋ニ成候て」とあることから、高橋氏の家督相続が終了していたことを意味し、先述した史料3、文明三年潤八月十五日に命千代宛文書があることからも考えられる。

二条目に「安芸守」とある他、十三条目に「金山《かなやま》よりハ」、十四条目に「金山へ」とある金山とは、武田氏の拠城が佐東郡銀山《かなやま》城であることから、武田氏の別称であると考えられる。このことを踏まえた上で、最終条に注目したい。

「武田方」と「金山」の二つの呼称が同時に使用されている。つまり、武田方とは、京都在住の惣領家のことで、金山とは、安芸在国の武田氏一族、言い換えれば、代官のことを指す。この部分の意味は「しかじかと京都武田へ御届下さいましたでしょうか、私是経は、安芸代官へは申届けましたが、吉川様御在京ですので、万一、面倒な事が起こった時のために言いますと、是程のことですら御届が無いのならば、京都武田へ御知音することも吉川様の御在京も無益なことと存じます」となる。つまり、決定権は京都武田が握っているが、実際の指示は安芸代官より出されるため、双方への手続きを踏まねばならなかったものと思われる。更に押し進めて言うと、此頃既に、京都武田と安芸代官の連絡が円滑に行われなかったために、こうした二重の手続きが必要となったのではないだろうか。

京都或いは、戦地にいる惣領と在地との連絡は、当該時代の国人領主にとって必要不可欠な問題であった。表立った反幕行動は避けながらも、在地志向が高まり、軍勢を出動させない例は数多く見られる(22)。是経も、その役目以上に、吉川氏の不在を随所で嘆いている。一条目・二条目・四条目・九条目・十三条目・十七条目・十八条目等である。近日中に下向しないならば、せめて二つに一つは返事をして欲しいとか、国元が取乱れているとか、吉川氏の下向を促し、特に十三条目では「何を仕候ハんも、人之こゝろそろひ候ハす候間、迷惑まて候、早々御下向可然候」と在地の状況を吐露している。一介の国人吉川氏と武田氏の場合を安易に同一視はできないかもしれないが、惣領不在の在地の政局の不安定さは、吉川氏も武田氏も同じであろう。ましてや、武田氏の場合、長期不在であり、安芸代官元綱と惣領家の対立は当然の出来事であると言えよう。つまり、元綱離反は、在地志向が高まる中で旧来の支配組織ではあらゆる状況に対応できなくなり、京都―代官という支配組織の脆さが露顕した事件であると言える。

三、分郡雑説について

元綱離反は、文明十三（一四八一）年で一応の解決をみるものの、京都（惣領家）―安芸代官という支配組織は変わらず続いており、分郡動揺の根本原因は何ら解決されなかった。

（史料７）

室町幕府奉行衆奉書（折紙）

武田伊豆守元信申、安芸国分郡内被官人温科国親事、今度対元信成敵、企悪逆候段、現形之條、於彼国親者、可加退治云云、然早相催軍勢、可被合力伊豆守代、更不可有遅怠候由、被仰出候也、仍執達如件、

明応八

八月六日

清房（飯尾）（花押）

頼亮（松田）（花押）

毛利治部少輔殿(23)

史料７によると、分郡内被官人温科《ぬくしな》国親が惣領元信に対し謀反を企てている。安南郡温品（現広島市東区温品）に四ヶ所城郭が残っており(24)、この内の一ヶ所、永町山城が温科氏の居館と言われている。温科氏は温品を拠点とし、武田氏被官であったと言う以外は詳らかでないが、元綱離反と同じく、武田氏の支配組織の脆さが、被官人の謀反を惹き起こしたとは言えないであろうか。

（史料８）
　武田元信書状写
先日以書状申候處、委曲芳報、本望候、就中、分郡之儀、當時雑説事候間、人躰差下、申付候、自然之儀無等閑
候者、可為祝着候、仍太刀一腰進候、表祝儀計候、恐々謹言、
　七月廿三日　　　　　　　　　　　　　　　　　　　芸州武田
　　　　　　　　　　　　　　　　　　　　　　　　　元信（花押）
　小早河安芸守殿
　　　進之候㉕

　この文書は年未詳であるが、「分郡之儀當時雑説事候間」と称される事は、史料7にある温科国親の謀反以外考えられない。「當時雑説」が合戦等を指すならば、「人躰差下」し申し付けるよりも、軍勢に関する文言が中心に書かれるはずである。つまり、温科謀反は、明応八（一四九九）年七月廿三日以前に起こり、惣領元信は、京都にいたため「人躰差下」して安芸代官に申し付けた。にもかかわらず、事件は解決せず、八月六日（史料7）幕府から分郡外国人毛利氏に対し、伊豆守代に合力するよう奉書が発給されたのである。ここで史料7に「伊豆守代」とあるのは、元信が安芸国に不在であるため、元信の代理あるいは代官に合力するようにという意味であろう。

（史料９）
　武田元信書状写
依無差子細、近年不申通候、背本意候、仍分郡之儀、毎篇無正躰成行候、慮外之至候、自前々同国之儀者申談候、
於自然之時宜者、定而従佐東可申入候、御同心可為祝着候、尚期後音候、恐々謹言、

上包ニ武田と有之
元信（花押）

八月十九日
小早河竹原（弘平）殿
進之[26]

これも年未詳ではあるが、明応八（一四九九）年であると思われる。おそらく、温科謀反が解決しないのであろう、分郡之儀は毎篇正体が無くなっていて、それが、元信にとっては思いがけないことのようである。

元信は、此頃若狭国守護職を有しており、若狭国への発給文書の分析から考えても、安芸国分郡への関心が低下していたのではないだろうか。[27]「近年不申通候」とは、元信の思うようには事が運ばないことを意味し、「定而従佐東可申入候」の佐東は、先に述べた「金山」と同じく、安芸代官を意味しており、ここでもまた、実質経営者が安芸代官であったことが明らかである。

明応八（一四九九）年頃の安芸国の政局は非常に不安定である。明応二（一四九三）年、管領細川政元のクーデターにより、足利義材（後、義尹と改名）は将軍職を追われ、同八年、大内義興を頼って周防国に下向した。この政変において、武田氏は細川側につき、大内氏と敵対することとなる。大内氏は度々安芸国に侵攻するだけでなく、[28]安芸国内の国人衆を味方につけるよう画策しており、[29]この温科国親謀反の二年後、文亀元（一五〇一）年には、元綱の子元繁が惣領元信に敵対し、大内陣営に参画している。[30]こうした状況であるので、被官人に謀反を起こされ、しかも、分郡外の国人にその討伐の協力を要請しなければならない程、分郡は動揺していた。また、史料7の幕府奉行衆奉書であるが、幕府としては、毛利氏に武田氏内政に関与させることで、毛利氏を幕府側に引き込もうとしたとも考えられる。

（史料10）

武田国高書状（切紙）

「（端裏切封）〆」

大膳大夫方へ態御札、則致披露候、御返事申入候、仍爾邊不慮之時宜依出来、毎事無曲之様候、言語道断次第候、雖然、元信心底之趣、委細申入候、被成御分別候者、定可畏存候、此方之儀、種々雖申聞候、如此候、失面目存候、此旨宜得御意候、恐々謹言、

十二月十三日　　国高（花押）

毛利殿　御報[31]

史料10は、元信の弟と思われる武田国高の書状であるが、国高が元信時代の安芸代官であろう。「元信心底之趣、委細申入候」と、国高が元信の代弁をしている。年未詳であるが、状況から内容を考慮して、明応九（一五〇〇）年ではないかと思われる。明応九年であるという根拠として、また、元信の代官支配を示す例として、史料を二点程掲げたい。

（史料11）

武田元信書状写

就今出川殿（義材）防州御座、被成御下知并右京（左）大夫殿（大内義興）御状候、此趣従拙者可申由、上意候間、付進之候、急度御請肝要ニ候、恐々謹言、

明応九年也　　　　　　　　　　　　　「芸州武田伊豆守」
三月十六日　　　　　　　　　　　　　　元信（花押）
小早河又太郎（扶平）殿
進之候[32]

（史料12）

武田元信書状（切紙）

就今出河殿様（義稙）防州御座、被成御下知并右（左）京大夫殿（大内義興）御状候、此趣従拙者可申之由、上意候間、差進之候、急度御請肝要候、乍公儀申、別而金山邊以御一味之儀御馳走、於元信一段可為祝着候、定不可有御等閑候條、不能巨細候、猶期来信候、恐々謹言、

（明応九年）六月十六日　　　　　　　　（武田）元信（花押）

毛利治部少輔殿
進之候[33]

これは、先に述べた明応二年政変の後、周防国に下向してきた義尹が、元信を通じて安芸国国人小早川氏・毛利氏を麾下に加えようとしたものである。元信はこれに応え、国人を糾合することによって、義尹―大内氏―元信―国人衆というシェーマを形成しようとしたと思われる。三月に小早川氏に発給された書状（史料11）と六月に毛利氏に発給された書状（史料12）を比較すると六月の毛利氏宛の書状の方が、「乍公儀申別而金山邊以御一味之儀御馳走、於元信一段可為祝着候」と、単なる義尹・大内からの命令伝達者としての書状ではなく、武田氏自体の意見をよりいっ

そう強調する書状となっている。更にここで、元信自身と言うよりもむしろ安芸代官（金山邊）に一味することが、惣領元信にとって祝着であるとして、元信が分郡の実質経営権を安芸代官に委任していることがわかる。

まとめとして

以上、安芸武田氏の分郡崩壊期について考察を行ってきた結果、その支配組織が分郡の崩壊を招いたと言えるのではないかと推測する。元綱離反も、温科国親謀反も、惣領家の在京による代官支配の行き詰まりの所産であると言えよう。

これまで、武田氏の支配組織については詳しく論じられたことはなく、元綱の子である元繁の行動をもってして、安芸武田家の惣領家（若狭武田家）からの独立として捉えられている程度である。[34] 元信時代の安芸代官は国高であろうと思われるが、同時期、信繁の連署書状があり、[35] 在地の支持を受けるような形で信繁が在地支配に関与していたことは間違いない。元繁が明応九（一五〇〇）年、惣領元信から独立して幕府側に帰順せず大内陣営に留まったのは、在地志向から来た行動であると理解できるであろう。

武田氏は応永年間には分郡の郡主としての地位を確立していたが、[36] 元信の時期までこの郡主の地位を保持できたかどうかは疑わしい。康正二（一四五六）年七月十六日の吉川之経宛の小早川凞平書状[37]に「武田方は御教書のしたの事にて候へとも」とあり、郡主武田としての姿は見えず、単なる幕府の命令伝達者としてしか存在していない。武田氏が若狭守護職を得て安芸国では代官支配を施行し始めた頃からと推測するが、遅くとも康正二年には郡主武田は存在していなかったのではないだろうか。〝郡主〟と〝分郡守護〟は、その成立においても、その崩壊においても性格を異にするものであり、決して同一視してはならない[38]。惣領家の在地の状況を考慮しない幕府傾倒主義が〝分郡の郡主〟を形骸化せしめたが、逆にその幕府傾倒主義により、〝分郡守護〟としての地位は保持した。そのギャップが分野の動揺を惹き起こすこととなり、安芸代官であった元綱、その子元繁の惣領家からの独立の動きになって現われたのであろう。

註

（1）今谷明氏「守護領国制下に於る国郡支配について」（『千葉史学』一号）。
（2）佐藤進一氏『室町幕府守護制度の研究（上）』の公刊（昭和四二年九月）により、守護職の地域分割の事実が検証された。
（3）今谷氏前掲論文によると、「幕府側の正式な職称ではないと思われる」としながらも「幕府が一国守護職の宛行に准じて分郡守護職を扱っている」とある。
（4）河村昭一氏「安芸武田氏関係文書目録（一）」（『芸備地方史研究』一〇八号）、小川信氏『足利一門守護発展史の研究』、松岡久人氏「南北朝室町期石見国と大内氏」（『広島大学文学部紀要』三二―一）、山本大氏「守護大名河野氏の動向」（『歴史教育』一六巻二号）等。
（5）今谷氏前掲論文。
（6）拙稿「分郡成立史論―安芸武田氏を事例として―」（『史学論集』一六号）。
（7）『後鑑』永享十二年五月十五日、十六日条。
（8）秋元大輔氏「室町幕府諸番帳の成立年代の研究」（『日本歴史』三六四号）。
（9）『萩藩閥閲録』巻五八。

(10) 水藤真氏は「武田氏の若狭支配―武田氏関係文書・売券の検討から―」(『国立歴史民俗博物館研究報告』第二集)で「仏国寺本武田系図」(『小浜市史』仏国寺文書五)を用い、信栄の若狭守護期間を永享十二年五月十五日より嘉吉元年十二月二十三日までと述べているが、「甲斐信濃源氏綱要」(『広島県史』古代中世資料編Ⅰ)によると、信栄は永享十二年七月廿三日卒であり、信賢が永享十二年五月十五日一色義範を誅すとある。信栄の若狭国治政期間については、今後、検討を要すと思われる。
(11) 『大日本古文書　小早川家文書』二、一七三号。
(12) 『大日本古文書　吉川家文書』一、三八一号。
(13) 『萩藩閥閲録』巻一二六、『大日本古文書　小早川家文書』「小早川家証文」一一九号等。
(14) 『大日本古文書　毛利家文書』四、一三四三号。
(15) 『萩藩閥閲録』巻八によると、大内氏は毛利氏家臣福原広俊を通じて、毛利豊元に元綱への協力を要請している。
(16) 『大日本古文書　蜷川家文書』一、一一六号。
(17) 岸田裕之氏「安芸国人一揆の形成とその崩壊」(『史学研究』一四〇号)。
(18) 『広島県史　中世』四六五頁参照。
(19) 同前、三三六頁参照。
(20) 『大日本古文書　吉川家文書』一、三八〇号。
(21) 『大日本古文書　吉川家文書』一、三五一号、三五二号、三五三号、三五四号。
(22) 『大日本古文書　小早川家文書』「小早川家証文」三三五号。
(23) 『大日本古文書　毛利家文書』一、一六七号。
(24) 『日本城郭大系』13、二八〇、二八一頁参照。
(25) 『大日本古文書　小早川家文書』二、四一八号。
(26) 『大日本古文書　小早川家文書』一、四一九号。
(27) 水藤真氏前掲論文。

(28)『広島県史　古代中世資料編Ⅴ』「白井文書」、同「木村文書」一号。

(29)『大日本古文書　吉川家文書』一、三四六号、『大日本古文書　小早川家文書』「小早川家証文」二三〇、二三二号等。

(30)『広島県史　中世』五五六頁参照。

(31)『大日本古文書　毛利家文書』一、一九〇号。

(32)『大日本古文書　小早川家文書』二、二四七号。

(33)『大日本古文書　毛利家文書』一、一六九号。

(34)『広島県史　中世』五五七頁参照。

(35)『大日本古文書　毛利家文書』一、一六六号。

　武田元繁外九名連署状

上意御窺之事、幷内部庄伊豆守《（武田元信）》一行之儀、急度遂註《（注）》進、可申達候、聊不可有無沙汰候間、以連署申入候、猶委細吉河《（経基）》殿へ申候、

「明応《（追筆）》八年」

　三月六日　　元繁《（武田）》（花押）

（以下八名略）

　毛利治部少輔殿

(36)『大日本古文書　吉川家文書』一、二四九号に「郡主武田方有存知之」とある。

(37)『大日本古文書　吉川家文書』一、二八一号。

　小早川凞平書状

　腰文可有御免候、国へ進状候、

御状委細承候了、

抑就河戸事、御親父《（経信）》へ自管領《（勝元）》御書被下候、人目實目出候、これほと御懇之儀、且者御面目至候、此上を重而莵角入道殿被仰候てハ、誠無勿躰事にてあるへく候、夜晝思案仕候へ共、無為之外ハあるましく候、いかにも堅国へ御申あるへく候、取乱候

之間、一筆申候、武田方ハ御教書のしたの事にて候へとも、我〳〵申ニよって、如此等閑被申候、国衙分と若州ニ一所御知行候て、むかい六ろ原分并ようかい武田方へ御渡候て、無為之儀可目出候、今度菟角被仰候てハ、口惜御事にてあるへく候、次俄出陣太儀可有御察候、恐々謹言、

（康正二年）七月十六日　　凞平（花押）

「（切封ウハ書）　　小早河
吉川左衛門大夫殿　　凞平」
御返報

（38）今谷氏は前掲論文において、「分郡守護を指して〝郡主〟と記した例がある」としているが、分郡守護＝郡主ではないといえるであろう。

V　明応期の武田氏と大内氏
―年欠九月二十一日付武田元信感状の紹介を兼ねて―

河村昭一

一

小稿は、今年三月採訪した三重県上野市の白井端氏所蔵文書の中に、安芸に関係すると思われる、年欠九月二十一日付武田元信感状があったので、その紹介を兼ねて、明応期の武田氏と大内氏の政治的動向を素描しようとするものである。はじめにその文書を示す。

A　去三月十六日於㆓府中合戦㆒、討㆓太刀㆒之由、忠節無㆓比類㆒候、弥被㆑抽㆓戦功㆒者、可㆑為㆓神妙㆒候也、謹言、

九月廿一日　元信（花押）

白井孫七郎殿

文書の検討に入る前に、伊賀の白井家について若干ふれておきたい。同家は若狭白井氏の流れをくむ家である。若狭白井氏の文書上の初見は文明十七年（一四八五）であるが[1]、他の若狭武田家臣と同様、永享十二年（一四四〇）武田氏が若狭守護職に任じられて以後、安芸から一族が移住したものと思われる。若狭は永禄十一年（一五六八）武田元明が越前朝倉氏に拉致されるに及んで国主不在の地となったが、元亀元年（一五七〇）織田信長の支配下に入った。

信長は丹羽長秀に半国を与えたが、残りは白井氏ら武田旧臣にその所領として安堵した。しかし、天正十年（一五八二）の本能寺の変で、白井氏らは明智光秀に内通していたとして、秀吉から所領を没収され、国外に追放された。(2)その後天正十五年、白井長胤は藤堂高虎に仕えることになり、以後高虎と行動を共にし、慶長十三年（一六〇八）伊勢・伊賀に封じられた高虎に従って伊予宇和島から伊勢に移った。寛永十六年（一六三九）長胤が病死すると、彼の所持していた若狭時代の文書や藤堂氏関係文書は長男勝胤と次男雅胤に分けられた。現当主端氏は勝胤の後裔にあたられる。(3)

したがって、同家に伝わる中世文書のほとんどが若狭関係のものであり、(4)冒頭に掲げた感状も、若狭府中での合戦に関するもののように考えられがちである。しかし、元信の代に若狭で合戦があった可能性があるのは、永正十四年（一五一七）丹後守護一色義清と守護代延永春信が争った際、武田家臣逸見氏が春信と結んで武田氏に背いた時だけである。(5)ところが、問題の感状のいう三月十六日に府中で合戦があったとは考え難いばかりか、(6)宛人の白井孫七郎は文亀二年（一五〇二）五月二十一日に中務丞の官途を元信から得ているから、(7)感状の年代は、少なくとも文亀元年以前でなければならない。以上の理由に加え、あとに述べる事情から、先に掲げた感状は、安芸府中合戦に関するものと考えられる。そこで、この感状の語るところを、年代を中心に検討してみたい。

二

まず、年代の下限は右にみたように文亀元年におくことができ、上限は元信の父国信が没した延徳二年（一四九〇）[8]と一応することができる。この感状からだけではこれ以上の手がかりを得られないが、実は、これとまったく同じ日付の元信感状が、他に二通ある。

Ｂ　去三月二日於㆓伴要害㆒、討㆓太刀㆒之間、忠節無㆓比類㆒候、弥被㆑抽㆓戦功㆒者、可㆑為㆓神妙㆒候也、謹言、

九月廿一日　　元信（花押）

木村大炊助殿[9]

Ｃ　去五月十二日於㆓仁保島合戦㆒、被官桑原次郎左衛門尉捕㆓羽仁弥五郎頸㆒之由、忠節之至候、其外被官者数多粉骨之由候、神妙候、弥被㆑抽㆓戦功㆒者、可㆑為㆓肝要㆒者也、謹言、

九月廿一日　　元信（花押）

白井縫殿助殿[10]

Ｂ・Ｃとも、日付・発給人が同じであること、特にＢは合戦の期日がＡと近接している上、文言も酷似していること、などから、Ａ～Ｃは同年のものと推定したい（これ以上の根拠はないのであるが）。

さて、Ｂの宛人木村大炊助国弘は、明応四年（一四九五）八月五日までに、子息元弘に安芸国内の知行分と買得地を譲り、元弘は同日付をもってそれらの所領を元信から安堵されている[11]。一方、Ｃの宛人白井縫殿助光胤は、同年十月十七日、それまでに父親胤から譲られていた仁保島海上諸公事以下の知行分を、やはり元信から安堵されている[12]。所領の譲与がそのまま隠居を意味するものではないし、隠居した者は合戦に参陣しないと断定するのも正しくないから、Ｂは明応三年以前、Ｃは同五年以後と決めつけるのはあまりに形式的である。ただ、いずれにしても、明応四年をそれほど隔たるものではないと思われる。

ところで、Cにみえる羽仁弥五郎は大内氏の家臣と考えられるので、仁保島で白井光胤の戦った相手は大内軍であったことになる。そこで、明応四年を中心とする前後数年間における武田・大内両氏の政治的動向を検討する中で、感状の年代を考える必要がある。

三

延徳三年（一四九一）四月二十一日、将軍義材は諸将に近江出陣を命じた。前将軍義尚の例にならって六角高頼を討つためである。八月二十七日京を発った義材の後陣を、武田元信は四六騎を従えて供奉し、これとは別に重臣粟屋賢家は一族三五騎と共に先陣をつとめた(13)。一方、大内氏は同年十二月二十五日になって、義興が二五騎三千人を率いて京都に着き、翌々日近江に参陣している(14)。六角高頼は翌明応元年十一月十五日伊勢に走ったため、幕府軍は同年十二月十四日帰京した。しかし、翌年二月十五日になると、義材は畠山基家討伐を企て、諸将を率いて河内に出陣した。ところが、その留守中京都で、管領細川政元が堀越公方足利政知の子清晃を擁立して叛旗を翻した。四月二十二日のことである。この時畠山攻めのため在陣していた諸将や奉公衆らは次々に帰京して細川方に走った。武田元信も、四月二十五日住吉の陣を引き払って堺に退き、「京方」、すなわち細川方になって閏四月三日帰京した(15)。「金言和歌集(16)」によれば、武田軍は伊喜の宮から堺へ逃れたといい、坂下是之が、

　たけ田ぜい（武田勢）月の夜ごろに忍つゝ
　　さかひのはま（堺の浜）へ伊喜の宮哉

という狂歌を詠んでいる。

これに対して大内氏の動きはどうであろうか。細川氏の清晃擁立後まもない四月二十七日頃の京都では、大内氏は赤松氏と共に「京方同意」といわれていたのが、翌月になると一転して「河州之大樹之御方」、すなわち義材方につくとうわさされるようになった(17)。この風説は、大内軍が帰国するとの情報を根拠とするものらしく、閏四月四日、大内家臣内藤弘矩は小早川敬平からの照会に答えて、「九州忩劇」が切迫しているため下国を決意している旨の返事をしている(18)。「金言和歌集」によると、閏四月十日頃、大内軍はそれまで進軍をやめて留まっていた堺からまず兵庫に退き、播磨室津から海路九州に下ったとし、小江百里が、

大内むしや《武者》すゝむ心は夏草の
　乱はまつ《待》ぞくだる《下》つくし《筑紫》地

という狂歌に、その事情を詠んでいる。大内軍が閏四月ただちに帰国したかどうかについては多少の疑問がないではないが(19)、大内氏が他の諸将のように、すぐ細川方を標榜して京都に帰ることをしなかったことは事実である。九州での紛争（少弐氏の大内領侵攻であろう）が直接的契機であったにせよ、上洛せずに帰国した大内氏の行動は、客観的にみれば、京都でのうわさのように義材方＝反細川方の立場に転じたといえる。

四

以上の検討によって、武田・大内両氏は明応二年閏四月以降政治的対立関係になったことが明らかになった。先に

示した元信感状によれば、両者の合戦は三月に始まっているので、その年代は明応三年以降ということになる。下限については、先に白井孫七郎の官途の点から文亀元年（一五〇一）としたが、これはあと二年遡らせることができる。すなわち、明応九年（一五〇〇）大内義興を頼って山口に下向した義尹（義材）から誘われた武田元信は、これに応じて、同年三月十六日、義尹から安芸国人への命は自分から下達する旨を小早川扶平に伝えて、協力を訴えている[20]。つまり、ここにおいて武田氏は、大内氏と共に義尹を戴くことになったのであり、対立関係は解消したのである。したがって、問題の感状は明応八年以前でなければならない。これで、求めるべき感状の年代の幅は明応三～八年の六年間に狭めることができた。結論を先に述べると、この幅をこれ以上狭めるだけの確証は管見には見当たらず、この間のどの年についてもその可能性を否定することはできない。しかし、敢えていま少しこの間の両氏をめぐる政治情勢を検討して、可能な限り推察を試みることとする。

五

まず大内氏についてみると、明応四年九月十八日政弘が没するが[21]、彼はこの年と思われる五月四日付菊池肥後守宛書状の中で、

　去年秋以後中風気再発候、様々諸篇権介（義興）申付、於レ于レ今者令二蟄居一候、此等之趣京都言上仕候間、毎事斟酌候、

と述べていて[22]、明応四年五月頃、病身の政弘は家督を子の義興に譲ったらしいことが知られる。ところで、この年の二月二十八日、長門守護代内藤弘矩・弘和父子が防府で誅伐されている[23]。この事件の詳細はわからないが、大内政弘

が病床にある時期であるところから、あるいは主家の家督相続に関して内藤氏が不穏な動き（たとえば義興以外の大内一族擁立など）[24]をしたと考えられなくもない。いずれにしても、守護代クラスの重臣を誅伐しなければならなかったこの事件は、大内氏にとって意外に大きな動揺をもたらしたとはいえないだろうか。前掲感状Ｂによると、伴要害での合戦は三月二日であるから、もしこれを明応四年とすると、大内氏は内藤氏誅伐直後に出陣しなければならない。この事件で大内家の中に少なからぬ動揺が生じたとすれば、政弘が病床にある中で、大内氏に安芸侵攻の余裕があったかどうか、いささか疑問を感じる。以上はいずれも確証とよべるものではないが、大内軍の安芸侵攻の年として、明応四年はあまりふさわしくないように思う。

明応五年十二月十三日、大内義興は少弐政資を討つため、九州に向けて山口を発ち、[25]翌年四月、肥前小城城に政資を破って山口に帰っている。[26]翌明応七年八〜九月にも少弐残党との交戦が肥前でみられるが、[27]大内軍の九州遠征は明応六年四月をもって一段落したといえよう。この九州遠征には安芸の天野氏、[28]平賀氏、[29]乃美氏、[30]石見の益田氏[31]らの参陣が確認され、おそらく、大内氏の全領国的規模で軍事力動員が行われたと思われる。したがって、この遠征の最中にあたる明応六年三月に、大内氏が安芸に兵を送る可能性は高くはなく、明応六年も除外してよいと思われる。

六

前項での推定がいずれも正しいとすると、候補となる年代は明応三・五・七・八の四年となる。ここで、武田氏に視点を移してみよう。右の四年の中で、武田氏にとってもっとも重大な事件のあったのは明応八年である。すなわち、この年の八月、被官温科国親が武田氏に背いたのである。[32] 元信はただちにこれを幕府に訴え、幕府から武田氏への支援を命じられた毛利氏や熊谷氏の協力もあって、この謀反を鎮圧することができたが、[33] 武田氏分郡での不穏な動きは、実は少なくとも前年からみられ、元信もそれは察知していた。元信は某年七月二十三日と八月十九日に小早川弘平へ出した書状の中で、「分郡之儀、当時雑説事候」（前者）「分郡之儀、毎篇無二正躰一成行候」（後者）と述べて協力を訴えているが、[34] 八月十九日付の書状には、「於二自然之時宜一者、定而従二佐東一可二申入一候」、すなわち、万一の時には「佐東」（金山城にいる武田元繁）から申入れるであろうとある。元信が温科氏の謀反を知ったのは八月六日以前であるから、[35] 少なくともこの文書は明応八年のものではない。おそらく前年のものではないかと思う。とすれば、温科氏の謀反は、前年来分郡内でみられた武田被官らの動揺の、一つの結果と考えられる。

それでは、明応七年の武田被官らの動揺は何によってもたらされたのであろうか。可能性としては、当時北陸にいて上洛の機会をうかがっていた義尹からの誘いの手がのびたことも考えられるが、私は、むしろ大内氏の画策があったとみたい。[36] そして、さらに臆測を重ねれば、これまで年代を追い求めてきた大内軍の安芸侵攻こそ、まさに武田氏分郡の動揺と密接不可分のものと思われるのである。すなわち、その年代は明応七年、もしくは八年と推定したい。前者だとすれば、三月以来の大内軍の侵攻の結果、分郡に動揺がもたらされたことになり、後者であれば、大内氏はまず政治的工作によって武田氏分郡に動揺を生じさせておいて、翌年一気に武力討滅をはかった、といった想定ができよう。この両者のいずれかを決定するだけの資料はもうないが、まったくの臆測だけを示せば、前者の方が可能性としては大きいように思う。

七

武田・大内両氏は室町期以来、宿敵関係にあり、文安四年（一四四七）には初めて武力衝突をみた[37]。両氏の対立は、内海地域の支配権や対外貿易をめぐる大内・細川両氏の対立、及び中央政界における細川・山名両氏の対立と密接に連関するものであった。だから、応仁の乱後、大内政弘が幕府から防長筑豊四ヶ国守護職を安堵されて帰参が許されると、武田・大内両氏の対立も表面的には解消した。政弘が帰国した四年後の文明十三年（一四八一）、武田国信が、西軍に走って十年来対立してきた弟元綱と、幕府政所執事伊勢貞宗の仲介で和睦するにあたり、おそらく終始元綱を支援していたと思われる政弘の意見を受け入れているのは[38]、少なくとも政治的立場においては、武田・大内両氏の対立が解消していたことを示すものであろう。

しかし、明応二年の政変で中央権力が分裂すると、果たして両氏は再び敵対関係となり、ついには武力衝突にまで至った。これまで問題にしてきた三通の武田元信感状はこの時のものと考えられる。大内軍はまず三月伴要害に押しかけて金山城をうかがい、ついで兵を広島湾頭に転じて府中に白井氏を攻め、さらに二ヶ月程して、おそらく水軍を仁保島に差し向けて仁保白井氏を攻撃したのである。この大内軍の安芸侵攻は、足利義尹が将軍職回復への協力を諸将に訴えている当時の政治情勢ともあいまって、武田氏の被官の間に深刻な動揺をもたらした。そして、武田氏の不安は、ついに温科氏の謀反として現実化したのである。このような分郡支配の危機の中で、翌明応九年義尹が大内義興を頼って山口に下向してきた。義尹は武田元信に対して、安芸国人への命の下達は元信を通じて行うという、元信の守護家としてのプライドをくすぐる条件で、自陣に誘ったのであろう。元信がこれを受け入れたのは、その条件もさることながら、義尹・義興陣営に帰属することによって、何よりも分郡における危機的状況を克服できるとの見通しがあったからであろう。しかしながら、伝統的守護家武田氏にとってこの反幕行為は、あまりに重くのしかかった。元信はその立場を一年と保つことができず、翌文亀元年正月十日までに幕府方に帰順した。[39]ところが、金山城にいた武田元繁は大内陣営にとどまり、永正五年（一五〇八）の義尹らの上洛に随逐している。ここに、あくまで安芸分郡支配を全うしようとする元繁、というより長子信栄の若狭守護職拝任以後も金山城にとどまって分郡支配にあたった信繁以来元綱、元繁と続く、いわば安芸武田家とよべる一流が、幕府権力の中に身をおいて若狭を本拠にしていこうとする惣領家から、はっきりと自立したのである。その意味で、少なくとも武田氏にとって、この明応期は一つの大きな政治的画期であったといえよう。

註

（1）文明十七年閏三月二十一日日光坊昌範置文（『小浜市史』社寺文書編、明通寺文書八二）。
（2）『若狭守護代記』五。
（3）白井端氏『古文書いじり余話』。なお、現在同家が伊賀上野にあるのは、勝胤から七代目の胤羨の時伊賀付となり当地に移ったからである（同書）。
（4）前註書によると、同家には原本が西尾市立図書館岩瀬文庫に所蔵されている安芸白井氏関係文書の写し八通を含めて、計一六通の安芸白井氏関係文書の写しが伝えられている。
（5）『大日本史料』第九編之六、永正十四年六月二日条参照。

（6）（永正十四年）卯月四日付朽木弥五郎（稙広）宛元信書状（史料纂集『朽木文書』三二四）には「於㆓自然之儀㆒者、弥不㆑可㆑存㆓疎略㆒候」とあって、四月になっても実際には戦闘状態に入っていないことが知られるし、延永氏が丹後から若狭の西部、和田に着陣したのは、五月末頃と思われるから（同年六月二日付朝倉弾正左衛門尉（孝景）宛足利義稙御内書〈「御内書案」〉）、三月十六日に若狭府中で合戦があったとは考えられない。なお、若狭白井氏が安芸まで出陣したのは、白井氏にとって惣領家の本拠である安芸府中が攻められたことにもよると思われるが、嘉吉元年（一四四一）吉川経信が安狭に出陣した例もあるように（『吉川家文書』一一七〇）、安芸・若狭両国間の国人の往来は同じ守護を戴く故に意外に多かったのではなかろうか。

（7）白井端氏所蔵文書。

（8）諸種系図や『実隆公記』『蔭涼軒日録』は六月二十一日に没したとするが、『大乗院寺社雑事記』は六月二十日とする。

（9）『広島県史』古代中世資料編Ⅴ所収木村文書一。

（10）同書所収西尾市立図書館岩瀬文庫所蔵白井文書一。

（11）前掲木村文書二。

（12）『萩藩閥閲録』巻九四、白井友之進。

（13）『後法興院記』延徳三年八月二十七日条、『蔭涼軒日録』同日条。

（14）『蔭涼軒日録』延徳三年十二月二十五日条・同二十七日条。

（15）『大乗院寺社雑事記』明応二年四月晦日条、閏四月五日条。

（16）『続群書類従』第三十三輯下所収。

（17）『後法興院記』明応二年四月二十七日条、閏四月八日条。

（18）「小早川家証文」二三一。

（19）大内義興は、年欠正月晦日付相良為続宛書状（『相良家文書』二四一）の中で、「旧冬開陣」の事情を「公方様（義材）至㆓越前㆒被㆑移㆓御座㆒候、就㆑其被㆓仰下㆒旨候之間、先令㆓帰国㆒可㆓相談㆒之由、年寄共依㆑申㆑之、任㆓衆儀㆒候」と釈明している。つまり、越前に移った義材から、おそらく再挙への協力を求めてきたのに対して、大内家臣らはひとまず帰国して対応を論議すべしということでまとまり、義興もこれに従ったというのである。この書状が『大日本古文書』編者の推定のように明応三年のものだとすると、義興の帰国は同二年冬ということになり、「金言和歌集」の記述と矛盾する。これを整合的に理解するため、今のところ次のように考えたい。「金言和歌集」は明応二年六月頃成立したといわれる、いわば同時代史料である上（『群書解題』二十一）、同年六月十一日には義興は乃美家氏や仁保護郷らに近江出陣から河内出陣までの戦功を賞する感状を与えていることなどから（『浦家文書』二、『三浦家文書』八〇）、閏四月ひとまず開陣して帰国し、改めてその年の冬（もしくはもっと以前）九州に発向したが、先に述べた事情でまた帰国した。この考え方にとっての難点は、義尹の越前移座（京都脱出）は明応二年六月末ということであり、ここに若干の疑問が残るのである。

(20)「小早川家証文」二四七。
(21)『大内氏実録』。
(22)同右。
(23)『萩藩閥閲録』巻九九―二、内藤小源太。
(24)明応八年二月二十六日には大内重臣杉武明による尊光（義興の弟）擁立計画が発覚する事件があったことを考えると（『大乗院寺社雑事記』明応八年三月十日条）、内藤父子誅伐もこの種の隠謀に関するものかも知れない。
(25)『平賀家文書』五一。
(26)『大内氏実録』。
(27)同右。
(28)（明応六年）三月二十日天野六郎《興次》宛大内義興感状（天野毛利文書）。
(29)註（25）。
(30)『浦家文書』三。
(31)『萩藩閥閲録』巻七―四、益田越中。
(32)『毛利家文書』一六七、『萩藩閥閲録』巻一五―一、国司隼人。

(33) 前註、『熊谷家文書』一一九。
(34)「小早川家証文」四一八、四一九。
(35) 元信の訴えをうけて幕府が毛利弘元に武田方支援を命じたのが八月六日であるから（『毛利家文書』一六七）、温科氏の謀反が発覚したのは七月頃であろう。
(36) もちろん、たとえそうであったとしても、義尹が諸国武士に協力を訴え続けているという当時の政治情勢の中ではじめて大内氏の政治的工作が現実性をもち得たことは確認する必要がある。なお、年欠（追筆で明応八年）三月六日付毛利治部少輔（弘元）宛武田元繁外九名連署状（『毛利家文書』一六六）にある「上意御窺之事」が、義尹からの誘いをさすものとすれば、この時点で、毛利氏、もしくは武田元繁らの連署者（分郡内武士）、あるいはその双方が義尹から誘われていたことも考え得る。ただ、年代については、追筆故に疑問も残り、たとえば、武田氏の義尹方帰属の確定する翌明応九年の可能性も否定できない。
(37)『臥雲日件録』文安四年五月七日条、『建内記』同年六月七日条。
(38)『蜷川家文書』一一六。
(39) この日元信は従四位下に叙せられたが、この叙位について東坊城和長は、武家の昇叙は越階がむしろ当たり前であるが、元信の場合は叙爵を経ずに一気に四位に叙せられ問題であるといっているように、異例の昇叙だったようである（『後鑑』所載「和長卿記」明応十年正月十四日条）。そこには当然幕府の推挙があったと考えられ、この時点で元信が幕府方に帰順していることは確実である。

【付記１】白井文書の採訪にあたっては、御当主白井端氏から格別の御配慮をいただいた。記して深甚の謝意を表したい。

【付記２】本論文では重大な史料の誤読をしている。それは、次の武田元信書状にある「右京大夫」の人物比定である。

就今出川殿防州御座、被成御下知幷右京大夫御状候、此趣従拙者可申由、上意候間、付進之候、急度御請肝要ニ候、

三月十六日　　　元信（花押）

小早河又太郎殿

進之候（「小早川家証文」二四七号）

本論文では、文中の「右京大夫」を「左京大夫」（＝大内義興）の誤記とする『大日本古文書』の傍注の誤りに気づかず、うかつにも、武田元信が大内氏の誘いに乗って足利義尹陣営に参じ、小早川氏に協力を求めたと解釈し、本論文で問題としている元信感状の下限を、この文書の前年＝明応八年とした（この他、『毛利家文書』一六九号にも同趣旨の六月十六日付毛利治部少輔宛武田元信書状があり、同様の誤った傍注がある）。しかし、これは誤記ではなく、管領細川右京大夫政元とみなければならなかった。つまり、この文書は、武田元信が幕府（細川氏）側に立ち、「金山辺」（『毛利家文書』の方にある。元信の従兄弟で安芸金山城にいる武田元繁を指す）を中心にして、小早川氏や毛利氏ら安芸国人の糾合を目指したことを伝えていると解釈すべきであった。したがって、論文中の四、及び七でこの文書を用いて叙述している部分は訂正する必要がある。ただし、本論文で問題にした元信感状の年次を明応七年、もしくは同八年と推定した結論そのものについては、今のところ訂正する必要はないと考えている。なお、これらの点は、拙著『安芸武田氏』（戎光祥出版、二〇一〇年）九四～九九頁、一八〇～一八一頁でもふれているので、参照していただければ幸いである。

第2部　若狭武田氏とその領国支配

Ⅰ　若狭武田氏の消長

黒﨑文夫

序

近年、戦国大名の研究は著しく進み、ここ福井県でも戦国大名朝倉氏の研究は、十年前とは比較にならない進展をみせている。ところが、朝倉氏と同じ時代に生きた若狭武田氏については全くといっていい程知られていない。朝倉氏と異なり武田氏は、守護大名より戦国大名に移行した大名であるが、「武田氏」と聞くと甲斐の武田氏を思い浮かべるのが通例であろう。実際、若狭武田氏に関する研究は皆無と言ってよく、『福井県史』の「武田氏と若狭」の論述が唯一のものであろう。畿内近国の戦国大名としては、六角・浅井・斎藤・朝倉などの諸氏があり、それぞれの研究が進められているが、若狭を百二十数年間も統治した武田氏の研究は極めて遅れているのである。

そこで、この論文では、ともかくも武田氏の概略を掴むため、先ず武田氏代々の事績を追求し、次に武田氏による若狭支配の実態等を考えてみたい。何分、武田氏に関しての先行論文も少なく、武田氏による若狭支配の全貌を一度に明らかにすることは出来ないが、近国の戦国大名の一例として、今迄未知の武田氏の存在の具体像が、少しでも解れば嬉しく思う。

史料の解釈や叙述に誤謬があるのではと思うけれども、宜しく御叱正を仰ぎたい。

最後に、小浜市内所在の文書については、小浜市史編纂室蔵のマイクロフィルム閲覧の便を得、又、朝倉氏遺跡調査研究所にも何かとお世話になった。厚く感謝の意を述べたい。

第一章　歴代若狭武田氏―主に政治・対外関係史を中心にして―

『尊卑分脈』によれば、武田氏は清和源氏源義光よりいで、義光の子義清、甲斐国市河庄（山梨県山梨市市河）に配流せられ、武田冠者と称せられた。

義清より十五代信武に到り、足利尊氏に殊遇せられ、甲斐・安芸両守護を兼任、以来甲斐と安芸に武田家が分かれ、安芸武田氏は氏信・信在・信守・信繁と続き、安芸守護信繁の子信栄が永享十二年（一四四〇）五月十五日、将軍義教の命によって、山城・若狭両国守護一色義貫を大和陣中に誅伐し、その功によって若狭の守護職を賜ったのである。この信栄が若狭武田氏の祖である。

一、武田信栄（初代若狭武田氏）

信繁之男武田彦九郎後任治部少輔
永享十二年五月十五日依二将軍義教公之命一於二大和軍中一討二一色義貫ヲ一、同年若狭之賜二守職一、是軍功ノ賞也、
嘉吉元年十二月二十三日卒、號二長福寺光芸天游一、安芸若狭両国之守護、長福寺ハ高濱有之、

と、「佛国寺本武田系図」[1]は、信栄の事績を伝えているが、若狭守護当時のことは何も語っていない。

彼の功績は、「於レ鴟一色腹切、爲二上意一被レ仰二付武田一了、仍一色知行若狭国以下給二武田一了」（『大乗院寺社雑事記』）と、一色義貫を滅すことによって、若狭支配への足がかりをつけたことであろう。一方将軍義教は、有力守護弾圧政策の先兵として武田氏を位置づけ、将軍の親衛隊化させたのだろう。

彼の没年は諸系図より、永享十二年七月二十三日とも、同年十二月二十三日とも、翌嘉吉元年（一四四一）十二月二十三日ともなっているが[2]、いずれにせよ若狭守護を賜ったのち、早く没したと思われる。このような短期間に、若狭において彼は、高浜の長福寺を創建（『若狭郡県志』）、彼の法名（長福寺光藝天游）より、没後、この寺に葬られたものと考えられる。

安芸守護時代の信栄については、本稿では省略するが、実質的に若狭武田氏は次の信賢より始まる。

二、武田信賢（二代若狭武田氏）

信繁之二男信栄之弟、治部少輔、後歴二任大膳大夫陸奥守等一、兄信栄卒後安芸若狭両国之守護職トナル、奉仕二慶雲院殿慈松院殿一、嘉吉元年攻二赤松一之時播磨国白幡之城追手之大将之一員也、文明三年辛卯六月二日卒ス、號大通寺大人宗武亦光徳寺道祐教山トモ云（「佛国寺本武田系図」）

と、信賢の事績もこれだけしか伝えられていない。

嘉吉元年（一四四一）六月二十四日、京都の赤松邸において、将軍義教が、播磨・美作・備前三ヵ国守護赤松満祐によって暗殺されるという事件がおこった。いわゆる嘉吉の乱である。これに対し幕府側も混乱をきたし、やっと翌七月十一日、「都ニハ軍評定アツテ播州討手ノ手分ヲ定ラル、大手ハ細川讃岐守成之、赤松伊豆守貞村、武田大膳大夫信繁也」（「嘉吉記」）と、赤松追討軍が播磨に向け出発した。

（端裏切封）「―――」

去月廿四・廿六両日、於㆓蟹坂㆒被㆑致㆓合戦㆒、被官人或討死、或被㆑疵之由、以㆓注文㆒自㆓武田治部少輔（信賢）方㆒注進候之間、則令㆓披露㆒候之処、被㆑成㆓御感御教書㆒候、目出候、殊御被官人高戸勘解由左衛門・田坂五郎太郎・澤津修理亮、依㆓討死忠節㆒、彼跡被㆑成㆓下御教書㆒候、御面目之至候、弥被㆑抽㆓戦功㆒候者目出候、恐々謹言、

（嘉吉元年）九月二日　　持賢（細川）（花押）

吉河駿河守殿[3]

と、これは播州蟹坂合戦で、信賢方の吉川経信が戦功をあげたことに対する幕府の感状である。ついで九月十日、「赤松性具入道度討㆓播州㆒破」と、山名軍が木山城を陥落させ、満祐が自殺することによって、この乱は落着した。ところが同日、「若狭国土一揆追㆓出守護代㆒」（「東宝記奥書」）という事態がおこった。嘉吉の乱や京都での徳政一揆という中央政界の混乱に乗じて、若狭国内の一色義貫の残党が蜂起したと思われる。

信賢は、吉川経信らを率いて、急遽若狭に下向し、翌十月二十三日、佐分郷（大飯郡大飯町）で戦った。

去廿二日、於㆓佐分郷㆒、被㆑致㆓合戦㆒、得㆓少利（勝）㆒之由承候、目出候、其分先度自㆓武田方㆒承候き、巨細安富筑後守可㆑申候、恐々謹言、

（嘉吉元年）十月廿九日　　持之（花押）

吉川（経信）殿(4)

細川持之は、時の幕府の管領で、室町幕府も御教書を発して武田氏を支援したのである。

さらに同月二十六日にも、武田軍と一色氏残党が合戦し、とうとう室町幕府も、武田氏救援のため幕府奉公人を若狭に発向させた。

○若州発向事、不日可レ被レ致二忠節一之由、所レ被二仰下一也、仍執達如レ件、

嘉吉元年十一月三日　右京大夫判

佐々木朽木満若殿(5)

○於二若州一、被レ致二忠節一候、尤神妙之由、被二仰出一候也、恐々謹言、

十一月廿一日　持之判

本郷美作入道殿(6)

しかし十一月十二日、武田・吉川ら連合軍が、一色氏残党の立籠る小浜城（小浜市）を陥落させることによって、この乱も落着した。

敵陣小浜落居、大慶此事候、殊敵数輩被二討取一之由承候、目出候、恐々謹言、

（嘉吉元年）十一月十八日　持之（花押）

吉川駿河守殿(7)

この嘉吉元年の一色氏残党の蜂起は、武田氏の守護代を追放するほどの大規模なものであり、信賢も全力をつくして、この蜂起を鎮圧せねばならなかった。又室町幕府も、奉公人の近江朽木氏や若狭本郷氏を派遣させて、この難局

を切り抜けたのである。

この乱の背景は、若狭国内の前守護一色氏の残党や、国人らによるものであった。これは、領国支配の不完全さを示すものである。そもそも武田氏は将軍義教の一色義貫誅伐、つまり有力守護弾圧政策の背景をもって、若狭に入部したのである。ゆえに、この土一揆は、武田対一色残党、さらに室町幕府対一色残党という一面を備えていたといえる。以来この抗争は、丹後一色氏に対するものに転嫁され、若狭武田氏の盛衰とともに続けられる。

なお享徳二年（一四五三）にも、一色残党らの蜂起がみられ、

若狭国牢人等事令二蜂起一、自二北口一近日攻入之旨風聞之間、最前馳向、取二若州陣一之條尤神妙、弥可レ被レ致二忠節一之由、所レ被二仰下一也、仍執達如レ件、

享徳二年十二月七日　　下総守（飯尾為数）判

下野守（布施貞基）判

佐々木朽木弥五郎殿(8)

と、北口より近日攻入る情勢から、朽木氏も若狭に陣取っている。

翌享徳三年（一四五四）、信賢は若狭において、一国平均徳政を実施したが（『若狭守護代記』）、これは、前年蜂起した武田氏に不満をもつ若狭の牢人衆（主に一色残党と思われる）に対する経済的政策ではなかろうか。徳政という恩恵によって、彼らを武田氏の支配下に組入れていったのではなかろうか。

以来応仁の乱まで、若狭国内のことはわからないが、おそらく、徐々に国人・土豪らを自らの支配下においていったのであろう。

さていよいよ、応仁の大乱に進むが、若狭武田氏も当然、この大乱に巻込まれる。

信賢は、応仁元年（一四六七）五月十日、「若狭斉所今富之両庄へハ、武田下向シテ一色方ヲ退ケリ」（「応仁別記」）と、丹後守護一色義直が西軍となったため、一色方が管していた税所今富・国富庄を奪い、領国を固めた。更に、丹波清蔵口を死守して、糧米を京都に輸送し、東軍の補給路を確保した（『福井県史』）。

京都における戦闘の模様は、

応仁元年五月二十四日、細川勝元、実相院ヲ取レトテ、武田大膳大夫ニ被申付、午ノ剋、武田打寄、

五月二十六日、勝元、信賢・細川成之等ヲシテ、西軍ノ将一色義直ノ第ヲ攻メシム、

六月十四日、朝倉孝景、東軍ノ将武田信賢ヲ二條ニ邀撃シテ、大ニ之ヲ破リ、斬獲甚ダ多シ、

七月十一日、東軍ノ将京極持清・信賢・赤松政則等、又、斯波義廉ノ第ヲ攻ム、

七月十七日、西軍、実相院ヲ攻ム、信賢ノ兵拒ギ戦フ、

八月二十三日、大内政弘、京都南禅寺ニ入ル、二條烏丸ニハ武田陣ヲ取ル、

文明元年五月、六角高頼兵ヲ起スト聞キ、幕府、信賢ニ命ジ、近江トノ通路北白川ニ城ヲ築キテ、之ヲ守ラシム、

と、『大日本史料』等に、彼の花々しい猛将ぶりがみえる。

一方若狭においては、応仁二年（一四六八）二月、「武田、若狭国ニ城ヲ用意有由云々」（「経覚私要鈔」）と、信賢は城郭を築いた。これは若狭における新たな行動を意味するのであろうか。

それを匂わせるが如く、翌文明元年（一四六九）、彼は西軍の一色義直の領国丹後を賜り、細川政国は、丹後の一郡を賜ったのである。(9)そして信賢は、一族逸見氏を派遣して、細川氏とともに丹後攻略を開始した。つまり、先の若

狭の城郭構築は、この丹後攻略の準備と思われる。

①明通寺陣僧之事、別而諸役御免之上者、可レ被レ止二催促一之由候也、仍執達如レ件、

応仁二年

五月廿八日　宗見在判

栄長在判

内藤豊前守殿

②当寺陣僧事、為レ被レ仰二付自餘在所一別而可レ被レ勤之由候、但諸公事免除之上者、於二異議申付候一者、直可レ有二注進一之旨被二仰出一候也、仍執達如レ件、

文明元

八月九日　賢長（花押）

賢家（花押）

明通寺(10)

①の武田氏奉行人連署奉書では、応仁二年という京都での東西両軍の戦闘の、もっとも激しい時期でさえ、「陣僧」の催促は免除されているのに、②の文明元年の奉行人連署奉書では、この「陣僧」を徴収されている。これは、おそらく先の丹後攻略を意味すると思われる。又①の奉行人宗見とは、逸見駿河守入道宗見のことであり、栄長という人物も逸見一族と思われる。ところが②では、奉行人が、賢長・賢家という粟屋氏になる。応仁二年以前には、武

田氏奉行人に逸見氏一族の名が見えるのだが、①の文書以後、全く見えない。

これは思うに、主君信賢らは京都内外で戦っているため、武田一族の逸見氏が、この丹後攻略を指揮し、宗見・栄長もこれに当たり、そのため奉行人も、粟屋氏にかわったのだろう。以後宗見らは、丹後に在陣する。

ではなぜ、信賢に丹後が与えられたのだろうか。それは、当時将軍義政は、中立という立場ではあったが、事実上勝元側（東軍）に握られていたので、西軍である丹後守護一色義直への報復として、隣国若狭守護信賢に、丹後を与えるという手段を取ったものと思われる。

信賢は大乱中の文明三年（一四七一）に没した。彼は、安芸・若狭、そして丹後と領国を拡張しつつ、戦国大名への道を歩もうとしていたといえる。

三、武田国信（三代若狭武田氏）

信繁之三男信賢之弟武田彦太郎、後歴二任治部少輔大膳大夫等一、文明三年兄信賢卒後安芸若狭両国之為二守護職一奉二仕慈松院殿一、応仁元年細川勝元・悪山名宗全・畠山義就等振二逆威一欲之滅郡士同之、国信モ亦其與党而聚二若狭安芸両国之兵三千余騎一其武名世之所二普知一也、剃髪號二宗勲一、延徳三年六月二十一日卒ス、號二玉花院功林宗勲一ト、常嗜二和歌一與飛鳥川栄《（井カ）》雅ト結レ交、（佛国寺本武田系図）

国信も、兄信賢とともに数々の合戦に参加したが、応仁の乱では、兄が没して後、家督を継承して、東軍の猛将として戦った。彼は、信賢の政策をそのまま継承した。

まず文明二年（一四七〇）六月三日、美濃守護土岐成頼（西軍）の軍が、上洛する形勢であったので、国信は、京極持清の武将多賀高忠とともに、京都への入口に当たる如意嶽に陣した。

しかし翌文明三年（一四七一）三月二十一日、「京都様、東山如意寺陣、武田自焼引二入御陣一畢、多賀豊後守被二責落一、経二若狭丹後路一引二入御陣一、三乃持《（斎藤妙椿）》誓院責之云々」（『大乗院寺社雑事記』）と、美濃守護代斎藤妙椿に攻められ、敗走した。

一方京都の市街戦は、乱の長期化とともに、膠着状態となり、同年六月、国信は隣国越前へ発向した。

越前国敦賀郡境出陣事、申二談武田治部少輔《（国信）》一、速発向之、一段可レ被レ致二忠節一、依二戦功一可レ被レ行二恩賞一、若令二違□《（背カ）》一者、可レ有レ異二御成敗一之由、所レ被二仰下一也、仍執達如レ件、

文明三年六月廿五日　右京大夫《（細川勝元）》（花押）

佐々木朽木彌五郎《（貞綱）》（12）殿

と、勝元は、国信・朽木貞綱らに命じ、兵を敦賀に出して西軍を討たせた。ところで越前では、同年五月二十一日、西軍の猛将朝倉孝景が東軍に寝返り、翌六月十一日には、上杉房定・織田伊勢守・同駿河守が、勝元の命により、孝景救援に向かった。ついで翌七月二十一日には、孝景と西軍の斯波義廉の武将甲斐氏が、越前で戦っていることより、国信らも、孝景救援のため、敦賀へ向かったものと思われる。

一方信賢の代よりの丹後攻略は、国信も継承し、『若狭国志』によれば、逸見宗見らは丹後国内に城を築いて、長期戦の構えであった様である。京都における東西両軍の抗争が、そのまま丹後に運び込まれたと解せよう。

文明五年（一四七三）、山名宗全の但馬の軍が、一色氏救援のため丹後に入り、武田・細川軍と戦ったが、決着がつかなかった。だが同年、宗全、勝元と相次いで没したため、丹後の両軍は和睦に向かう。

同様に京都においても、東西両首脳の死によって、この大乱も終息に向かい、翌文明六年（一四七四）四月、山名政豊と細川政元の講和によって、一応この乱も一段落した。

そのため翌五月七日、義政は、一色義直の子義春を幕府に引見し、先に召し上げた丹後の旧領を還付した。ところが、義政のこの処置に対し、「閏五月十五日、丹後国事被レ返二付一色一、武田・細川右馬頭内者切取不レ渡之、一色迷惑無二是非一」（『大乗院寺社雑事記』）と国信の臣逸見氏や細川政国の家臣らが、丹後で拒否したのである。

これに対し同年七月、山名氏の臣伊賀家有の率いる但馬軍が、一色救援のため再度丹後に入り、武田軍を一掃、九月、ついに逸見氏以下武田軍は最後の山田城を死守したが、結局全軍自殺して、丹後は一色氏の領国に戻った。『実隆公記』の九月十五日条は、「九月十六日、聞二武田大膳大夫昨日遁世一云々、逸見入道《（宗見）》先日於二丹後一自害之儀等愁傷之餘也云々」と、逸見宗見の自殺を伝えている。この時国信は、宗見の死や武田軍の全滅という悲報によって、薙髪したが、宗見が武田家内でいかなる役割を演じてきたかわかる。『若狭国志』では、彼を執事としているが、その地位の高さがうかがえる。

この敗北で、武田一族逸見氏はその大半を失い、勢力は大きく後退し、ライバル粟屋氏の台頭を許すが、丹後に隣接する大飯郡に所領を多く獲得して、以後丹後と若狭の抗争に大きなかかわりをもつ。

文明十五年（一四八三）正月、「山城守護事、畠山左衛門督雖二知行一、不二事成一上者、武田大膳大夫《（国信）》可二存知一之由、雖レ被二仰付一之、難義之由申切之了、仍所司代可レ被二仰付一之」（『大乗院寺社雑事記』）と、幕府は、山城守護を畠山政長から国信に替補しようとしたが、国信がこれを辞退した。山城守護は、三管領四職家が兼任していたが、それが武田氏に補任されようとしたことは、いかにこの時期、幕府内の国信の役割が高かったか考えられよう。又在京守護の安定的継続と、若狭国内に、全く反乱がみられないという状況の中で、この時期が、若狭武田九代史上の絶頂期であろう。

ではなぜ、彼は辞退したのであろうか。その前に、赤松政則も、文明十三年（一四八一）七月十日、国信より早く山城守護に替補されようとして辞退し、結局政長が、引き続き守護となっていたことを考えると、両氏が辞退した訳は、山城国内の事情からではなかろうか。

当時山城国は、応仁の大乱が終了したにもかかわらず、畠山政長・同義就の争いが引き続き行われ、さらに激化して河内・大和にも戦火が広がっていたのである。そのため政長の山城守護を、幕府が罷免しようとしたのである。しかし文明十七年（一四八五）、かの有名な山城国一揆が勃発する事態が実現する。

延徳二年（一四九〇）六月二十一日、「此日武田大膳入道大夫殿。於二若州一逝去云々」（『蔭凉軒日録』）と、国信の死を伝えている。その他『実隆公記』・『大乗院寺社雑事記』・『後法興院政家記』らも、彼の死を記載している。ところで「佛国寺本武田系図」では、彼の没年を延徳三年としているが、これは誤りと思われる。数々の公家の日記に彼の死が記されていることは、生前の国信の勢力の強さがうかがえよう。彼は、武田氏の絶頂期に、その生涯を終えたといえる。

四、武田信親（四代若狭武田氏）

信親の、史料上の初見は、文明十年（一四七八）正月二十五日、義尚興行の犬追物に、「武田彦太郎」として参加したとの記載である（『親元日記』）。以来、父国信興行の犬追物に参加している。文明十年には、国信は京都で犬追物を、盛んに興行し、信親もこれに参加したと思われる。

文明十二年（一四八〇）、信親は、義尚の供衆となり、翌文明十三年（一四八一）には、西国の雄大内政弘と争った。その原因は、国信の弟で安芸半国守護武田安芸守元綱の相続問題ではないかと思われるが、詳らかでない。信親は、この前後、国信より家督を譲られていたのではないかと思われる。

文明十五年（一四八三）、彼は、小浜に栖雲寺を創建、京都建仁寺の潤甫和尚を開祖としたが（『若狭郡県志』等）、この寺が信親の菩提寺であろう。

彼の事績は、史料が乏しく、当面これ以上わからないが、彼の没年を少し検討しておきたい。

信親の没年は、文明十七年（一四八五）説と、永正十一年（一五一四）説（両説とも八月二十二日）がある。その開きが、二十九年もあり、単なる誤りとしては済ませないだろう。

文明十七年説の裏付としては、『親元日記』の「武田治部少輔殿（信親、廿四歳）逝去、大膳大夫入道殿宗勲息」のみで、他に有力な史料は、今のところわからない。

国信子襲二父之後一初称二彦太郎一、官治部少輔、文明十二年長享元年信親従二将軍義尚之行一、見二将軍家譜佐々木征伐記一時称二武田彦太郎一、即此延徳三年将軍義稙向二江州一討二佐々木高頼一、文亀五年自二周防国一入二于京一、永正八年退二丹波国亀山一還攻二入于京一信親皆従二其軍一事見二倭史及後太平記一、永正十一年秋八月二十二日卒ス、号二樹岳宗鉄栖雲寺一、

と、『若狭国志』[13]は、彼の事績を伝えているが、この記事の元となった『若狭守護代記』同様、永正十一年説である。又「若州観跡録」もそうであり、武田系図では、「佛国寺本武田系図」・「諸家系図纂」・「系図纂要」・『姓氏家系大辞

典』（太田亮）が、この説をとっている。

両説は、その記事の量から考えて、永正十一年説が有力と思われるが、私にはちょっと疑問が残る。

第一に、永正十一年説には系図が多いことである。系図というのは、そのままでは信頼できないものである。

第二に、文明十七年以降、『若狭守護代記』系統を除いて、信親に関する記事が、全くみえないことである。たとえば『蔭凉軒日録』によれば、国信の没する延徳二年（一四九〇）前後より、「武田彦次郎元信」という名が出てくるが、彼は五代元信である。又延徳三年（一四九一）の六角征伐では、「武田伊豆守」と出てくるが、これも元信のことである。さらに『実隆公記』では、長享二年（一四八八）前後より「武田彦次郎」[14]と出てくる。「壬生文書」では、国信の没した翌々月、八月三十日、幕府が、若狭守護武田元信に対し、小槻雅久の所領を還付させている。以降、五代元信に関する記事となり、結局信親に関することは、全くみえないのである。

第三に、信親の官名についてである。彼は「佛国寺本武田系図」を除いて、治部少輔だけで大膳大夫にはなっていない。歴代若狭武田氏は信賢以来、彼のみ大膳大夫とはなっていないのである。なお伊豆守に叙せられるのは、五代元信からである。

この三つの疑問だけでは、説得力に欠けるかもしれないが、私は、文明十七年説を支持する。つまり信親は、国信治政中（すでに信親に家督を譲っていたかもしれない）の文明十七年に没し、そのため国信は、再び執政を行い、さらに信親の弟元信に家督を譲ったものと思われる。

しかし先の、『若狭国志』等の長享元年（一四八七）以降の記載の人物は、信親でないとすると、誰であろうか。五代元信とすることは矛盾が生じ、到底無理である。又永正十一年には、誰も没しなかったのか、没したのなら、それは誰か。さらに、信親発給文書は現在一通も発見されていない。

今後、これらの疑問を解明していきたい。

五、武田元信

元信は、国信より絶頂期の武田家を継承し、その勢いにのって、将軍義材の近江六角高頼征伐、さらに河内征伐に相次いで出兵、武田氏の力を世に知らしめた。ところがこの武田氏の勢力の誇示を、失墜させるような事件がおこった。

文亀二年（一五〇二）六月二十日、「今日於二若州小浜一、武田中務大輔、同子弥五郎等討死云々、国衆并百姓等責来如レ此云々、不便々々、段銭以下苛政之所レ致云々、後人可レ慎者乎」（『実隆公記』）と、武田中務大輔、同子弥五郎が、国人・百姓一揆に攻められ、根拠地小浜で討死するという事件がおこった。この事件は、佐々木銀弥氏の土一揆年表[15]にも取上げられている。一揆軍の要求は、段銭反対であったが、元信がこれを拒否したため、武田父子が、討死したものである。

この事件の一ヵ月前の五月十二日、三条西実隆は禁裏御料所上吉田・三宅（遠敷郡上中町上吉田・三宅）の段銭免除を、朝廷の意を受けて、武田元信に願出ている。そして十四日に、元信からの返答があったらしいが、どうもこの願いを拒否したらしい。翌十五日にも、再度免除を願出ているが、結局元信は、聞入れなかったらしい（以上『実隆公記』）。元信は、禁裏御料所に対してさえ、段銭徴収を行おうとしたのである。元信の強硬な姿勢が国人らの大反発を受け、国衆并百姓の一揆が蜂起したものと思われる。

ついに彼らは、武田氏の本拠小浜を攻め、武田一族を討死させ、翌文亀三年（一五〇三）十月六日、「若狭吉田反銭免除折帋今日内藤佐渡調送之、今日進上了、神妙之由被レ仰之」（『実隆公記』）と、元信が、一揆側に屈することによって、この事件は落着した。

この事件は、武田氏の領国支配の前途に、暗いかげを落とした。この事件をきっかけに、武田氏に対する若狭国内の国人・土豪らの不満が増え、以後武田氏は、衰退期に向かう。

ところで討死した武田氏は、官名が中務大輔であることより、おそらく元信の弟であろう。しかし実名はわからない。彼はいわゆる段銭奉行であったため、一揆側に狙われたのではなかろうか。

元信も、この事件後、領国支配の至難さを感じ、翌永正元年（一五〇四）四月二十八日幕府に官職を辞し、子元光に家督を譲って隠居したい旨を申し入れた（『実隆公記』）が、結局受入れられなかった様である。

同年十二月九日、元信は帰国し、翌永正二年（一五〇五）春、彼は、父国信以来の丹後攻略を再開した。

父国信が失敗した丹後攻略を、なぜ今になってと思うが、それは、元信に対する若狭国内の国人・土豪らの不満を、歴代遺恨の地奪還という名目によって、外にそらそうとする意図と思われる。さらに先の丹後攻略も、勝元の援助があったが、今度は、勝元の子政元という幕府の実力者の後押しによって、元信もこれを決断したと思われる。

奉二祈念一　願文之事

右意趣者、永正三年初夏後二日寅尅霊夢、則観世音納受之瑞想也、可レ信々々、是則大悲之以二軍力一可レ達二本意一之基也、然而敵眼前也、丹波(後カ)国属二泰平一土民令レ寄二附當山本堂造営一可レ令二発起一者也、仍願書如レ件、

永正三年卯月廿二日

大膳大夫源朝臣元信（花押）(16)

と、翌永正三年（一五〇六）卯月二十二日、元信は、丹後国境の中山寺（大飯郡高浜町中山）に、戦勝祈願の願文を掲げた。そして丹後に攻込み、守護一色義有と交戦した。そのため政元は、救援として澄之を派遣し、同月二十九日、澄之は、石川直経の立籠る賀屋城を攻撃した。さらに元信は、六月十六日にも一色義有と戦い、幕府より状況を尋ねられている。ついで八月三日、再度戦闘が行われ、その戦況は、「武田勢数百人被レ討云々」（『宣胤卿記』）と、元信に不利なものであった。

　ついに翌永正四年（一五〇七）卯月二十七日、「今日爲二一色殿対治一、依二武田語一、右京兆・同六郎殿・三好・澤藏以下悉以丹後国被二進発一了」と、政元自身が丹後に出陣した。そして、翌五月十一日、元信・細川連合軍が、一色義有の阿弥陀峯城を、細川軍が、守護代延永春信の今熊野城、石川直経の賀屋城等を、それぞれ攻撃したが、いずれも陥落させられず、政元は一時帰京した。

　ところが翌六月二十六日、政元が養子澄之らに暗殺される事件がおこり、糸の切れたたこのように、丹後の細川軍は、一色軍によって敗走させられ、元信も「武田伊豆守カラ〳〵分国若狭国へ逃カヘル」（『細川大心院記』）と、またしても丹後攻略は挫折し、父国信と同じ苦渋をなめる。

　そして、永正十四年（一五一七）の、丹後守護代と結んだ逸見氏の反乱へと引継がれる。永正十四年の丹後・若狭両国にまたがる内乱は、すでに丹後では、「永正十三年八月ヨリ至二十四年一、丹後国一色左京大夫義清與二同九郎一合戦、両方死人数百人」（『諸寺過去帳』）、「於二丹後国一、一色左京大夫儀清與二同九郎一合戦、去年、永正十三年八月已来両方死人等」（『東寺光明講過去帳』）、「（裏書）永正十四六、一色九郎殿・同被官守護代信（延）永與、一色五郎殿・同被官石河勘解由左衛門與之合戦也」(『東寺過去帳』)、「彼国数年大乱、当年殊自㆓越前㆒、若狭両合力」(『宣胤卿記』)というように、ここ数年来、先の永正三・四年細川・武田連合軍と戦い、撃破した一色氏被官石川直経と、守護代延永春信が、それぞれ守護一色義清方・一色九郎方に付いて抗争を続けていた。

しかし「於㆓丹後国㆒、両方死亡族二千数百人、一色九郎殿并守護代延永(春信)打勝了、五郎殿并石河勘解由左衛門(直経)打負、カヤノ城落テ没落了」(『東寺過去帳』)と、丹後の支配権は、一色九郎・守護代延永春信方が掌握し、この余勢をかって、延永春信は、信賢以来遺恨の地、若狭に侵入するのである。

永正十四年六月二日、春信軍は、和田(大飯郡高浜町和田)に到着した。

延永修理進事、至㆓若州和田㆒着陣、然者不㆑移㆓時日㆒令㆑合㆓力武田大膳大夫㆒、別而抽㆓戦功㆒者、可㆑為㆓神妙㆒候也、

永正十四　六月二日　貞陸

朝倉弾正左衛門尉とのへ(18)

と、幕府は、越前の朝倉孝景、近江の朽木稙広らに、武田救援を命じた。朝倉氏の動向については、「朝倉孝景(性安宗淳)(一)」(水藤真『一乗谷史学』第十号)に詳しいが、武田氏と朝倉氏は、元信の娘が孝景の妻として嫁いでいるという関係にあった。

依㆑為㆓御祈願寺㆒、惣別陣僧已下諸役御免候、雖㆑然、今度儀者、丹州当国(若狭)陣、殊就㆓越前勢衆出張㆒、御用多々候間、御陣僧一人充被㆑参候者、別而可㆑為㆓御祝著㆒候、向後不㆑可㆑成㆓引懸㆒候由、具可㆑申旨候、猶使者可㆑

申候、恐々謹言、

永正十四年　　　　　　　　　　　内藤佐渡守

六月十九日　　　　　　　　　　國高（花押）

明通寺年行事(18)

と、朝倉教景（宗滴）軍が、若狭に到着する。

一方春信軍の若狭侵入とともに、高浜の逸見河内守が、元信に背いて春信に組した。ここに、丹後一色氏の内紛は、たちまち武田氏の内紛へと発展するのである。この時、粟屋近江守・山縣石見守・白井石見守らが、春信軍を撃退した。

今度陣中内外無二疎略一馳走之段、尤祝着候、於二千余戸里一被官人等働之段、何も神妙候、彌被レ勇二忠節一肝要之連〻の義可レ存事候、心底永□（闇カ）へも申候、可レ有二物語一候、謹言、

六月廿九日　　　　　　　　元信（花押）

白井石見守殿(19)

と元信は諸将に感状を発し、さらに丹後に攻入り、田辺・河辺の要害を陥落させ、加佐郡を領した。そして、延永春信の立籠る倉橋城を、教景軍が陥落させることによって（『朝倉始末記』）、この丹後・若狭両国にまたがった支配権をめぐる権力闘争は落着した。

丹州倉橋城落居、先以可レ然候、既一色左京大夫河越之上者、不日申二談元信一、抽二戦功一者、可レ爲二神妙一候、猶貞陸可レ申候也、

永正十四

八月八日　　同（貞陸）御調進

朝倉弾正左衛門尉とのへ(20)

と、幕府は朝倉孝景に御内書を発し、その功をたたえた。室町幕府は常に、一色義清・武田元信という守護側を支援したといえる。

元信は戦後、戦功のあった諸将に、武田領となった丹後加佐郡を分与する。

丹後国加佐郡之内水真村之事、年貢諸成物寺社等無㆓相違㆒可㆑有㆓知行㆒候、闕所方之事者、可㆑為㆓最前定置趣㆒候也、謹言、

（押紙）「永正十四年」

十二月廿七日　　紹壮（元信）（花押）

白井石見守殿(21)

しかし、以来この加佐郡領有をめぐって、一色・武田の抗争が続き、八代義統の頃でも、武田氏は、加佐郡で臨戦態勢をとらざるを得なくなるのである。

大永元年（一五二一）十月、歴代若狭武田氏の中で初めて、元信は従三位に叙せられたが、逸見氏の反乱という、領国支配の不安定さによって、武田氏の勢力は、著しく衰退化していく。同年十二月三日、三十数年、若狭を領した元信は、その生涯を終えた。

六、武田元光（六代若狭武田氏）

元光は、武田氏の勢力回復のため、中央政界進出を図る。

大永元年（一五二一）、幕府内では、将軍義稙が管領細川高国の横暴に憤慨して、淡路に出奔、そのため高国が、前将軍義澄の子義晴を擁立したが、これに元光も加担、以後将軍義晴・管領高国に接近する。

ところが高国家臣の内紛から、高国失脚へと発展する。すなわち、一門の将丹波守護細川尹賢と、高国の臣香西元盛の対立から、[22]尹賢の元盛謀殺に発展、これに憤激した波多野稙通と、柳本賢治の兄弟が、丹波の矢山城・神尾寺城に立籠ったのである。

これに対し高国は、尹賢に丹波攻略を命じ、

就二忩劇一、不日抽二忠節一者神妙候、爲レ其重而少薫和尚差下候、猶被二憑思召一候也、

十一月十三日　　御判

武田伊豆守とのへ[23]

と、元光に出陣を催促したが、大永六年（一五二六）十一月晦日、細川軍は、丹波国人衆の抵抗によって敗退、逆に柳本らの率いる丹波勢が、三好勝長らの阿波国人衆と連合して、京都に迫る状勢となった。そこで元光自身、翌十二月二十九日、武田軍を率いて入京した。

彼の出兵の目的は、将軍・管領らを救援することによって、武田勢力を中央にのばすこと、さらに先の逸見氏の反乱の如く、国内の不満勢力を対外出兵によって、外にそらせようとする意図とも思われる。

大永七年（一五二七）二月十三日、西七条桂川で両軍が衝突した。元光は、重臣粟屋元隆以下武田軍の精鋭を引連

れての合戦であったが、「武田伊豆守代々粉骨の勝利をうしなわれ…」（『宗長手記』）と、信栄以来初めて大敗を喫し、重臣粟屋周防守家長・同子薩摩守・熊谷父子・逸見らの主だった家臣が討死した。結局高国は破れ、将軍義晴、元光とともに、近江坂本に走り、以後数年、京都を中心として義晴・高国、義晴の弟義維・細川晴元・三好元長、丹波国人衆を基盤とした柳本賢治の三勢力が鼎立し、京都に出たり入ったりする。

このような状況の中で、同年夏、若狭で元光の不在をついて、丹後の海賊が蜂起した。「此年丹後之海賊等蜂起メ、若州之浦々ヲ発向シ、或資財ヲ奪、或ハ放火ス、西津・小浜ハ乱杭逆茂木構之、郡内山木被二伐盡一者也、当国諸勢加佐郡へ出陣ス」（『羽賀寺年中行事』）と、この海賊は、先の戦いで武田領となった加佐郡から発向している。この地域は、反武田勢力の強いところで、これが京都での武田氏の大敗を知って、蜂起したものと思われる。元光の出兵の意図は、その敗北とともに完全に崩れ、さらに領国支配が難しくなったといえる。

又「此時越前ヨリ合力ノ軍勢ハ、三方郡ニ在テ還テ濫妨ス、此儀中郡ニ風聞メ在々處々ノ構口ニ木戸ヲ結堀溝者也、遂ニ越ノ勢皈陣スル也」と朝倉の救援も名ばかりで逆に、乱暴するという結果になり、以後武田氏の滅亡まで、丹後・越前方面の海賊が、若狭湾全域を襲う。それは反面、武田氏の治安維持力の衰退、さらに武田権力の衰退を意味する。

その他、元光の治政時には、加佐郡田辺城攻略、後瀬山（小浜市）の築城（以後武田三代の居城とする）、重臣粟屋元隆の反乱を鎮圧等が行われたが、天文七年（一五三八）七月十日、家督を子信豊に譲り隠居、天文二十年（一五五一）七月十日、没した。崩れゆく武田氏をどうすることもできなかった復古的守護の姿を見ることができる。

七、武田信豊（七代若狭武田氏）

信豊も父元光の失敗を継承して、またしても対外出兵をする。天文十一年（一五四二）三月十七日、細川晴元に味方して、河内太平寺で、三好範長（長慶）と合戦、結局粟屋元親ら粟屋一族が敗死するが、すでに武田氏の出兵力は、元光の代で限界にきていた。これ以後武田氏の出兵は、全くなくなる。と同時に、反乱、国外からの侵入等に奔走し、それによって武田氏の勢力を使い果たす結果になる。

天文二十年（一五五一）夏から翌年春にかけて加佐郡の牢人衆らの反抗があり、信豊自身出陣した。ついで同二十一年（一五五二）三月二十日、牢人衆粟屋右馬允が、若狭街道の若狭・近江の国境大杉の関（遠敷郡上中町大杉）を越え、翌日には、吉田（上中町吉田）に攻入って、焼払った。そこで信豊は、子彦五郎信方を大将として軍兵を派遣し、右馬允を破って、近江へ敗走せしめた。

去廿二日於二三宅口一、倉谷新介頭捕砌之働無二比類一候、彌々抽二忠節一奉公肝要候、謹言、

天文廿一

四月廿一日　（信豊）（花押）

清水三郎右衛門尉とのへ(24)

と、三宅口（上中町三宅）での戦闘で、右馬允方の倉谷新介の首を取ったことに対する信豊の感状である。又この合戦で、熊谷弾正が信豊の意に背いたため、三方郡の宝福寺に蟄居させられた。この頃より、武田氏と家臣の遊離が顕著となる。

そのため古い権威によって、彼らを支配して、室町将軍家と姻戚関係をつくる。つまり将軍義晴の姫を、長男信統

（義統）に嫁がせることに成功したのである。しかし天文末年以降、武田家内に大きな混乱[25]がおこり、この混乱によって、武田氏は有名無実な存在となると思われる。

八、武田義統（八代若狭武田氏）

先の武田家内の混乱は、永禄の初年頃まで続く。その後義統が、当主として現れるが、彼の治政については史料が乏しくよくわからない。

唯、永禄六年（一五六三）より毎年朝倉軍の若狭攻撃が行われるが、その主目標が、三方郡佐柿の国吉城に立籠る粟屋勝久であること、朝倉軍と戦っている者は、三方郡内の勝久配下の部将たちで、義統の要請による朝倉軍の勝久攻撃と思われる。義統は、永禄四年（一五六一）に反乱をおこした勝久を押えることができず、隣国朝倉氏に要請したものであろう。自己の家臣を統制できない当主、すでに勝久の勢力は、武田氏を上回っていたといえる。

又、以上のような国内状況の中、義統の代には、『御湯殿上日記』に見られるように、朝廷に対する献物が頻繁に多くなる。朝廷という幕府より上の権威に頼って、何とか若狭における武田氏の地位を保とうとしたのであろう。

永禄九年（一五六六）、姉婿義統を頼って近江矢島より義秋（義昭）が、小浜にやってきたが、「若狭モ武田殿父子《（義統・元次）》及㆓取合㆒乱逆ト云々」（『多聞院日記』）と、義統・元次（元明）父子の争いについては不詳であるが、結局義秋は越前に赴いた。若狭武田氏に、義秋を助ける力のなかったことは周知のことである。

永禄十年（一五六七）四月八日、義統は没した。まさに世の中が、大きく動きつつあった矢先であった。

九、若狭武田氏の滅亡

義統が没するとまもなく、若狭武田氏の最期の息の根を止める、朝倉軍の若狭侵入が開始された。ところが今度は、国吉城を攻撃せず迂回し三方郡を素通りして、遠敷郡に入り、八月十二日小浜に向かい、翌日、武田氏の居城後瀬山城を攻撃、ついに開城させ、当主元明を拉致して三方郡を通らず近江に出て越前に帰った。ここに名実共に当主不在の国となり、家臣らの権力闘争が激化した。ところで朝倉氏はなぜ元明を越前へ連帰ったかは、史料が乏しくわからない。しかし以後、信長の出現による織田対朝倉の抗争に、若狭は巻込まれる。

元亀元年（一五七〇）四月二十日、信長が朝倉義景討伐のため、若狭に下ることにより、若狭は武田氏より、信長の領国となる。ここに九代続いた名門若狭武田氏は滅び、それから天正十年（一五八二）、宗家甲斐武田氏も、信長によって滅ぼされた。義景の母が、元信の娘であるというその朝倉氏も、信長の朝倉討伐失敗後、一時若狭を領するが、天正元年（一五七三）信長によって滅ぼされた。

註

（1）『福井県史』（第一冊第一編　藩政時代以前）第四章　戦国時代　第二節　武田氏と若狭、付表四四六〜四四九頁。

（2）『若狭守護職次第』は、永享十二年七月二十三日、『若狭守護代記』は、同年十二月二十三日、『佛国寺本武田系図』は、翌嘉吉元年十二月二十三日を、それぞれの死没年月日としている。

（3）「吉川家文書」（『大日本古文書家わけ第九』二四頁）。

（4）「同右」（『大日本古文書家わけ第九』）。

（5）「朽木文書」（『後鑑』三、三二頁）。

(6)「古文書載」(『後鑑』三、三三頁)。
(7)「吉川家文書」一、二六頁(『大日本古文書家わけ第九』)。
(8)「朽木文書」(『後鑑』三、一四五頁)。
(9)「若狭国志」(『小浜市史　史料編』三八八頁)。
(10)①②とも『明通寺文書』。
(11)宗見のことは「園松寺本逸見系図」(高浜公民館発行『高浜郷土誌資料　高浜の沿革 其の一』)にも載っていないので詳細は検討を要す。
(12)「朽木古文書」(『大日本史料』八編ノ四、六三六頁)。
(13)この著者稲葉善之進正義は、元文二年(一七三七)八月二十八日小浜藩の儒者として召抱えられ、藩公の命により、寛延二年(一七四九)に完成したものである。若狭守護のことについては、「若狭守護職記」、「今富税所次第」を引用したものである。
(14)信親は別名彦太郎と呼び、又元信は異説もあるが、彦次郎と呼ぶことより信親・元信は兄弟と思われる。
(15)佐々木銀弥(小学館『日本の歴史』第13巻、一九九頁)。
(16)「中山寺文書」(『越前若狭古文書選』)、又この文書の裏書には、将軍義澄より丹後守護を兼補されたことを記している。
(17)「室町家御内書案」(『改定史籍集覧』第二十七冊)。
(18)『明通寺文書』。
(19)若州古文書編纂会・小浜市図書館共編『若狭武田家臣白井文書』。
(20)「御内書案」(『大日本史料』九編ノ六、九三七頁)。
(21)『若狭武田家臣白井文書』。
(22)以下のことは杉山博「戦国大名」(中央公論『日本の歴史』)を参照した。
(23)「御内書記録載」(『後鑑』四、三三二頁)。
(24)『宮川村誌』一四七頁。

(25)　この混乱については、第三章二、家督移行期の同族争いのところで述べる。

第二章　家臣団の構成

戦国大名の家臣団は、血縁的関係の「一族衆」・「一門衆」、代々奉仕して来た近臣的家臣団である「譜代衆」、土着武士出身の「国衆」、新たに他領から召抱えられた「新参衆」から構成される上級家臣と、寄騎・同心・足軽・仲間・若党・又小者などの下級家臣とからできている(1)。

武田家臣団の場合、この種別をそのまま示すような史料はない。

「山城の覚」(『若狭守護代記』義統の項)には、武田四老として内藤筑前守・武藤上野介・逸見駿河守・粟屋越中守の名が見える。逸見氏は、丹後街道の丹後・若狭の国境吉坂峠をひかえる高浜、粟屋氏は、越前・若狭の国境関峠をひかえる佐柿にそれぞれの山城を築き、若狭の東西の守りに当たっている。両氏とも、若狭入国以前より、甲斐・安芸にその名が見え、武田氏の「譜代衆」と思われる。特に逸見氏の場合は、諸系図から武田一族と考えられ、「一門衆」であろう。このように一門・譜代といった武田氏の重臣を国境守備につかせ、隣国からの侵入に対抗しようとしたことがわかる。又内藤氏も若狭入国当初より、武田の文書からその名が見え、「譜代衆」と思われるが、武藤氏は現在のところ、永禄以前にその名を見つけることができない(この「山城の覚」は天文末、永禄の頃のものと思われる)。

更に、「山城の覚」は武田七被官として、松井・白井・畑田・香川・熊谷・山縣・三宅・寺井氏の名を載せ、武田家臣の大身分と記している。熊谷・山縣両氏は、安芸守護時代より、又寺井・松宮両氏も国信治政時よりその名が見えることより「譜代衆」であろう。白井氏は『若狭郡県志』『宮川村誌』によれば、宇都宮より若狭に来たとあり、「新参衆」と思われるが、他の香川・畑田・三宅氏についてはわからない。

「山城の覚」の残りの名にも、山縣・内藤・粟屋の名が多い。おそらく一族であろう。残る長井・柄神・山本・新田・沼田・多井・小島・井上・南部・渋屋・山中・一色各氏については、家臣団の中でどういう位置にあったかはわからない。

一、「一門衆」

武田一族は当主以外あまりわかっていない。元信の治政時に、中務大輔・子弥五郎、信豊の弟に元度、その子元実、義統の弟に彦五郎信方ぐらいである。

次に逸見氏があげられる。『園松寺本逸見系図』が唯一の系図であるが、昌経以前は、その名が疑わしい。史料中の初見は、『東寺百合文書』康正二年七月二十一日付の奉行人に弾正忠繁経の名が見える。さらに、『明通寺文書』寛正二年十二月十三日付の奉行人に、駿河守宗見の名が見える。彼は、禁裏御料所玉置庄（遠敷郡上中町玉置）を管理する（『親長卿記』）ほどの者であり、文明六年九月十五日、丹後で自殺している。これに対し、当主国信は、彼の死を傷んで、薙髪する。宗見の地位の高さがうかがえるのではないか。

以後は延徳三年から始まる将軍義材の六角征伐に、元信と共に参加、延徳四年三月二十七日、「逸見弾正亦同超二大湖一云々」[2]、延徳四年三月二十九日、「武田以二逸見弾正一爲二大将一」[3]と、武田軍の主力として活躍した。弾正とは、先の弾正忠繁経と関係があるのであろうか。

永正四年五月中旬には、元信と共に逸見駿河守は丹後に在陣、ところが肥後左京亮らに攻められ大敗し、彼も深手を負って若狭に逃げ帰った[4]。

永正十四年には逸見河内守が丹後の延永春信と結んで元信に背いたが、彼がどうなったかはわからない。以後、逸見氏の動向は、永禄四年の昌経らの反乱まで、全くわからない。又逸見氏の文書としては、信賢時代の奉行人文書に、粟屋氏と連署で四通出されているのみで、文書も乏しいが、大飯郡は、武田氏の初期より逸見氏にある程度支配権があったのではないかと思われるが、憶測の域を出ない。

二、「譜代衆」

まず粟屋氏は、奉行人奉書の中で、右京亮・左京亮という官名でわかる。右京亮では、賢家・元泰・元隆・元昭、左京亮では、長行・賢行・元勝・元行の名が見える。これらの人々の関係についてはしかとはわからないが、右京亮賢家とは、粟屋越中守賢家のことで、延徳三年八月二十七日、「後陣武田伊豆守（元信）殿、先陣粟屋越中守（賢家）、同一家衆三十五騎有レ之[5]」と、元信と共に六角征伐に出陣した。この時期、先の逸見氏と張合うほど、粟屋氏の勢力は大きかった。

この賢家の子に、左衛門尉親栄がおり、彼は文亀元年五月二十五日、「武田被官粟屋左衛門尉初来…[6]」から、永正四年六月二十七日丹後で敗死するまで、京都の公家、三条西実隆と親交があり、又彼は、永正元年四月晦日、「左衛門尉来談、武田大膳大夫自二去廿五日一入二葛川一、可レ令二隠居一、子息事同可二輔佐一之由一昨日申出了[7]」と、元信が引退しようとした時、子元光の補佐を依頼されるほどの重臣であった。さらに彼は、御料所松永庄の代官に補任されているし[8]、永正四年六月二十七日の丹後での敗死は、おそらく丹後攻略失敗で、元信以下の武田軍が若狭に敗走する時、彼がしんがりを務めて追いすがる一色軍と戦って、討死したものと思われる。

次に右京亮として元泰・元隆があげられる。この二人は、おそらく父子と考えられる。又元隆は、先の親栄の如く、実隆と親交があり、大永七年の高国救援には、元光と共に出陣、桂川合戦の後、同年十一月三日、「武田元光被官粟屋右京亮上洛ス、其勢八百人許ナリ、武具美麗之由各稱之、当春多分同名討死、雖レ然又令二上洛一、奇特也…」[9]と、元隆の勢力がうかがえる。又彼は、天文二年（一五三三）十二月十四日、長源寺（小浜市酒井）に対し、禁制を出している。[10]禁制は一般に当主が出すと思われるが、元隆は直状として出している。たとえ当主の意を受けているにしても、家臣が出すということは、彼がいかなる地位にいたかわかるのではないか。しかし元隆は、天文七年、元光・信豊に反乱をおこし、結局敗れて丹波に出奔して没落した。

他に粟屋氏としては、越中守繁誠・式部丞光若・勝長・越中守勝久らの名が見える。勝久は永禄四年、義統に反乱をおこしている。又同六年より十一年まで、国吉城において朝倉氏の侵入を防ぎ、さらに信長・秀吉のもとで東西の戦場を駆回った猛将といえる。

内藤氏は、『東寺百合文書』宝徳二年十二月三日付に、守護代筑前守昌廉の署名が見えるが、文書数が乏しく彼についてはわからない。以後、八郎・豊前守・修理亮・佐渡守・国高・国正の名が見える。国高・国正については、父子か兄弟とも考えられるが、国高は長享二年より永正十七年頃まで、武田氏の奉行人として活躍する。

山縣氏は、嘉吉三年、太良庄の半済分給人として山縣下野守の名が見える。[11]さらに寛正四年以来、新給人として山縣黒法師が出てくる。以後山縣氏は、太良庄（小浜市太良庄）を領する。一方延徳三年二月十九日、元信が門役を勤仕する時、山縣氏は東側を警備している。[12]又明応元年十月十三日、元信の伴衆として、山縣民部丞の名が見える。[13]このように、山縣氏は当主の側近という感を受ける。しかし元光の代に、武田氏と有力家臣が、姻戚関係を結ぶことによって、家臣団統制を強固にしようとする。その結果「一門衆」が増加する。

その「一門衆」として山縣・内藤両氏があげられよう。『山縣系図』によると、元光の子に山縣源三郎盛信・内藤内蔵助の名が見える。盛信は元隆の失脚後、その跡を継いで武田氏の重臣となる。しかし「一門衆」の増加によって、逆に主君武田氏の権威の低下を生じさせるはめとなる。

寺井氏では、国信の腹心伯耆守賢仲があげられる。彼は延徳二年六月三日、西福寺（小浜市青井）に、敷地を寄進しているし(14)、長享二年十月十八日、飯盛山（小浜市法海）に、如法経米十石を寄進している(15)。又『飯盛寺文書』より彼は加斗庄（小浜市黒駒付近）の半済方給人と思われる。『実隆公記』によれば、国信・元信に仕え、在京期間も長く、実隆との親交も深かったようである。延徳二年七月二十五日、「今早寺井伯耆守、於㆓栖老軒㆒落髪武田光禄断七忌(16)」と、国信の断七忌に落髪した。彼が国信のいかなる家臣であったかうかがえよう。

三、「国衆」・「新参衆」

「国衆」としては、まず典型的例として、大音氏があげられよう。『若狭漁村史料』によると、大音氏は平安時代嘉応元年（一一六九）より、三方郡御賀尾浦・常神浦（三方郡三方町神子・常神）の根本領主で、鎌倉時代は御家人であったと推され、両浦の刀祢職を伝領、近世に入っても神子浦庄屋として活躍している。武田治政時については、武田関係文書が少なく（『大音文書』は、四百点冊子八十点余あるが、守護武田氏の文書は二点のみ）、守護との関係はわからない。唯次の文書によってその一端を考えられる。

御賀尾浦刀禰大音父子還住之儀并被官事、得㆓其意㆒候、仍田畠山林居屋敷網場已下、如㆓先々㆒令㆓知行㆒、於㆓自然陣頭之儀㆒者、召具可㆓罷出㆒事、肝要候、此旨堅可㆑被㆓申付㆒候也、謹言、

八月十九日　　　　元光（花押）

粟屋周防守殿

と、年記はわからないが、元光が、大音父子の還住を許可し、そのかわり軍役を堅く勤仕することを命じたものである。大音氏も武田氏の家臣として組入れられていることがわかる。

その他「国衆」としては、山東八郎右衛門尉・同豊前守家忠や鳥羽上野介広定がいる。前者は、三方郡の、後者は、遠敷郡の在地名である。

「新参衆」としては、白井氏があげられよう。『若狭郡県志』によれば、宇都宮より若狭加茂に移って、加茂庄（小浜市加茂）の半済方給人となった。『白井文書』六十一通から永正十二年に初めて民部丞として名が見え、文書では天正五年まである。この文書から、白井氏の系図をつくると、清胤―光胤―勝胤となる。他に一族と思われる名があるが、よくわからない。文書は、元信・元光・信豊・義統四代からの直状で、感状が多い。それも、丹後出陣の軍役関係である。又御恩として、丹後加佐郡内の領地を宛行われている。

その他に、瓜生彦四郎があげられる。彼は越前の人で朝倉氏のため滅ぼされ、元光に属したということである。[17]

註

（1）奥野高広『戦国大名』九三頁。永原慶二「大名領国制」一三五頁（日本評論社『体系日本歴史』3）。

(2)『蔭凉軒日録』五、二二五二頁。
(3)『同右』五、二二五五頁。
(4)「細川大心院記」三二五頁（『続群書類従』第二十輯上　合戦部）。
(5)『蔭凉軒日録』五、二〇九三頁。
(6)『実隆公記』三、六九五頁。
(7)『同右』四、二八三頁。
(8)『同右』四、三三五頁。
(9)「二水記」（『後鑑』四、三五〇頁）。
(10)『長源寺文書』。
(11)網野善彦『中世荘園の様相』（塙書房）三四六頁。
(12)『蔭凉軒日録』四、一九三四頁。
(13)『同右』五、二四〇九頁。
(14)『西福寺文書』。
(15)「飯盛寺寄進札」二〇、二二二頁（『小浜市史　金石文編』）。
(16)『蔭凉軒日録』四、一七七一頁。
(17)「瓜生文書」三四九頁（『敦賀郡古文朽』）。

第三章　若狭武田氏の消長

一、若狭武田氏の発展

（一）在京守護

室町時代の守護は京都に居住し、幕府の政務を分担、行使していた。武田氏も若狭守護以前の安芸守護時代より京都に居住していた。武田氏が幕府においていかなる役割を演じてきたかであるが、それは京都での動向によって推測できる。その動向を年代順に列挙する。なお出典は省略する。

①嘉吉元年（一四四一）　信賢、山名持豊・細川成之らと、赤松征伐に参加。
②享徳三年（一四五四）八月二十一日　洛中、畠山義就・同政長の争いにより、武田勢ら御所西面を警固。
③寛正三年（一四六二）四月　信賢・国信、将軍義政の命により、河内嶽山城の畠山義就を攻める。
④同年十月二十三日　武田・京極・赤松勢、京都の土一揆を撃退。
⑤応仁元年（一四六七）　信賢・国信、東軍となる。
⑥文明十五年（一四八三）　幕府、山城守護を畠山政長から、国信に替補しようとしたが国信辞退。
⑦長享元年（一四八七）　将軍義尚の六角征伐に武田勢参加。
⑧延徳二年（一四九〇）三月二十一日　武田・畠山・細川勢、京都の土一揆を討滅する。
⑨延徳三年（一四九一）　元信、将軍義材の六角征伐に参加、赤松政則とともに、軍奉行となる。

⑩明応二年（一四九三）　元信、将軍義材・畠山政長の河内畠山基家討伐に参加。

その他京都の土一揆に対する防衛、将軍の警備等については、まだ数多くあると思われるが、主なものは以上である。

これらを見てまず考えられるのは、武田氏が幕府の軍事、警察面を担当していたのではないかということである。今谷明氏も、「京極・武田・赤松という幕府の侍所をつとめる家格の守護大名」[1]と述べておられるように、武田氏は室町幕府において、侍所をつとめる家格であった。

侍所の所司は山名・京極・赤松・一色という四職家が交替で就任するので、武田氏はその枠外となり、歴代侍所頭人名にその名はないが、幕府での先の働きを考えれば、四職家に匹敵する侍所格の任務を行使していたと思われる。「室町幕府職制表」[2]によれば、侍所は、(恩賞方)、御門役奉行、検断方とわかれているが、『蔭涼軒日録』には、延徳二年二月五日条に、「上様亦御成。門役武田方勤レ之」、翌延徳三年二月十九日条に、「門役武田彦次郎元信公勤二仕之一」、同月二十四日条に、「…門役武田彦次郎元信公…」とある。この「門役」は、御門役奉行のこととは考えられないであろうか。

室町幕府体制としての侍所は、文明年間に廃絶、四職家もそれぞれ衰退したので、侍所的存在の武田氏が、赤松氏とともに右の如く幕府に奉仕していたものと思われる。

（二）在京守護の破綻

応仁の乱が終結する頃には、守護は没落したり、自己の領国に引揚げるという現象が生まれた。しかし武田氏は、その領国が若狭という京都から近距離にあること、侍所格であるという自負でもって、なお京都に居住し続けた。そして信親、元信は将軍の相伴衆になり、将軍の行う征伐に参加した。

ところが明応二年、元信が将軍義材と共に河内に出陣しているすきに、京都において細川政元がクーデターをおこし、義材を廃して義澄を擁立した。このため畠山政長は河内で攻められ自殺。義材も囚われ、後越中に逃れる。この時元信は、「讃州、武田、無爲被二帰陣一云々」[3]と、政元に敵せず京都に帰っている。この事件は、政元の政長失脚を狙ったものであったが、元信の去就が注目される。

つまり元信が、前のような侍所格の自負をもっているのなら、当然現将軍義材と共に、反逆者政元と戦ったであろう。ところが元信は義材を残して、さっさと京都に引揚げたのである。以後元信と政元は親交をもち、永正二年から始まる丹後攻略には、政元自身が元信を救援している。後再び義材が将軍に復するが、これら将軍の交代劇に武田氏が如何にかかわったのか、これらの事情については今後研究していきたい。

さて武田氏も、ついに永正元年京都より若狭に引揚げる。これは第一章元信のところで述べたが、丹後攻略のためである。しかし、元信の頃より若狭支配が難しくなったため元信自身の直接支配によって、領国支配の確立をめざしていたとも受取れる。

永正四年、政元暗殺による丹後攻略失敗、さらに中央政界の混乱によって、信賢以来続いた在京守護の安定的継続はここに終わる。以後は、小浜に居住し若狭支配に専念し、将軍の命によってのみ上洛することとなる。

註

（1）今谷明『戦国期の室町時代』三三頁。

（２）『中世史ハンドブック』（近藤出版社）二六八頁。
（３）『蔭凉軒日録』五、二〇〇四頁。

二、武田家臣の反乱

初期の信賢・国信・信親の代には、家臣の反乱は全くなかったのであるが、元信以後は、武田氏の滅亡まで頻発する。その大規模なものとしては、次のものがあげられる。

（１）永正十四年丹後守護代延永春信と通じた逸見河内守の反乱。
（２）天文七年粟屋右京亮元隆の反乱。
（３）永禄四年丹波の松永長頼と謀った粟屋越中勝久と逸見駿河守昌経の反乱。

（一）逸見河内守の反乱

この経過は、第一章元信のところで述べたので省略するが、この反乱は若狭武田氏の中で、最初の大規模な反乱ということである。又逸見氏は武田氏一族であり、武田と同じ菱紋を用いている家柄である。この河内守は、いかなる人物かは『園松寺本逸見系図』にも適当な人物がいなく不明であり、この河内守反乱の真相はわからない。

武田氏発給文書を検討すると、永正十七年[1]から元光に署名が変化する。又前年永正十六年に、元信が薙髪し出家していることと[2]と考え合わせて、永正十七年頃、元信から元光に家督が譲られたと考えられる。

ところが元光は、別名彦次郎《（二・治）》と呼ばれ、元信の二男と思われ、長男は『佛国寺本武田系図』には、「潤甫和尚」として出ている。彼のことは「有故出家」とあり、『若狭守護代記』に彼の奇異な行動が記され[3]ているのみで他の史料にはない。

ここで長男ではなく次男が、武田の家督を継承したこと、反乱の二年後に、この家督移行がなされたこと、長男が出家していることから考えて、家督相続をめぐる武田家内の争いがおこったのではないかと思う。つまり河内守は元信の長男を擁立して、元信の支持する元光らに反乱をおこしたのが、この永正十四年の反乱と思われる。

尚、丹後の延永春信は河内守を救援するため、若狭に侵入したのだろう。だがこの反乱は失敗し、その為に長男は出家させられ元光が家督を継いだのであろう。

以上の説は史料に乏しいが、今は右の様に推理しておきたい。

（二）粟屋右京亮元隆の反乱

粟屋元隆は、武田氏内部で最強を誇る重臣であり、京都の三条西実隆と親交があった。彼は実隆の妻の実家勧修寺尚顕の女を娶っており、大永年間に入って古典の蒐集をし、歌道の教示にあずかっていた。又連歌にも心を寄せ連歌会を張行し、実隆から発句を送られ、独吟の合点を所望したりしている（米原正義「若狭武田氏の文芸」、『日本歴史』二五七号）。

天文六年（一五三七）五月六日、本願寺の証如上人が武田氏とよしみを結ぶため、書状・贈物を元光・子信豊、そして元隆に送っている。

大膳大夫殿江以二書状一申候、連々無二御等閑一候段喜悦候之通、可レ然様預二取成一候者可レ為二祝着一候、仍太刀一腰・馬一疋并織色十端進候、彌入魂本望候、猶上野法橋可レ申候、恐々謹言、

五月六日　　光判

粟屋右京亮殿(4)

又、贈物の内容は、

元光　太刀一腰、馬一疋、緞子五端
信豊　太刀一腰、馬一疋、織物三端
元隆　太刀一腰、馬一疋、織色十端

であり、贈物からも元隆が、守護の次に位置する人物であることがわかる。これは国内・国外（本願寺などのような武田氏と関係のなかったところでも）の周知の地位であったといえよう。

粟右元隆他国由来事、天文七年戊戌二月廿七日田辺出奔、六月十四日高浜逸見方陰謀之義而、七月十七日谷田寺出張、同廿七日名田庄被レ攻了、則他出ト云々、翌廿八日御皈陣（『羽賀寺年中行事』(5)）

この反乱の経過は、天文七年二月二十七日、元隆は加佐郡田辺に陣して反武田勢力と戦っていたが、この日突然若狭に引揚げる。そして自己の所領である名田庄（遠敷郡名田庄村）に入り、軍備を整え、武田氏の居城の小浜へ向け出陣、七月十七日谷田寺（小浜市谷田部）で武田軍と交戦、結局破れて名田庄に後退したが、名田庄も攻撃され、ついに元隆は丹波に出奔し、この乱は落着した。『親俊日記』天文七年七月二十八日条に、「若州より注進、粟屋右京亮名田庄没落云々、粟屋監物打死」とあり、この『羽賀寺年中行事』の記事は信頼できよう。

なお将軍義晴も、谷田寺合戦の前日、元光に御内書を発して、元隆の反乱について音問している。

於二分国一雑説之由其聞候、無二心元一被二思食一候、毎篇無事可レ為二肝要一、為レ其差二下晴泰一候間、可二演説一候也、

七月十六日　　　　　御判

武田大膳大夫入道どのへ[6]

ところがこの乱はこれで落着した訳ではなく、「粟屋右京亮丹波国へ罷越、右京兆被官、、、相頼候て、若州へ可二乱入一候由申候間、右京兆へ為二上意一被レ立二御使一、堅可レ加二制止一候之旨被二仰出一候はゞ、可二畏存一候[7]」と、九月八日元隆は丹波の細川晴元の被官等を頼って、再び若狭へ乱入しようとしたのである。だが幕府が、晴元に制止させ元隆の計略は失敗し落着した。

米原氏が元隆反乱の原因を、「被官人が主君と同等あるいはそれ以上の文化を受容した時、下剋上へ転ずるのではなかろうか」と述べておられるように、元隆の文化的優越が、さらに政治的優越へ移行しようとしたのがこの反乱ではなかろうか。

今一つ、この乱の原因としては、同年七月十日、子信豊に家督が譲られていることから、元隆は、先の逸見河内守と同様、信豊に対し信孝を擁立して、つまり家督相続をめぐって反乱を企てたのではないかと思われる。以上のことは米原氏も推測しておられる。

(三)　粟屋勝久・逸見昌経の反乱

永禄四年（一五六一）六月十九日、「若狭の事ほううん（蓬雲）十九日の合戦、若狭よくて、八里こなたへほううんのきて、国静なるよし、武家へちうしん（注進）の由沙汰あり[8]」、又同六月、「若州江法雲粟屋等入国、自二舊冬一及二合戦一、自二越前一武田合力人衆、一万千計罷上云々、仍法雲粟屋辺見等人衆悉引退、所々城数ヶ所落居、辺見城取二廻之一責云々[9]」と、両雄の反乱を伝えている。だが粟屋勝久の動向はよくわからないし、朝倉救援軍がはたして一万も若狭に来たのかそれを証する史料は全くない。

右の史料と「若狭郡県志」[10]より、丹波の法雲勢と、逸見河内守らの逸見勢は高浜を発し、河内守は海路より小浜へ向かったが、曽伊表で山縣下野守政冬配下の桑村九郎右衛門らに討たれた。

就二今度逸見駿河守叛逆一、桑村九郎右衛門属二其手一於二曽伊表一討二捕逸見河内守一、并於二久手二一戦之砌舟一艘分捕、其外数度忠節無二比類一働候條、諸役数代免許候、彌被二相勇一抽二粉骨一候様、可レ被二申聞一候、尚秋山玄蕃助可レ申候、謹言、

六月廿一日　　義統（花押）

山縣下野守殿[11]

と、桑村氏はこの戦功によって、義統より諸役を免除され、以後桑村氏は海上運送の面で発展していく。又討死した河内守は、昌経の子と思われる。

結局、逸見・粟屋両氏とも義統に敗退するが、この反乱の原因としては、（1）（2）のような家督移行期の権力間ではなくて、さらに発展して主君を廃して、独自の道を進もうとしていたのではあるまいか。その根拠として、「三潟郡ノ衆ハ或ハ観楽或用アリトテ、云テ出頭ナシト云々」、「高浜ヨリ御屋形様御返リハ八月晦日ナリ、此以後出頭無シ、是レ不審千万ト云々」[12]と、年記はないけれど、永禄元年の記事の次に書かれていることより、おそらくこの前後と思われるが、粟屋・逸見両氏の動向がわかる。これによれば、家臣は小浜に出頭して勤番を務めなければならないのに、両者は怠っていることがわかる。すでに両者は武田氏の支配を離れようとしていたのである。又三方郡・大飯郡は、すでに彼らの支配下となっていたのではあるまいか。

倒れかかった守護義統に敗れた彼らは、義統在世中は沈黙する。義統の人的影響力は、未だ武田家臣においては無視できないものであったといえる。

（四）まとめ

（1）（2）は武田家内の家督相続に関連した反乱であり、相続を自己に有利に運ばせることにより、自己の勢力の伸張を図ろうとするもので、守護という上級の権威を認めた上で、その下での自己の支配を狙ったものだが、（3）は家督争いに便乗するのではなく、守護の支配から脱する、直言すれば武田氏の地位を狙ったものと思われる。

だがこれら三回の大規模な反乱が、一度も成功しなかった背景には、幕府の武田氏への支援、又幕府の命による隣国朝倉氏の軍事介入があげられる。幕府は、畿内周辺の軍役催促に対する忠実な守護として、又地理上、京都にもっとも近いということからも、常に武田氏を救援したものと考える。

しかし（3）の如く、粟屋・逸見両氏は朝倉軍に敗れたといえるかもしれないが、その後両者とも信長の家臣となり、朝倉攻撃という幸運を得、天正元年本居一乗谷に、粟屋勝久は一番乗りする。以後信長・秀吉の全国制覇の歯車となるが、彼らの獲得しようとしてきた若狭の支配権は失われ、さらに彼らの在地性も喪失されてしまうのである。

註

（1）「丹生区有文書」（『若狭漁村史料』等）の永正十七年十月十七日付内藤佐渡守宛元光書状より、元信から元光に文書が変化する。又元信は翌年没する。

（2）「再昌草」「実隆公記」（『大日本史料』第九編十、三四頁）。

(3)『若狭守護代記』では、彼は幼少の頃出家させられている。又、元光の治政時に若狭を出奔している。
(4)「証如上人書札案」(『石山本願寺日記』下、九頁)。
(5) 若狭史学会発行(昭和四十九年三月八日)、七八頁。なおこの書は原本を複写したものであり、全く原本と同じとみてよい。
(6)「御内書案」(『後鑑』四、四三九頁)。
(7)「大館常興日記」第一、九頁(『文科大学史誌叢書』)。
(8)「御湯殿上日記」。
(9)「厳助往年記」下(『改定史籍集覧』第二五冊、四〇三頁)。
(10) この著者牧田近俊は、小浜藩主第四代酒井忠囿の藩医として召抱えられ、延宝年間(一六七三〜一六八〇)医療の傍ら若狭三郡を隈なく踏査し、国郡・山川・古跡・神社・寺院・墳墓などあらゆる部門に分類して著した。
(11)「桑村文書」(『越前若狭古文書選』六八六頁等)。
(12)『羽賀寺年中行事』八八頁。

三、家督移行期にみられる武田氏の同族争い

(一) 七代信豊と信孝の場合

六代元光から七代信豊への家督移行は、天文初年頃から七年(一五三八)前後と想定されるが、[1] この期間に信豊と武田中務少輔信孝の間に家督争いがおこっている。

今度武田中務少輔信孝至二若州一乱入、不レ可レ然候旨被レ仰處、則加二制止一無事、尤神妙、彌得二其意一、令二意見一者肝要候、猶晴光可レ申、仍差二下秀明一候間、可二演説一候也、

(天文七年)十一月八日　御判

　　　朝倉弾正左衛門入道どのへ[2]

　これは信孝が、越前から若狭へ乱入しようとしたのを、越前守護朝倉孝景が制止したことに対する幕府の書状であり、孝景の功績を褒じている。又『大館常興日記』天文七年九月二十日条には、「武田光禄申二伊勢守一、飯川彦九郎方へ之武書状松田九郎以二口状一具申候段、重而越前へ被レ立二御使一候て、武中《(信孝)》若州へ可二乱入一候事、猶以堅加二制止一候様にとの被レ申也…」とあり、元光の要請によって、幕府は朝倉氏に武田信孝の若狭乱入を制止させている。これより信孝は九月二十日以前に若狭侵入を企図したことがわかる。

　この二史料によると、おそらく信孝は信豊と家督相続を争って敗れ、越前に出奔していたが、今回若狭侵入を意図したと思われる。前節で述べた粟屋元隆の反乱と相前後していることより（元隆は、九月八日、丹波より若狭への侵入を企図している）、結局、粟屋元隆は信孝を擁立して反乱をおこしたのであろう。父元光は先の『大館常興日記』から信豊を推したことが知られる。

　この反乱の時、武田家臣の去就は史料が乏しく難しいが、『天文日記』[3]天文六年（一五三七）五月十三日条に、粟屋右京亮元隆・その家臣中村七郎右衛門・小浜代官蒔南彦左衛門の名が出てくるが、翌天文七年十一月九日条には、小浜代官として山縣源三郎盛信の名が出てくる。ということは、元隆は小浜代官をも掌握していたが、乱後元隆の地位を継いで登場したのが盛信で、彼は小浜代官をも兼務したのである。ここにも家臣相互の権力闘争があり、盛信は信豊擁立に尽力、この元隆の反乱をも鎮圧したものと思われる。なお盛信は、信豊の弟といわれている。

　ところで元隆に擁立された信孝という人物であるが、米原氏は元光の弟元度（信高とも言った。高と孝は同音）とする説を出しておられる[4]。しかし「佛国寺本武田系図」には、信豊の兄に元度という名があり、官名も中務とされていることより（米原氏はこの元度を宮内少輔信重と解釈されて、信孝とは別人と述べておられる）、武田系図自体の検討を要する問題であろう。

ここで最初の二史料から、越前守護朝倉孝景は幕府の命によって、信孝の若狭侵入を制止したのであるが、越前から若狭への侵入は、武田の牢人らだけではできないことではなかろうか。元隆も丹波に出奔した後、細川晴元の家臣を味方にして若狭侵入を企図したことからも、当然信孝に対する朝倉の援助があったと思われる。

当時越前朝倉氏は、四代孝景の治政時でもっとも領国支配の完成された時期といわれている。この時期、朝倉家臣が勝手に信孝への援助はできないと思う。とすれば孝景自身が若狭への朝倉勢力の拡張を企図し信孝に援助して、若狭侵入を企てたと解せる。

しかし元光・信豊方もこの朝倉の企図を察知して、最初の二史料の如く、室町幕府の権威を背景として朝倉氏の信孝援助を抑止させた。

又一方、朝倉氏は長年隣国加賀の一向一揆と抗争を続けていたので、元光・信豊方はその一向一揆を利用するため、本願寺に武田救援を要請したのである。

若狭武田氏と本願寺との関係は、天文六年五月六日、証如の方から元光に接近している[5]。以来両者の関係は親密になっているが、天文七年九月二十九日、「若州武田被レ申とて、先日門下にて候と申て、会候、…（中略）…彼国へ自二越前一可二乱入一之申候候、連々無二等閑事一候間、乱入候者、自二加州一越前へ又入候様申付候者、可レ為二祝着一之由、武田召仕候…[6]」と、元光・信豊は本願寺の門徒になりたい旨を申し出、さらに加賀門徒の救援を要請した。この時点で、武田氏の脅威は、信孝ではなく朝倉であることがわかる。

この要請に対し本願寺は、十一月九日「…自㆓越前㆒乱入候者、加州合力事申付候ハバ、可㆑為㆓祝着㆒之由候[7]」と、加賀門徒に越前朝倉攻撃を命じた。

しかし信孝の若狭侵入中止（孝景の制止）によって、若狭武田・加賀門徒（本願寺）対信孝・越前朝倉の衝突は避けられたのである。これは孝景が、本願寺の動きを察知したことや、幕府の要請によるものと思われる。

ところがその後、孝景の弟景高が[8]、天文九年（一五四〇）、京都で将軍義晴の怒りに触れたことや、兄孝景との不和により、武田氏の許に身を寄せたらしい。松原信之氏の説によると若狭に身を寄せながら、兄孝景打倒のため本願寺と交渉したことになる。天文七年、武田氏が本願寺に救援を要請したのと似ている。又武田氏は、本願寺と親交があったことより、武田氏に身を寄せる景高が、これを利用しようとしたこともうなずける。景高には、元光・信豊の後押しがあったといえるのではないか。

家督相続をめぐる武田氏の同族争いから、隣国朝倉氏が巻込まれ、さらに発展して朝倉氏の同族争いとなったと考えられる。武田氏はこの好機に、脅威の的である朝倉氏の勢力を弱めようとして、景高を応援したものと思われる。

しかし本願寺は、先の武田救援と違って、景高が孝景の座を奪おうとする企図のためのものであったため、この要請を拒否[9]、天文十二年（一五四三）四月十一日、「従㆓若州㆒、武田以㆓書状㆒、朝倉右衛門人夫入道西国へ下候間、自㆓当所㆒至㆑堺路次相送候者、可㆑為㆓祝着㆒之由被㆑申[10]」と、結局景高は西国へ没落していく。武田氏がなぜ、わざわざ景高を堺まで送ったのか、以上の経過より推察できるのではないか。

（二）八代義統への家督移行の場合

七代信豊が没するのは、「佛国寺本武田系図」や『若狭守護代記』等多くが、弘治二年（一五五六）十月六日となっている。ところが翌弘治三年（一五五七）九月四日付明通寺宛信豊証状[11]がある。文末尾は、「弘治参年九月四日信方（花押）」となっているが、信方とは武田彦五郎信方のことで、信豊の二男と考えられる。[12]信豊の袖判の存在により、信豊の弘治二年没年説は誤りといえる。

又次の文書を検討してみたい。

①大屋形様御帰国之儀御祈祷、池坊江被二仰付一、御祝着之間、只今被レ成二下院號一訖、就レ其、彼住持弟子等へ事堅申付、彌可レ被レ抽二懇祈一、若対二彼院家一於二妨族存レ之者、急度可レ被二仰理一之旨、被二仰出一者也、仍執達如レ件、

永禄〆（四）年

卯月五日　　　勝景（花押）

羽賀寺

雨月行事

②就二帰国之祈念方ニ一立願候、殊峯入之儀、数年雖二申付候一、此刻加増「立願候、就者羽賀寺池坊為二代官一入部申付候、為二施物一院號遣之候、是又兼約之事候、此子細ニ候へ者、多聞院事無二相違一様、御分別候者、可レ為二祝着一候、尚畑田孫七郎可レ申候、恐々謹言、

卯月十五日　　　紹眞

彦次郎殿[13]

②は年記がないが、①と同様永禄四年（一五六一）と考えられる。②の署名「紹眞」は信豊の法名である。②の宛名「彦次郎」は義統の別名である。又①の「大御屋形」はその内容から推察して信豊のことと思われる。とすると、この時点で「大御屋形」と信豊が言われていることより、「御屋形」として義統に家督が移行されていたと考えられる。

ところでこれらの文書は、いずれも信豊の帰国祈念に関するものであるが、となると、永禄四年まで信豊は若狭にいなかった。さらに発展して、帰国ができなかったといえるのではないか。『福井県史』[14]でも「信豊はこれより先入道して紹眞と號せしが国を出で丶流浪し漸く永禄四年を以て羽賀寺に帰れり」と、信豊の動向を述べている。

しかしかりにも若狭一国の守護であった者が、自ら国外へ流浪するはずがない。先の信豊没年の誤りから考えて、弘治年間から永禄四年の信豊帰国までの間に、彼が若狭を出て流浪しなければならないような何かがおこったのではないか。

これについて最初に述べておられる人が、『若狭国志』の著者稲葉正義氏で、「山縣系図」を引用して弘治年間に、若狭に内乱がおこったことを指摘しておられる。

弘治丙辰（二年）、若州君伊豆守信豊與二其嫡子大膳大夫義統一有レ隙、嘗有乙義統弟武田上総介信由・甲斐守義貞、與二武藤上野介光廣・粟屋右京亮元隆一倶謀甲而義統怒、欲レ伐未レ果、彼曹告二信豊一、以三信豊素愛二信由・義貞一、驚請二兵越前侯朝倉義景一、々々躬将レ兵来援レ之、義統軍二名田庄一、宗雄〇山縣盛信丞諫而不レ聴、竟戦、信豊師敗走、信由・義貞等犇二甲州一、[15]

概すれば、信豊は子義統と不和で、義統の弟信由・義貞をかわいがっていた。ところが、義統が弟らの義統打倒の謀略を察知、討伐の準備をしたので、信豊は彼らに味方し朝倉義景に救援を要請したが、信豊軍は敗北、信由・義貞は甲斐に出奔したということである。

この信豊と義統の衝突が確実かどうかは、この「山縣系図」の信憑性にかかっていると思う。又信由・義貞方として、武藤光広・粟屋元隆の名があるが、元隆は天文七年、すでに信豊に反乱をおこしているので、元隆については疑わしい。

次に須田悦生氏は(16)、同様に「山縣系図」と「光山及父祖伝併記」を引用して、この事件を支持しておられる。唯義景は、信豊を見限って義統方を救援したとみておられる。義景がのち、義統の要請で、逸見・粟屋両氏の反乱を鎮圧したこと、さらに続いて粟屋勝久の国吉城を攻撃して義統を救援したと推すれば、当然あり得ることであろう。

ところが米原正義氏は(17)、稲葉・須田説に対して、信豊の没するとされる弘治二年十月六日に着目して、真に没したのはその前日五日に没したとされる信豊の弟信重であるとして、武田氏の内部に何か事件がおこったのではないかと臆測、そして結局信豊・弟信重・信豊嫡男義統の三者の相剋があり、信重が没して、その支持派は敗れて散り、信豊・義統父子は不和になり、世代の交代へと進行したのではないかと述べている。

「山縣系図」及び三氏の説より、信豊・義統父子が不和で、両者に争いがおこったことは確実である。そして義統への家督移行の時期であることより、家督相続をめぐる武田氏内部の争いとみてよいだろう。それも「大御屋形」信豊が支持した者が敗れるという結果になったのである。

こうして信豊・義統の対立はさらに深刻化する。

永禄元戊午七月廿二日ノ暁、当国引別レタル子細、先彦次郎殿様山縣并上原方西方へ御供申被レ参、七月廿五日ニハ大御屋形熊川迄其日ハ御出アリ、御供衆永元寺慈済寺宇野三郎殿畑田大炊父子笠間等其外数ヲ不レ知、其翌日高嶋郡へ陣ヲヨセラレ七カツラノ衆ヲ引率被レ召当国へ被二打入一ヘキ由風聞是レアリ、六角殿ハ无事可レ然トテ使僧ヲ二人迄被レ遣二無爲義ノ状ヲ一、内藤方其外アマタ是レアリ、子細ハ別所様ノ御隠居分ニ不二相違一被二レハ進上セ一无事ヲ本トメ国モ可レ爲二静謐一云々、(18)

この史料を、莇田益二氏(19)は「大御屋形」を義統と解釈して、義統が江州との紛争解決のため熊川まで出陣したと解説しておられるが、最初に述べたように、「大御屋形」は信豊のことで、「彦次郎」とは義統のことであり、この史料で両者が争っていることがわかる。しかし信豊・義統両者の争いを証した史料はこれのみであり、これを全部信用することは難しい。

永禄元年（一五五八）十二月十三日、西福寺に義統の安堵状が出されていることから(20)、義統の守護継承が確定されたと考える。一方右の史料より、信豊軍が近江高島郡に陣を進めていること、又近江六角氏が、信豊・義統両者の紛争の調停をしていることから、信豊は家督相続の争いによる敗北後、隣国近江に避難していたのではあるまいか。以来永禄四年の両者の和睦によって、信豊はようやく若狭に帰国できるようになる。

註

（1）前述したが『羽賀寺年中行事』では天文二年、『若狭守護代記』等では天文七年に家督の移譲が行われている。
（2）「御内書案」（『後鑑』四、四五四頁）。
（3）これは別冊であり「証如上人日記」のこと。

（４）米原正義「若狭武田氏の文芸」（『日本歴史』二五七号、四六頁）。
（５）「証如上人日記」（『石山本願寺日記』上、一五五頁）。
（６）「同右」（『同右』上、二五四頁）。
（７）「同右」（『同右』上、二六一頁）。
（８）景高については、松原信之「朝倉光玖と大野領」（『福井県地域史研究』五）に詳しく考察されている。
（９）天文十年九月十一日条「証如上人日記」（『石山本願寺日記』上、三九一頁）。
（10）「証如上人日記」（『石山本願寺日記』上、四四八頁）。
（11）「明通寺文書」（『越前若狭古文書選』八一三・八一四頁）。
（12）米原正義「若狭武田氏の文芸」四八頁。
（13）二通とも「羽賀寺文書」（『越前若狭古文書選』七六四頁以下）、他に卯月五日付高治状、池坊御同宿中宛、十月十三日付紹真状、多聞院宛の関係文書がある。
（14）『福井県史』（第一冊第一編　藩政時代以前）第四章　戦国時代　第二節　武田氏と若狭、四三二頁。
（15）『福井県三方郡誌』三四八頁。
（16）須田悦生『若州三潟郡国吉城籠城記』（美浜町教育委員会・同文化財保護委員会）。
（17）『前掲書』四八頁。
（18）若狭史学会『羽賀寺年中行事』八七・八八頁。
（19）苅田益二「羽賀寺年中行事について」一〇頁（若狭史学会『羽賀寺年中行事』所収）。
（20）「西福寺文書」（『史料綜覧』）。

おわりに

以上、武田氏の代々、家臣団の構成、武田氏支配の発展と没落、内部抗争等について見てきた訳であるが、最初にも述べた様に、概説に止まらざるを得なかった。

今後更に武田氏発給文書を整理し、今一歩武田氏の若狭支配の実態を明らかにしたい。そういった作業を続けることによって、戦国大名武田氏の特質、ひいては近国の戦国大名の特質も少しずつ明らかになるものと思う。本稿では、敢えて結論を出さなかった（出せなかった）が、後日、武田氏発給文書の整理、武田関係年表の作成をしてみたいと思う。

尚、最後になったけれども、本稿は昭和五十年度の福井大学教育学部の卒業論文としてまとめ提出したものに、加筆修正したものであり、特に終始重松明久教授には懇切な御指導を頂いた。厚くお礼を述べたい。

Ⅱ　戦国期畿内政治史と若狭武田氏の在京

笹木康平

はじめに

戦国期畿内政治史研究は、細川京兆家の研究が軸となってきた。すなわち今谷明氏が提示した、明応の政変を画期に幕府の諸権限が細川京兆家家督＝細川政元の元に一元化されたという、いわゆる「京兆専制」論である(1)。近年は細川京兆家の動向よりも、明応の政変を画期に二人の将軍が並立することが重視され、畠山氏や六角氏などの諸勢力の独自の動向も明らかになっている。しかし右の研究に対しては、個々の成果が蓄積される一方で、改めて諸勢力の動向を関連付けて通時的に論じられることが課題となっているという指摘がある(2)。これについて、諸勢力間の提携関係という観点から最も精緻な分析を加えているのは家永遵嗣氏だと思われるが(3)、考察対象とされていない勢力もあり、いまだ検討の余地はあると考えられる。

そこで本稿は、若狭武田氏（以下、武田氏）の動向を検討していきたい。若狭国守護である武田氏は、しばしば在京し将軍や細川氏との関係性がうかがわれるため、政治史研究の重要な素材であると考えられる。ところが自治体史によって在国時の活動については精緻な分析が加えられているにもかかわらず、こと在京時については親幕府的で文化的志向が強いという指摘があるに留まっている[4]。一方政治史研究においては、山田康弘氏の研究を除けば武田氏の動向がまったく見過ごされており[5]、武田氏の在京はいわば研究史上の死角となっているといえよう。武田氏の在京はそれ自体、通時的に検討した上で再考される必要がある。

そもそも武田氏に限らず戦国期の諸大名の動向が論じられる場合は、在国にのみ関心が集中し、在京の問題が扱われることは少なかった。室町期における守護在京を重視する著名な「室町幕府―守護体制」論[6]にしても、嘉吉の乱以降の上意不在による守護の系列化という、ある意味固定的な説明をするのみで、守護ごとに実証的な検討はなされていない。

ただし、南北朝・室町期における守護在京が近年本格的に検討され、守護在京は将軍による統制ではなく、軍事的安定状況により結果として現出したことが明らかとなっている[7]。とすれば、在京とは当初からきわめて流動的なものとして形成されたことになり、また、各勢力の政治的立場に規定されているものと考えられる。したがって、戦国期においても各守護の動向（いつ・誰が・いかなる形態で在京・在国していたか）を補足する作業から始められる必要があるといえよう。本稿では、可能な限り諸勢力の動向に目を配りながら、武田氏の動向を検討することで、改めて畿内政治史研究を構築していきたい。

一、若狭拝領と信賢・国信期の在京

武田信賢・国信期の在京を検討する前提として、まず武田氏の若狭拝領過程にまでさかのぼって検討していきたい。

若狭国は武田氏以前、一色氏が守護職を有していた。しかし一色義貫が将軍義教の命により誅殺されたことにより、一色氏の分国が丹後のみとなり、若狭国は安芸に本拠を置いていた武田氏が拝領することとなった。この後若狭においては一色氏残党が蜂起したが、細川持之が主導する幕府からの支援を受け制圧された(8)。

武田氏が高圧的に在地に臨む姿勢は、網野善彦氏による太良荘の著名な研究によって指摘され(9)、康正元年（一四五五）には、当主である信賢が自ら下向していたことが知られる。網野氏は、この事例から守護支配のさらなる展開へと一般化を図っているが、若狭拝領の経緯を考慮すれば、むしろ武田氏側の固有な要因にこそよるものと考えられる。以上のように分国若狭は、一色氏分国である丹後と隣接すると同時に、武田氏が前守護一色氏を駆逐し実効支配を固めるという緊張状況に置かれていたと考えられる。

翻って武田氏の京都での活動に目を向けると、信賢は四職大夫の一つである大膳大夫に就任し（初見は寛正三年）、以後歴代当主により世襲されることになる(10)。また武田氏は、細川氏などの有力大名とともに土一揆の鎮圧に加わった徴証がうかがわれる(11)。このように若狭拝領を契機とし、一色氏との対立と幕府―特に細川京兆家との関わりという、後の武田氏の政治的立場を規定する要素が出そろうこととなる。

応仁の乱において武田信賢は、当初東幕府方として参加したが、応仁二年（一四六八）に安芸に基盤を置く弟元綱が西幕府方になびき同族間で対立することとなった。文明十三年（一四八一）に国信（信賢没後の当主で信賢の弟）と元綱は和睦したが、分国間が地理的に離れているため戦国期を通じそれぞれ独立したものとして展開する傾向が強くなってゆく(12)。信賢は応仁二年に「若狭国ニ城ヲ用意」（『経覚私要鈔』同年二月九日条）というように、京都での大乱時においても分国若狭を意識していた。また、大乱が一段落した文明六年（信賢が没し当主は国信となっている）には、足利義政が旧東幕府方であった一色義直を赦免した後に、「丹後国事被レ返二付一色一、武田・細川右馬頭内者切取不レ渡レ之、一色迷惑無二是非一」（『大乗院寺社雑事記』文明六年閏五月十五日条）とあるように、細川氏とともに武田氏が一色氏を意識していたことがうかがわれる。武田氏にとって応仁の乱は、一色氏との争いの延長線上にあったといえよう。

ところで武田氏は、応仁の乱後もしばしば在京した稀有な勢力であったとされるが、乱直後の動向が漠然と論じられるのみであったため、ともすれば常に在京していたかのような印象を受ける。しかし、文明十年に「一昨日武田在国ニ下向云々、惣而諸大名作法以外次第也」（『大乗院寺社雑事記』同十二月十九日条）と、武田氏の若狭への下向がうかがわれ、その後も在国が確認される(13)。次の表は武田氏の在京・在国の推移を古記録から抽出したものである。

ここで注目されるのは、文明十年七月七日における犬追物参加を最後に当主である国信の京都での活動がみえなくなる一方で(14)、この後も息子の信親の活動がうかがわれることである。『親元日記』文明十五年六月二十七日条には、「武田大膳大夫入道殿宗勲（国信）」と、「同治部少輔殿信親」というように使い分けられており、犬追物に参加するのは治部少輔信親に限られるからである。これについては、国信から信親に家督が譲られたという指摘がある(15)が、実権はなお国信の元にあったと考えられる。なぜなら、文明十三年の元綱との和睦において仲裁に入った伊勢氏とのやりとりが国信の名でなされ(16)、また文明十五年には若狭国妙興寺より国信の禁制が求められていることがうかがわれるからである(17)。

山田徹氏は南北朝期の守護在京の検討を通じ、一族内での役割分担があったことを明らかにし、その形態が「当主在京型」と「子弟在京型」という二系統に分かれるとした(18)。その上で、前者が主流であり、後者の場合は当主が下向

若狭武田氏の在京状況略年表

和暦	西暦	在京状況	若狭武田氏家督	細川京兆家家督	将軍	備考
文明６	1474		国信	政元	義尚	山名政豊・細川政元講和
文明７	1475					
文明８	1476					
文明９	1477					
文明10	1478	○▼				
文明11	1479	○				
文明12	1480	○				
文明13	1481	○				
文明14	1482					
文明15	1483	○				
文明16	1484	○				
文明17	1485					武田信親没
文明18	1486					一色義直丹後下国
長享元	1487	□				義尚，六角高頼討伐
長享２	1488	□				〃
延徳元	1489				義材	義材，義尚の死を受け上洛
延徳２	1490	○	元信			
延徳３	1491	○□				義材，六角高頼討伐
明応元	1492	□				〃
明応２	1493	△□○▼			義澄	明応の政変
明応３	1494	○				
明応４	1495					
明応５	1496	○				
明応６	1497	○				
明応７	1498	○				
明応８	1499	○				
明応９	1500	○				
文亀元	1501	○				
文亀２	1502					
文亀３	1503	○				
永正元	1504	△○▼				
永正２	1505					
永正３	1506					丹後出兵
永正４	1507	△		高国		細川政元殺害
永正５	1508				義材	大内義興上洛

永正 6	1509					
永正 7	1510					
永正 8	1511					
永正 9	1512					
永正 10	1513					
永正 11	1514					
永正 12	1515					
永正 13	1516					
永正 14	1517					
永正 15	1518					大内義興周防下向
永正 16	1519					
永正 17	1520		元光			
大永元	1521	△○▼			義晴	
大永 2	1522					六角定頼一時在京
大永 3	1523					
大永 4	1524					
大永 5	1525					
大永 6	1526	△				
大永 7	1527	○□				桂川の戦い
大永 8	1528					

凡例：○在京活動　△上洛　□合戦（於京周辺）　▼下向
出典：『蔭凉軒日録』・『宣胤卿記』・『親長卿記』・『大乗院寺社雑事記』・『二水記』・『北野社家日記』・『実隆公記』・『後慈眼院殿御記』・『親元日記』

しなければならない特別な事情があったと指摘している。これを参考にすれば、国信期の在京形態とは当主が分国支配を意識して在国する一方で、子息が在京し京都との回路を保っていたものと理解することが許されよう。当主の国信が在国し、息子の信親が在京するという形態は、文明十八年に武田信親が早世するまで続くと考えられる。

　では他の有力守護の動向は、いかなるものであったのだろうか。一色氏は応仁の乱後に幕政に復帰し、当主である義直とその子息である義春がともに幕府に出仕していることが知られる(19)。そして文明十八年に、禁裏御料所の小浜が一色氏から武田氏へと返付され、面目を失った一色氏は丹後に下向した(20)。この下向は、伊藤俊一氏により、守護所宮津の発展の前提として画期付けられているが[21]、これ以前から一色氏は常に在京してはいない点には注意しておきたい。たとえば『大乗院寺社雑事記』文明十一年十二月三十日裏文書には「一色近日下国、内々分候」とみえる。また、文明十四年の畠山義就討伐にむけて細川政元と畠山政長らが出陣する際には「然者、一色・武田モ可二在国一云々、京中大名不レ可レ有レ之」（『大乗院寺社雑事記』文明十四年三月一日条）とみえることから、義直と義春のどちらかとは特定できないが、在京・在国を繰り返していたことがうかがわれる。

一色氏以外では、山名氏が赤松氏の分国に侵攻しているため両氏とも在国しており[22]、土岐氏も足利義視と子の義材を自らの分国にかくまっていたため、義政と義尚の幕府には出仕していない[23]。他にも、大内氏は周防に下向したまま上洛せず[24]、斯波氏も在京が確認されない[25]。畠山氏に関しては、義就流と政長流とに分かれたまま河内に在国しており、義就流は幕府に出仕していない[26]。

以上のように、在国している諸勢力の動向に鑑みれば、断続的とはいえ在京が確認される武田氏と一色氏が、稀有な存在であったことは確かであろう。ただし、その両氏も立場の変化により在国を強いられる場合があり、武田氏が着実に分国若狭に軸足を移しつつあったことは強調しておきたい。

二、明応の政変と武田元信の在京

国信後の武田氏を継承したのは、国信の子息で信親の弟の元信である。この元信の在京について山田康弘氏は、将軍義澄（義遐→義高→義澄と改名するが、本稿では義澄に統一）が成人したことによる主体性の発揮という面から言及している。[27] 従来の研究では戦国大名化の挫折という消極的評価や文化的側面の指摘があるのみだったことに鑑みれば、政治史研究と武田氏研究との回路を開いた山田氏の研究は画期的であった。本稿では、山田氏が提示した将軍との関わりという視点は継承した上で、特に武田氏が在京するようになった契機について検討していきたい。

その際にまず注目されるのは、明応の政変と武田元信の関係である。明応の政変はしばしば細川政元による将軍の傀儡化の画期として扱われてきたが、[28] 近年は伊勢氏などの幕府内勢力の動向などが注目されるようになり再検討が進められてきた。[29] ただし従来の研究は、細川京兆家による専制化の成功か失敗かという点に評価が収斂する傾向があったように思われる。この政変が、政元や将軍以外の諸勢力に与えた影響を、多元的に捉えていく余地は十分にあるのである。

そこで、まず政変時の武田氏の動向について注目していきたい。義材が畠山政長とともに正覚寺に出陣している時の武田元信の動向に関しては、青山英夫氏による「細川政元の意思のもとに終始行動している勢力」という評価がある。[30] だが、この結論は細川氏庶流の阿波守護細川成之とともに行動していることのみから、導かれたものである。家永遵嗣氏の指摘によれば、阿波守護家は京兆家とは独自の行動をとることが多く、当時成之は親義材という立場であったという。[31] 従軍時の元信の行動は、正覚寺出陣に従軍しつつも単に様子をみているのみで、政変には直接的に関わらなかった。

ただし、政変が元信に与えた影響は大きかった。

一、高矢辻子此間自㆓北国㆒罷帰、将軍御所ハ越中ニ御座、七月一日ニ江州ニ御下向、自㆑其越中御下向也、其後能登国守護参申、加賀国同参申、越後上杉以㆓代官㆒申㆓入之㆒、武田ハ細川与申合事在㆑之、自身ハ京都ニ可㆓

罷上㆒、若狭一国事ハ御上洛ニ可㆑被㆑召㆓具之㆒之由申㆓入之㆒、近々各仰天云々、近習者七十人計ハ参申了、所々御内書以下被㆑遣㆑之、大内方へ被㆓仰遣㆒事在㆑之、御返事ハ不㆓承及㆒、罷上云々、[32]

右の史料は、政変後に義材が越中に逃亡したことにより、北陸の諸勢力が義材方に付く中で、武田元信までもが「御上洛」すなわち義材の上洛に加わるというので周囲が仰天したというものである。こうした状況下において細川政元は「武田下向之由申間、京兆有㆓御出㆒被㆑止云々」（『北野社家日記』明応二年〈一四九三〉十月二十一日条）というように、元信の下向を制止していることも注目される。今谷氏以来この事例は、政元による幕府権能の吸収という文脈で評価されてきたが[33]、政元が在京を求めることは幕府内で優位に立ったことを示すものとはいえず、むしろ必死に与党を確保しようという意図が読みとられる。政元が政変に際して事前に武田氏を取り込んでいなかったことがうかがわれるのである。

また、この翌日には「赤松左京大夫殿昨日可㆑有㆓下向㆒由云々、同自㆓京兆㆒種々被㆓止申㆒云々」（『北野社家日記』同二十二日条）というように、政元は赤松政則の下向を制止している。赤松氏といえば政変直前に細川政元方に付き、政変実行の重要な要素となった人物であり、政変後も細川京兆家との婚儀により両者の関係は甚だ良好であった。しかし、この下向制止直後の赤松氏の動向は明らかではないが、明応三年五月に下向して以降、在京の徴証がうかがわれなくなる[34]。それは明応五年に政則が没し、分国内対立が赤松三分という状況にまで発展し求心力を低下させたことが[35]、要因であると考えられる。

一方の武田氏はどうか。明応二年十一月には元信の在京が確認されるが、政元との問題や元信の有力被官との問題によって、元信は京郊の広隆寺に遁世している[36]。明応二年段階における元信は、いまだ山田康弘氏が明らかにした足利義澄の有力与党とは見なし難いのである。

こうした中で元信は、明応三年に政元方の立場を鮮明にする。足利義材が越中より上洛を試みた際には「剰狼藉人等一同号二土一揆一、令レ乱二入禁中一、奉レ奪二取三種神器等一、其間彼卿可レ被二上洛一之由、依二浮説一哉、右京兆□下二知竹田一、自然之儀有二出来之事一者、最前馳参、至二警固一可二注進一」（『後慈眼院殿御記』明応三年八月十日条）と記されたように、土一揆に対する禁中警固を細川政元の下知により行っている。また「剰自二越中一触二若狭国一云、近日可レ有レ著二岸当国一、然者可二同意申一云々、此□注二進竹田一、仍示二右京兆一之処、可レ禦二申之一由答云々」（『後慈眼院殿御記』明応三年八月十五日条）ともあり、政元の指示により若狭へ攻め入る義材方の軍勢に備えていたことが知られる。なお武田氏は、再び義材の上洛機運が高まる明応八年にも義材の攻撃対象となるなど[37]、義材からは対抗勢力として認識されていた。以後の在京時の動向については山田康弘氏が明らかにした通りであるが、この背景には義材の越中滞在という脅威があったものと考えられる。

しかし元信は、永正元年（一五〇四）より若狭へ下向し、隣国丹後一色氏への攻撃を開始することとなる。これは明応八年に義材が大内氏の山口に向かったことにより、義材という脅威が去ったためと考えられる。政元・義澄への過度な接近と、在国しての丹後攻撃開始という一見すると相反する行動は、義材からの圧力の有無によって理解されるのである。なお義材の周防下向により、九州・四国の諸勢力が義澄方と義材方どちらの立場をとるか対応をせまられる様相が川岡勉氏によって明らかにされている[38]。

かかる経緯より武田氏における明応の政変の意味を考えれば、武田氏は義澄方の勢力につくか、義材方につくかという選択に迫られたと捉えられるのではないだろうか。元信が義澄方に付いたのは、若狭拝領以来の細川京兆家との関係によるところが大きいと考えられるが、明応の政変当初より立場を鮮明にしてはいなかった。義澄方の立場を示す画期は義材が越中に下向し上洛を企画する明応三年であり、元信は義材の北陸滞在という脅威に対し義澄方につくことで乗り切ったといえよう。

三、足利義晴擁立と武田元光の上洛

永正四年に細川政元が暗殺され、将軍足利義澄が没落した後は、義材が大内義興とともに周防から上洛し再び将軍に就任した。そして細川高国が京兆家家督として正式に認められた。

こうして成立した第二次足利義材政権期を通じ、武田元信は一貫して若狭に在国した（表を参照）[39]。義材・義興の上洛に安芸武田氏の元繁（元綱の子息）が随行しており[40]、元信は安芸への影響力を失っていたことがうかがわれる。そして元信が政権から外れる一方で、一色氏と将軍との関係が回復する[41]。丹後の守護職は永正三年に元信に与えられていたが、それが一色氏に返付されたのである。

元信は明応の政変以降、政元とともに義澄を支えるという政治的立場をとっていたため、義澄から義材への将軍の交代は、元信の立場の変化に直結したと考えられる。その一方で、義材派であった畠山尚順や能登守護畠山義元、そして大内義興が在京した[42]。このような動向を総合すれば、義材が将軍になるのに際し、政元とともに義澄を支えた勢力が在国するのに対して、義材を支える勢力が在京するようになったといえよう。

だが義材政権は、大内義興が周防へ下国し、義材が尚順とともに京都を離れ淡路へ向かう形で崩壊した。そして、大永元年（一五二一）に義澄系の将軍義晴が高国によって擁立され、元信子息の元光が在京することとなった。

この武田元光の上洛については、『大日本史料』九―十二・十三に関係史料が掲載されており事情を知ることができるが、これまで正面から検討されたことはなかった。そこで改めて諸史料を提示し、事実関係を把握する作業から始めたい。

就㆓室（宝カ）秀軒之儀㆒、示給候旨、得㆓其意㆒候、仍若公（義晴）様於㆓御入洛㆒者、則参洛候様、相調候者可㆑然候、幸当国仁
少知行在㆑之由之条、可㆑被㆓相談㆒事肝要候、猶吉田三河守可㆑申候、恐々謹言、
（永正十八）四月十八日　　高国（細川）
武田伊豆守殿(43)

本文書は、細川高国が武田元光に宛てた書状であり、永正十八年は大永元年である。「宝秀軒」とは、義材政権時に武田氏を頼っていた大館常興であることが設楽薫氏により明らかにされている(44)。設楽氏は「就㆓室（宝カ）秀軒之儀㆒」に注目し、常興が元光を通じて細川高国に新政権内でのポストを要求したと推察されているが、本稿では「若君」、すなわち義晴入洛という時期に武田元光が史料に表れることに注意したい。そこで、次の史料が注目される。

就㆓武田上洛㆒、当寺寄宿事申候、無㆓相違㆒之旨祝着候、於㆓向後儀㆒者、可㆑成㆓其心得㆒候、猶寺町石見守（通隆）可㆑
申候、恐々謹言、
（異筆）「大永五（元カ）」
八月廿八日　　右京大夫高国（細川）（花押）
謹上　妙顕寺(45)

この文書は、武田元光がしばらく在京するにあたり、高国が宿泊場所の手配の準備のために、妙顕寺に宛てた文書である。『大日本史料』の編者は『二水記』大永元年九月三日条に元光が実際に入洛したという記事がみえることから、異筆の年記の部分を大永元年の誤りと判断している。

話が前後するが、細川政元暗殺直後の史料に「彼在所土御門与㆓鷹司㆒間、烏丸西東頼、武田在所也、甲乙人打入」（『宣胤卿記』永正四年七月八日条）とあるように、先代の元信期の在京においては洛中に恒常的な屋敷があったことが想定される。しかしその後武田氏は、義材在職中に一貫して在国していたため、京都での拠点はなかった。そこで今回の上洛にあたり、仮の居所を高国が用意したのである。以上のように、義材没落後の義晴上洛に合わせて元光が上洛し、この上洛は高国が手配したものであった。

では、上洛後の在京時における元光の行動を『二水記』にみてみよう。まず、大永元年九月十七日条に、「未刻参内、武田伊豆守令㆑拝㆓見御庭㆒、花山院当番也」とあり、武田伊豆守元光が内裏を訪れていることがわかる。また、大永元年十月六日条には「今日於㆓武家御所㆒有㆓猿楽㆒、武田申沙汰云々」とあり、武家すなわち義晴のもとで行われた猿楽に武田元光も参加したことが知られる。さらに、大永元年十月十一日条に「今日細川猿楽有㆑之、（中略）、今日儀、武田振舞云々」とあり、細川高国邸での猿楽を元光が主催していたことが確認できる。加えて、大永元年十月二十一日条に「伊州馬場犬追物令㆓見物㆒、今日武田招請云々」とあり、「伊州」とは、幕府政所執事であった伊勢貞忠のことであるから、武田元光が伊勢氏と接触していることがうかがわれる。

以上、足利義晴擁立時に細川高国に求められ大永元年九月に上洛した武田元光は、義晴・高国・伊勢貞忠という政権の中枢を占める面々と接触していたことが確認された。ただし元光は、義澄期における元信とは異なり、恒常的に在京することはなかった。大永元年十一月二十八日には、高国が管領に任命され(46)、同年十二月二十五日に義晴が征夷大将軍に就任しているが(47)、高国管領就任の翌日に元光は若狭へ下国している。高国に上洛を求められたということは、時期的に新政権確立のためのものであると考えられるにもかかわらず、体制確立前に下国してしまったということになる。この下国には、父元信が同年十二月三日に没したことと関係していると考えられ、次章で論じるように元光は大永六年まで上洛することはなかった。

このように元光段階の在京は元信期とは異なり、求められたら上洛するというものであった。在国重視の姿勢は、若狭国内の寺院に残る武田氏の発給文書からもうかがわれる。水藤真氏による武田氏発給文書の検討によれば、元光期には、飛躍的に残存する文書量が増えるという(48)。当該期の元光が京都より若狭に比重を置いていたことが推測されよう。

四、桂川の戦いと武田元光

大永元年に下国した以降に、武田元光の在京が確認されるのは、大永六年に柳本賢治らを中心として反高国方の動向が強まった時である。『実隆公記』同年十月二十八日条に「飯川山城来、武田上洛之由、為二御使一今日若州請レ暇云々」とあるように、使者飯川山城（国弘）が若狭へ向かった。彼は義晴の側近である。そして、『二水記』同年十二月二十九日条に「伝聞、入レ夜武田令二上洛一云々、就二今度物忩一、道永合力之儀也」とあるように、「道永」すなわち細川高国に「合力」するために武田元光が実際に上洛した。

大永七年二月に、高国勢と反高国方の主力柳本賢治勢の間で、桂川の戦いという激戦が繰り広げられた。この戦いでは武田元光・細川高国が主力であり、「今日各々出陣、先陣右馬頭・玄蕃入道、次右京大夫入道・武田等云々、午下剋大樹同御出陣」（『実隆公記』大永七年二月十二日条）や、「典厩・一雲等都合二千四五百人歟、京兆勢数八千余歟、武田衆一千三四百歟」（『二水記』同日条）とあるように、後の高国没落後に義晴を支える六角定頼など他の大名は一切確認されない。また、元光は出陣前に「室町殿出仕令二見物一、各道永已下悉以片衣・小袴也、（中略）武田出仕之体同レ之」（『二水記』大永七年正月七日条）と、「道永」すなわち高国に続いて義晴のもとに出仕していることからも、細川高国と並んで武田元光が義晴を支えるという構図が読み取れるのである。だがこの戦闘により義晴・高国方は甚大な被害を出し、近江国坂本まで撤退することとなった。

従来は、元光が桂川の戦いの際に細川高国方として参陣したということしか知られなかったためか、元光の在京に対する評価は低く、畿内政治史上に位置付けられていなかった。しかし本稿では、大永元年の足利義晴擁立時に上洛が求められたことを明らかにしたことにより、この延長線上に大永七年の桂川の戦いへの元光の参陣を見通すことができたのである。

ところで、義晴と高国に連動する勢力が、元光のみであったわけではない。野田泰三氏によれば、義晴の近江動座以前においても、義晴方として元光・高国の他に、斯波義統・赤松政村がうかがわれるという[49]。しかし彼らは、義晴を支持するという立場で役は負担するが、義晴擁立から桂川の戦いまでの間で在京することはなかった。

実際に、この間に在京することがあった勢力としては、六角定頼があげられる。定頼は、大永二年に三千の軍勢を率いて上洛し[50]、同年五月十日に近江に帰国するまでの間に、本能寺で足利義晴と面会している[51]。ところが、こうした関係があったにもかかわらず桂川の戦い時に六角定頼は、「六角合力事、度々雖レ令二催促一、于レ今不二上洛一」（『二水記』大永七年二月十二日条）とあるように上洛要請に従わず、北白川の辺りにとどまり開戦時の戦闘に加わることはなかった。そして、細川高国・武田元光勢が多数討死し足利義晴も退却を開始するやいなや、「六角北白川衆晩頭馳加云々」と六角勢が北白川を発し、柳本勢に激突する[52]。六角定頼が、この後の天文年間を通じて在国し将軍義晴を支えることは、西島太郎氏により詳細に明らかにされている通りである[53]。しかし桂川の戦い時において定頼は、義晴・高国とは距離をおいて様子をみていたといえよう。

では、桂川の戦い以降における武田元光の動向は、どうなるのであろうか。武田元光は大永七年十一月に軍勢を率いて上洛しているが、それは六角氏や朝倉氏などの勢力の一員としてであった。これ以後、武田氏当主の在京は確認されず、被官の粟屋氏が軍勢を率い上洛して軍事要請に応えるようになる[54]。一方の足利義晴は、細川京兆家から距離を置き、六角氏の庇護下に入るのである。

おわりに

本稿は在京・在国が政権との距離、すなわち政治的立場を示すという見通しのもと、特に武田氏の在京に注目して、応仁の乱後から桂川の戦いまでの畿内政治史の展開をみてきた。桂川の戦いで検討を終えたのは、以後武田氏の在京がうかがわれなくなるためであるが、これを期に畿内の勢力図が変化したためでもある。細川京兆家の求心力低下により、畿内諸勢力の領国化が進展することは先行研究により指摘されているところである[55]。結局のところ細川高国の没落が武田元光の在国を決定付け、以後は細川晴元・足利義維を擁する四国勢が畿内に入りこむこととなる。

そして武田氏の在京は、きわめて動態的なものであった。すなわち【国信期】当主在国・子息在京、【元信期】当主在京、【元光期】当主在京（一時的）、というように形態の変化が読み取れる。ただし武田氏は常に在京するわけではなく、各時期における立場の変化に応じて、在京しない（在国する）という選択肢も含めて在京形態を変化させていったものと考えられる。

この過程においては国信の若狭下向以降、武田氏が自身の基盤を分国若狭に移していったことが注目される。明応三年以後、元信は当主自ら在京することになるが、これは義材の越中滞在への対抗という要請のためである。元光の上洛も求められた時のみのものであり、自身の軸足は完全に若狭にあったといえよう。そして若狭に基盤を有していた分、武田氏は細川京兆家・大内氏・六角氏のように将軍の存立基盤の核となることはなく、将軍の意思決定にまで関与した形跡も確認されない。もっぱら、細川京兆家の軍事力を補完するものとして、京兆家や将軍から期待される存在であった。

なお本稿は守護の動向に焦点を当てたが、在京形態を検討する上ではそれ以外の勢力も視野に入れなければならない。たとえば、近江湖西地域を根拠地とする奉公衆朽木氏は、一族内で在京する者と在国する者とが併存したことが指摘されている[56]。この他に守護被官層も多数在京していたことが想定されるため[57]、こうした在京勢力全体を考慮に入れた上で、彼らの基盤を含め事例を検出していく余地がある。

かかる作業に際しては、南北朝・室町期における山田徹氏の研究が示唆的であるが[58]、戦国期との差異については本稿では十分に論じられなかった。またこれに関して、各勢力がいかにして在京が可能であったのか、ひいていえば室町期荘園制などの都鄙関係について論じることが避けられないと考えられる。(59) すべて今後の課題としたい。

註

（1）今谷明『室町幕府解体過程の研究』（岩波書店、一九八五年）。なお、今谷氏の議論を相対化する代表的な研究を以下にあげる。末柄豊「細川氏の同族連合体制の解体と畿内領国化」（石井進編『中世の法と政治』吉川弘文館、一九九二年）、山田康弘『戦国期室町幕府と将軍』（吉川弘文館、二〇〇〇年）、西島太郎「足利義晴期の政治構造―定頼「意見」の考察―」（『戦国期室町幕府と在地領主』八木書店、二〇〇六年所収、初出二〇〇〇年）、小谷利明『畿内戦国期守護と地域社会』（清文堂出版、二〇〇三年）、天野忠幸『戦国期三好政権の研究』（清文堂出版、二〇一〇年）。

（2）吉田賢司「小谷利明氏著『畿内戦国期守護と地域社会』」（『日本史研究』五一二、二〇〇五年）。

（3）家永遵嗣『室町幕府将軍権力の研究』（東京大学日本史学研究室、一九九五年）、同「将軍権力と大名との関係を見る視点」（『歴史評論』五七二、一九九七年）、同「北陸地方における戦国状況の形成」（『加能史料研究』一六、二〇〇四年）。

（4）『小浜市史』通史編上巻（第二章第五節三〜第六節三、須磨千穎氏執筆部分、一九九二年）、『福井県史』通史編二中世（第四章第三節、須磨千穎氏執筆部分、一九九四年）。

（5）山田康弘「文亀・永正期における将軍義澄の動向」（註（1）同氏著書所収）。

（6）川岡勉『室町幕府と守護権力』（吉川弘文館、二〇〇二年）。また吉田賢司氏は、室町期における在京して幕政に参与する「大名」の役割について論じているが（同『室町幕府軍政の構造と展開』吉川弘文館、二〇一〇年）、幕政に参与しない守護も含めて在京の形態を検討する必要があろう。

（7）山田徹「南北朝期の守護在京」（『日本史研究』五三四、二〇〇七年）。

（8）吉田賢司「管領・諸大名の衆議」（註（6）吉田氏著書所収、初出二〇〇一年）。

（9）網野善彦『中世荘園の様相』（塙書房、一九六六年）。

(10) 木下聡「四職大夫」(『中世武家官位の研究』吉川弘文館、二〇一一年所収、初出二〇〇八年)。
(11) 『蔭凉軒日録』寛正三年(一四六二)十月二十三日条。
(12) 河村昭一『安芸武田氏』(戎光祥出版、二〇一〇年、初出一九八四年)。
(13) 『大乗院寺社雑事記』文明十四年三月一日条。『親元日記』文明十五年正月二十日条。
(14) 『親元日記』同日条、『兼顕卿記』同日条(『大日本史料』八—十一所収)。
(15) 黒崎文夫「若狭武田氏の消長」(『一乗谷史学』一二、一九七六年)。
(16) 註(12)河村氏著書。
(17) 武田国信禁制「妙興寺文書」二号(『福井県史』資料編九所収)。
(18) 註(7)山田氏論文。やや時代は下るが、第二次義材政権時の政長流畠山氏の動向、すなわち尚順が紀伊に在国し畿内南方の領国化を進める一方で、子息の稙長を幕府へ出仕させるという形態も参考になろう(小谷利明「畠山稙長の動向—永正〜天文期の畿内」〈矢田俊文編『戦国期の権力と文書』高志書院、二〇〇四年〉、同「畿内戦国期守護と室町幕府」〈『日本史研究』五一〇、二〇〇五年〉)。
(19) 『親長卿記』文明六年五月七日条。
(20) 『長興宿禰記』同年八月二十七日条、『後法興院記』同日条。当該期の一色氏の動向については、高橋修氏の研究を参照されたい(同「応仁の乱前の一色氏に就いて—一色義直を中心に—」〈小川信先生の古稀記念論集を刊行する会編『日本中世政治社会の研究』続群書類従完成会、一九九一年〉)。
(21) 伊藤俊一「応仁の乱と丹後」(『宮津市史』通史編上、第九章、二〇〇二年)。
(22) 川岡勉『山名宗全』(吉川弘文館、二〇〇九年)。
(23) 註(3)家永氏著書、三宅唯美「戦国期美濃国の守護権力と守護所の変遷」(内堀信雄ほか編『守護所と戦国城下町』高志書院、二〇〇六年)。
(24) 藤井崇「大内政弘の権力構造と周防・長門支配」(『年報中世史研究』三二、二〇〇七年)。

(25)　小久保嘉紀「斯波氏と室町幕府儀礼秩序―書札礼を中心に―」(『愛知県史研究』一四、二〇一〇年)。
(26)　弓倉弘年『中世後期畿内近国守護の研究』(清文堂出版、二〇〇六年)。
(27)　註(5)山田氏論文。
(28)　註(1)今谷氏著書。
(29)　註(1)山田氏著書。
(30)　青山英夫「「明応の政変」に関する覚書」(『上智史学』二八、一九八三年)。
(31)　註(3)家永氏著書。また馬田綾子氏によれば、これ以前から京兆家と阿波守護家との間には、嘉吉の乱後における赤松氏への対応の違いが見てとれるという(同「赤松則尚の挙兵―応仁の乱前史の一齣―」〈大山喬平教授退官記念会編『日本国家の史的特質古代・中世』思文閣出版、一九九七年〉)。
(32)　『大乗院寺社雑事記』明応二年(一四九三)八月十一日条。
(33)　近年の古野貢氏の研究も同様である(同『中世後期細川氏の権力構造』吉川弘文館、二〇〇八年、二二三頁)。
(34)　管見によれば、明応三年九月二十二日に赤松政則の上洛がうかがわれ(『後法興院記』同日条)、そして同年十月三日に出仕していることが確認されるのみである(『大乗院寺社雑事記』同日条)。
(35)　野田泰三「戦国期における守護・守護代・国人」(『日本史研究』四六四、二〇〇一年)。
(36)　『大乗院寺社雑事記』明応二年十一月十六日、十八日、二十四日条。
(37)　『大乗院寺社雑事記』明応八年十月二十二日、十一月一日条。
(38)　川岡勉「室町幕府―守護体制と西国守護」(川岡勉・古賀信幸編『西国の権力と戦乱』清文堂出版、二〇一〇年)。
(39)　唯一、『若狭守護代記』という二次史料には、永正八年の細川澄之が細川高国に攻勢をかけるという船岡山合戦の際に、武田信親の戦功があったと記載されている。しかし、同時代史料の『二水記』に武田勢については記載されていないことと、武田信親はすでに死去しこの時期の一次史料では確認できないことから(註(15)黒崎氏論文)、武田氏の将軍家に対する戦功を捏造した記述であると考えられる。

(40) 註(12)河村氏著書。
(41) 今谷明「室町・戦国期の丹後守護と土豪」(同『守護領国支配機構の研究』法政大学出版局、一九八六年、初出一九八〇年)。
(42) 註(18)小谷氏論文。萩原大輔「足利義尹政権考」(大阪歴史学会大会レジュメ、二〇一一年)。
(43) 『後鑑』所載『伊勢貞助記』所引細川高国書状(『大日本史料』九―十三所収)。
(44) 設楽薫「大館尚氏(常興)略伝―将軍義晴の登場まで―」(桑山浩然編『室町幕府関係引付史料の研究』東京大学史料編纂所、一九八九年)。
(45) 細川高国書状「妙顕寺文書」(『大日本史料』九―十三所収)。
(46) 『大日本史料』九―十三に「幕府、細川高国ヲ管領ト為ス」と綱文が立てられ、関連史料が掲載されている。
(47) 『大日本史料』九―十三に「征夷大将軍足利義稙ヲ罷メ、左馬頭同義晴ヲ以テ、之ニ補シ、禁色昇殿ヲ聴ス」という綱文が立てられ、関連史料が掲載されている。
(48) 水藤真「武田氏の若狭支配―武田氏関係文書・売券の検討から―」(『国立歴史民俗博物館研究報告』二、一九八三年)。末尾の武田氏関係文書略表により、武田氏発給文書の概略がつかめるため、参照されたい。
(49) 野田泰三「戦国期の東寺と権力―義晴・義維政権並立期の東寺の対応をめぐって―」(註(31)大山喬平教授退官記念会編書所収)。
(50) 『厳助往年記』大永二年三月三日条、『経尋記』大永二年三月五日条。
(51) 『二水記』大永二年四月三日条。
(52) 『二水記』大永七年二月十三日条。
(53) 註(1)西島氏論文。
(54) たとえば、桂川の戦い後の大永七年十一月三日に高国方として軍勢を率い上洛している(『二水記』同条)。また粟屋氏は、細川晴元に木沢長政が反旗を翻した河内太平寺合戦の際には木沢方として上洛し戦っている(『言継卿記』天文十一年三月十八日条)。
(55) 註(18)小谷氏論文、二〇〇四・二〇〇五年。

(56) 西島太郎「室町中・後期における朽木氏の系譜と動向」(註(1)西島氏著書所収、初出二〇〇〇年)。
(57) 小林健彦「戦国大名上杉氏の外交について―対朝幕交渉を中心に―」(『柏崎刈羽』一五、一九八八年)。
(58) 山田徹「室町領主社会の形成と武家勢力」(『ヒストリア』二二三、二〇一〇年)。
(59) 伊藤俊一『室町期荘園制の研究』(塙書房、二〇一〇年)。

Ⅲ　『お湯殿の上の日記』に見る若狭武田氏の進上

佐藤　圭

はじめに

若狭武田氏は室町時代の永享十二年（一四四〇）に若狭国の守護職を獲得し、以後戦国時代までこの地を治めた大名である。若狭は京都に近く、武田氏は幕府や禁裏と深い関係を保った。若狭武田氏の文芸史料を考察された米原正義氏は『お湯殿の上の日記』に武田氏が「毎年鱈・初雁・鮭などを禁裏へ進献している」記事が見られることを指摘し、武田氏の在京性、求心的な性格について述べた(1)。その後、若狭武田氏の領国支配に関する実証的研究が進んだが、大名としての武田氏自体の具体的な研究は少ない(2)。

進上は諸大名と幕府や禁裏との日常的な関係をうかがう行為として注目される(3)。進上とは主家に一定の仕方で進物を差し出し、相互の関係を再確認することである。本稿はこの進上をテーマとして取り上げて若狭武田氏の大名としての性格を考察する。

『お湯殿の上の日記』は応仁の乱後の文明九年（一四七七）に書き始められ、江戸時代に及んで書き継がれた禁裏の女房の公的な日記である(4)。皇親・社寺・武家を始めとする諸家の禁裏に対する進上記事は、この日記のかなりの部分を占めており、それらが意図的に記録されたことがうかがえる。こうした日常的なことを延延と記している点はこの日記の特徴であり、優れた点でもある。その本文は女房詞（御所ことば）を多用する独自の文体である。『お湯殿の上の日記』の最初の年である文明九年の記事から二例抜き出して引用する。

たけたしろ御まなまいらする（二月一日条）

たけたまいらするとて、すへよりあか御まなまいる（九月六日条）

非常に簡潔な記載である。ただ、そもそもこの「たけた」が若狭武田氏なのかどうか、必ずしも明らかでない。これまでこの「たけた」は代々禁裏に奉仕した医家の竹田氏とみられており、日本史の主要史料を編纂した『大日本史料』第八編は延徳二年（一四九〇）までの『お湯殿の上の日記』の進上記事の「たけた」について一貫して竹田昭慶（後に改名して定盛）と注記している。[5] しかし『お湯殿の上の日記』には、「わかさのたけた」あるいは「わかさより」と明記された進上記事も多く見受けられる。これらの記事に現れた進物の内容や進上の時季等を比較対照することにより、この日記を若狭武田氏の史料として充分に活かすことが可能である。[6]

一、若狭武田氏の禁裏への進物

（1）季節による進上

『お湯殿の上の日記』は若狭武田氏が活躍した時代のうち、後土御門朝（文明九年以降）と後奈良・正親町両朝の時期の日記が各年ほぼ完全に残っている。その間の後柏原朝は日記自体の残りが悪い。表1（次ページ）は『お湯殿の

表１　若狭武田氏の進上

年	月・日	進　　物
文明９	2・1	しろ御まな
	6・1	みる一をり
	6・19	いきたるかひ
	9・6	あか御まな
	10・16	ふりこ一をけ
	11・16	ゆきの御まな
	12・30	三色
文明10	正・18	御まな三色
	2・25	しろ御まな一をけ
	6・3	みる
	9・10	あゆ
	10・22	ふり二（こか）
	12・30	三色
文明11	7・21	御まな二色
	9・16	かん
	9・21	あか物
文明12	5・17	みるのをる（りか）
	8・25	あか物
	12・29	二色
文明13	4・30	御まな二をしき
	9・13	かん・あか御まな
	10・28	ふりこ
文明14	7・29	かひ二色・みる
	8・21	かん
	8・22	あか御まな
	10・16	ゆきの御まな
	12・28	かん二・かいあわ一折・ゆき五
文明15	5・8	みるのをり
	8・23	はつかり
	9・12	あか御まな
	10・25	うらしき
	12・29	ひふつ三色
文明16	9・15	あか御まな
文明17	5・8	みる一折
	12・29	三色
文明18	4・26	御まな二色
	9・7	あか御まな
	10・29	ふりこ一おけ
	11・14	はつゆき
	12・28	御まな三色
長享元	2・8	御まな三色
	2・18	しろ御まな
（長享元）	4・18	はまあふり
	4・26	はつみる
	11・19	ふりこ
	12・30	御まな二色
長享２	2・8	しろ御まなのをけ
	5・3	みる一折
	5・4	かいたうの枝
	6・6	かいさう一折
	6・13	みる一をり
	11・16	ゆき一折
	12・30	二色
延徳元	9・2	かん
	9・5	あか御まな
	11・12	ゆきの御まな一折
	12・25	ひふつ五色・やなき十か
	12・27	ひふつ三色
延徳２	3・2	しろ御まなのをけ
	閏8・25	もおくし物
延徳３	5・22	み□（るか）
	6・26	なか一をり・いきかゐ
	9・9	あか御まな
	9・13	しゐの折
明応元	9・1	しひの折
	9・8	かん
	9・29	あか御まな
	11・24	ふり二（こか）
	12・29	ひふつ三色
明応２	閏4・26	みるのをり
	8・25	あかまな
	8・26	しゐのをり
	10・30	ゆきの御まな
	12・24	御まな三色
明応３	2・3	しろ御まな
	3・24	五いろ・一か
	9・5	かん
	9・6	あか御まな
	10・19	ふりこ
明応４	2・16	しろ御まな
	6・21	いきかひ
	9・17	かん
	9・19	あか御まな
	12・6	あか御まな・いなか一か
	12・29	三色
	12・30	ひふつ三色

Ⅲ 『お湯殿の上の日記』に見る若狭武田氏の進上

年	月・日	進物
明応5	閏2・1	しろ御まな
	8・25	はつかん
	9・1	ゑひのをり
	9・9	あか御まな
	9・26	ゆき
	10・13	ふりこ
	12・28	ひふつ三色
明応6	2・7	しろ御まな
	5・4	みるのをり
	9・1	ゑひのをり
	9・4	はつかん
	9・16	かさ
	10・13	ふりこのおけ
	11・4	ゆきの御まな
	12・28	三色
明応7	5・25	みる
	9・22	しい
	9・23	あか御まな
	9・27	はつかん
	閏10・13	ふりこ
	11・3	雪の御まな
	12・25	ひふつ三色
明応8	5・4	みる
	5・5	みる
	6・25	いきかひ・さゝい
	8・2	ひしほ一おけ
	8・16	かん
	8・19	としとしのしい一おり
	9・15	あか御まな
	12・29	ひふつ三色
明応9	4・15	いきかひ
	4・25	みる一をり
	5・17	かひのあわ一をり
	8・24	はつかり
	9・17	あか御まな・しゐ一をり
明応9	12・24	ひふつ三色
大永6	5・13	——
	8・29	あか御まな
	9・3	はつかん
	9・16	しゐ一折*
	10・5	ひふつ五色
大永7	3・8	しろ御まな
	9・10	はつあか御まな
	10・3	はつかん
享禄元	9・14	いつものはつかん
	閏9・2	あか御まな
	12・18	としとしの御いた・ひら
享禄2	9・7	あか御まな
	9・22	としとしのしゐ
享禄3	6・27	みる一おり
	9・11	あか御まな
	9・21	□□
	10・9	はつ□□
享禄4	3・9	しろ御まな
	8・21	としとしのはつかん
	8・24	としとしのあか御まな
天文元	6・25	としとしのみる
	9・6	あか御まな
	9・9	はつかん
天文2	2・24	いつものしろ御まな一おけ
	6・15	としとしのみる一おり
	9・13	あか御まな・しい一折
	9・19	はつかん
天文3	閏正・22	十かう・十か
	2・17	しろ御まな
	8・22	あか御まな
	8・30	みのしゐ
天文4	3・1	としとしの者かつ御まな
	3・18	ひふつ三色
	6・13	としとしのみる
	9・6	はつかん
	9・21	としとしのしゐ
天文5	2・27	しろまな
	4・24	ひふつ五色（御即位御礼）
	6・19	みる
	9・16	しゐ
	9・20	はつかん
天文6	6・7	としとしのみる
	8・22	はつあか御まな
	10・4	としとしのはつかん
天文7	3・8	しろ御まな
	6・25	みる
	10・4	はつかん
天文8	3・14	しろ御まな
	閏6・13	はつみるとて一折
	9・17	としとしのしい
天文9	5・27	はつみる
	9・6	あか御まな
	9・25	しい一おり
	10・18	はつかん

年	月・日	進　　物
天文10	2・27	しろ御まな
	6・28	みる一折
	9・12	あか御まな
	9・23	はつかん
	9・26	としとしのしい
天文11	8・21	はつあか御まな
	9・27	はつかん
天文12	6・15	としとしのみる▲
	9・2	はつあか御まな
	10・13	はつかん
天文13	3・20	としとしのしろ御まな
	5・17	十かう・十か
	9・21	としとしのみのしゐ
天文14	6・12	としとしの御うり（みるか）
	8・26	はつあか御まな
	9・3	はつかん
天文15	6・24	みる
	9・3	あか御まな
	9・12	しい
天文16	7・14	としとしのみる
	8・19	としとしのあか御まな
天文17	6・5	みる▲
	8・28	あか御まな・しい
	9・10	はつかん
	10・25	あか御まな一おり
天文18	6・21	としとしのみる
	9・17	はつかん
	9・20	しい
天文19	3・25	としとしのしろ御まな
	6・1	（脱か）
	8・17	としとしあか御まな
	8・27	としとしのしいのおり▲
	9・30	としとしのはつかん
天文20	3・7	としとしのしろ御まな
	6・14	としとしのみる
	9・12	としとしのしゐ▲
天文21	3・9	としとしのしろ御まな
	6・26	としとしのみる
	9・14	としとしのしゐ
天文22	6・2	みる
	11・6	としとしのかん
天文23	9・7	はつ御まな
	10・3	はつかん
弘治元	9・18	あか御まな・しい
弘治2	正・5	ひふつ
	8・28	はつかん▲
	8・29	はつあか御まな▲
	9・15	としとしのみのしい▲
	12・5	はつかん
永禄元	閏6・9	みる*
	8・20	はつさけ・のちせ山のしい▲
	10・4	はつかん*
永禄2	正・5	御ひら十まい・かん一（歳暮美物）
	8・28	はつさけ*
	10・10	はつかん・しい*
永禄3	2・2	かん一・御ひら十・かいあわひ卅（年始御礼）*
	7・11	としとしのみる一折▲
	9・4	はつさけ
	9・8	としとしのしいのおり*
	11・4	はつかん▲
永禄4	8・14	ふとう
	8・20	はつさけ*
	9・20	としとしのはつしゐ*
永禄5	8・27	しい▲
永禄6	3・15	としとしのしろまな*
	9・22	としとしはつかん*
永禄7	9・1	はつかん▲
永禄8	9・1	はつふり□▲
	9・2	はつかん▲
	9・4	はつさけ▲
永禄9	2・29	としとしのしろ御まな*
	11・11	はつかん▲
永禄10	9・7	はつさけ
元亀元	8・29	はつか（さか）け▲

注『お湯殿の上の日記』の所見を記した。
▲「わかさより」とのみ表記されるもの。
＊「わかさのたけた」等と表記されるもの。

上の日記』で若狭武田氏の進上と判断される記事の日付と進物を列記したものである。これによれば、武田氏の進上記事は年間数例現れる場合が多く、しかも進上のない年は少なく、最後は正親町朝の元亀元年（一五七〇）に及んでいる。多くの定型的な進上記事があるが、その内容を解釈するためには進物の実態について理解する必要がある。まず季節的な進物について以下順を追って整理する。

①しろ御まな

前掲の文明九年の記事が初見である。永禄六年（一五六三）三月十五日条に「わかさたけ田よりとしく〵のしろまなまいる」と記され、若狭武田氏の毎年の進物であったことがわかる。春二月か三月ころ進上される。この「しろ御まな」は白魚のことである。当時武田氏が室町将軍に進上したのは「いさざ」であり、室町幕府の故実書『年中恒例記』の二月二十四日の項に「武田いさゝ進上之、当月中」と見える（第三章で後述）。いさざは魦と書き、小浜藩の下士牧田近俊が元禄六年（一六九三）ころ編集した地誌『若狭郡県志』に次のように解説される[7]（送り仮名・訓点省略）。

魦字此謂伊佐々、於下中郡府中村、季春臨河流而取之、其味堪食、又貫之細竹串而日乾、名曰目刺、国主毎歳献将軍家、伝言、古府中村土人毎春取魦、貢朝廷矣、若今不然也、始於小浜之川崎取之、然今世稀也、相伝、河流漲処必多矣、

右によれば、小浜の東方二、三キロメートルの府中村でいさざが三月に採れ、以前は小浜の川崎でも採れたという。同書の別の部分の記載によれば、大飯郡の本郷上・下村でも佐分利川の下流部でいさざが採れ、三月に小浜に売りに来たという。将軍に献上され、府中村ではかつて朝廷に貢じたという伝承もあった。このいさざはハゼ科の魚シロウオであり、全長五、六センチメートルほどの小さな魚である。江戸時代は日干しにして目刺といって将軍に献上した[8]。

『お湯殿の上の日記』に見える武田氏が進上した「しろ御まな」の容器は「桶」であり、一桶進上された例が文明十年（一四七八）と天文二年（一五三三）に見える（表1参照）。この時期の桶は檜製の曲物容器であり、蓋が付いて密閉される。主として液体を容れて使われた。進上されたしろ御まなの形態は知られないが、目刺ではない可能性が強い。

②みる

文明九年六月一日条の「たけたみる一をりまいらする」という記事が初見である。天文十七年（一五四八）六月五日条に「わかさよりみるしん上する」と記される。毎年夏五月前後に進上された。表1の長享元年（一四八七）と天文八年（一五三九）の事例の「はつみる」という言葉からわかるように、初物進上である。容器は「折」で数量は一折である。折は蓋のついた角ばった容器で、桶と違って密閉性がなく、水気のないものを容れた。海松は古くからの代表的海藻である。恐らくその実態は干海松であろう。小浜の北東約六キロメートルに位置する志積浦の鎌倉後期の弘安二年（一二七九）三月日付の同浦地頭分年貢魚塩等注進状には、地頭分年貢の「海松・心ふと八升」と代官分同三升が見える(9)。志積浦に対して海松や心太《てんぐさ》などの海藻が容積で規定されて賦課されていたことが知られる。

③あか御まな

八月下旬から九月に進上される。若狭武田氏からの恒例の初物進上である。後奈良朝の大永七年（一四七九）の事例に「はつあか御まな」と見え、正親町朝の永禄元年（一五五八）八月二十日若狭から「はつさけ」が進上された。以後こうした直截的な表現となる。数量や容器が記載された例は少なく、天文十七年（一五四八）の事例に「あか御まな一おり」と見えるのみである。この初物の「あか御まな」は鮭のことであり、恐らく簡単な塩蔵品であろう。江戸時代若狭小浜藩主となった老中酒井忠勝は、江戸から国元に詳細な指示を多数書き送っているが、寛永十二年（一六三五）七月二十三日付書下の中に次のような条文が見える。(10)

一八月ゟ鮭のやな打可申候間、当年ハ先々去年若狭守殿仕置之ことく可申付候、初鮭をハ念を入塩ニ仕、爰元へ上ヶ可申候、二番鮭をハ国母様へ進上可仕候、三番鮭ハ院御所様へ上ヶ可申候、杉之箱を念を入さゝせ、箱なから台ニすへ結構ニ仕上ヶ候様ニ弥兵衛・三太夫ニ可申付候、院御所様へ上ヶ候鮭も天野豊前殿・大岡美濃殿頼候て可然様ニ可仕候、いつれも鮭共さかり候ハぬ様ニ念を入塩を可仕候事、

一鱈も頓而とれ可申候間、取候者爰元へ上可申候事、

小浜藩では毎年八月ころから簗漁によって鮭が獲られていた。それを藩主が支配しており、新たに藩主となった酒井忠勝は前代の京極忠高の仕置の通り簗漁を行わせることを命じ、それによって獲得された初鮭・二番鮭・三番鮭をそれぞれ将軍（徳川家光）、国母（東福門院）、院（後水尾上皇）へ進上することを指示している。その際、江戸に送る分も、京都に送るものもいずれも入念な塩蔵加工が命じられている。こうした漁法や加工法は、恐らく前代以来のことであったと思われ、武田氏時代の鮭の進上を理解するための重要な手掛かりとなる。

④かん

文明十一年（一四七九）九月十六日条に「たけたまいらするとて、すゑよりかんまいる」と記されるのが初見記事である。永禄元年十月四日条に「わかさのたけたよりはつかんまいる」と記される。秋の八月から九月を中心として進上されている。鳥類の雁のことで、また「かり」とも言った。後土御門朝と後奈良・正親町両朝に至るまで毎年のように進上された様子がわかるが、「はつかり」、「はつかん」とも記されるように初物進上である。特に明応六年

（一四九七）九月四日条には「たけたまいらするとて、すへよりはつかんまいりて御しやうくわん、御さか月まいる」と記されており、後土御門天皇が賞翫（賞味）された。雁は比較的大きな水鳥で毎年秋に飛来する。『お湯殿の上の日記』には、そうしたいわゆるガンカモ類の鳥として白鳥・菱喰・雁・鴨（大小順）などが諸家から禁裏に進上された記事が多数見られるが、若狭武田氏が進上した鳥は雁だけである。初物として足利将軍も雁を進上した。大体将軍の初雁進上の数日から十数日後に武田氏の初雁進上がなされたことが多い。弘治二年（一五五六）の例では、十二月五日になってやっと武田氏の初雁が進上され、「たけたはつかんまいる、おそなわりてうつ、なし」と非難されている。このように初雁の進上には食味もさることながら、季節を象徴するものとしての意味あいがあったと考えられる。

⑤しゐ

初見記事はやや遅く、後土御門朝の延徳三年（一四九一）九月十三日条に「たけたしゐの折まいらする」と記される。以後何度か見えるが、同じく明応八年（一四九九）八月十九日条には「たけたとし〳〵のしい一おりしん上」と記され、例年恒例の進上であることが示される。後奈良朝も同様に「とし〳〵のしい」、「みのしい」が進上されており、次の正親町朝の永禄元年（一五五八）八月二十日条に「わかさよりはつさけ・のちせ山のしいしん上申」と記され、若狭武田氏の居城後瀬山のしいの実が進上されたことが明記される。現在でも後瀬山の山頂付近や斜面にはスダジイの群団がみられる。(11) しいの実は長さ一・二から二センチ程度の小さな果実だが、どんぐり類の中では唯一そのまま食べられる種類であり、古来重宝された。だいたい九月を中心として進上され、八月や、一例だけ十月に進上されたこともある。

⑥ふりこ

文明九年十月十六日条に「たけたふりこ一をけまいらする」と記されるのが初見である。進上の時期は、大体十月か、その翌月である。ただ後土御門朝の明応七年（一四九八）を最後に武田氏のふりこ進上の確実な記載はなくなる。数量は文明九年、同十八年の例などいずれも一桶である。この「ふりこ」は「振海鼠」と書かれるナマコの加工品とみられる。若狭武田氏の進上とみていいだろう[12]。

⑦ゆきの御まな

初見は文明九年十一月十六日条で「たけたまいらするとて、ゆきの御まなすへよりまいる」と記される。たんに「ゆき」ともいわれる。「はつゆき」という表現もあり（文明十八年の事例など）、初物である。十月ころから十一月を中心として進上される。後土御門朝は毎年のように進上記事があるが、明応七年（一四九八）を最後として以後見えなくなる。

この「ゆきの御まな」は鱈のことである。鱈の産地は北陸地方や丹後・但馬など北海（日本海）に限られる（『本朝食鑑』）。したがって進上主体の「たけた」は若狭武田氏とみてよい。容器は折であり、いずれも一折進上されている（長享二年、延徳元年）。文明十四年（一四八二）の場合、十月十四日に初物の「ゆきの御まな」が進上され、また暮れの十二月二十八日の進物に「ゆき五」が進上されている。恐らく初物は塩鱈で、歳末のものは棒鱈のような加工がなされたものであろう。鱈は魚体が大きく、戦国期若狭地方でとれた魚のうち「大はまち」と並んで最も高価な魚種だった[13]。

以上、季節ごとに進上されたものを列挙したが、初物が多く見られた。進上記事がそれぞれについて年に一度だけ記されること、数量が記されないか、もしくは一を単位とするごく少ないものであることなどからもそうみられる。特に秋季の鮭・雁・椎については、数日を隔てて別々に進上されたケースがあり、それらを進上すること自体にそれぞれ独自の意味があったと考えられる。初物とは前述の小浜藩主酒井忠勝の初鮭進上に見られたように、各大名の支配領域で獲得されたその年最初の獲物や収穫物であって、これを主家に進上することは特別の意味を持ったのである。またこれらの季節的進物は、雁や鱈のように比較的高価な物もあるが、必ずしも特に珍しいものではなく[14]、いずれも季節を象徴する山野河海の産物である。『お湯殿の上の日記』の正親町朝永禄四年（一五六一）八月二十日条に「わかさたけ田よりくにしつかなるとて、はつさけまいる」と記されており、初鮭の進上は武田氏の分国である若狭国の静謐を禁裏に報告する意味があったことが明示される（この記事の背景には武田氏の内紛の平定があった）。初物を始めとする季節ごとの進物は若狭武田氏の国持大名としての領域支配を象徴するものとしての意味を持っていたのである。

（２）歳暮・年始美物等の進上

後土御門朝に歳末に武田氏が「御まな」もしくは「ひふつ」を三色もしくは二色進上した記事が『お湯殿の上の日記』にしばしば見られる。この美物《びぶつ》は動物性食品を中心とする高級食材のことで、「御まな」も同義である。文明十四年十二月二十八日の禁裏の精進解[15]に進上されたものは、恐らく歳暮美物としての意味を兼ねていたと思われるので引用すると、「たけたまいらするとて、すゑよりかん二、かいあわ一折、ゆき五まいる」と記される。雁、鮑（あわび、当時蚫と書く例が多い）、鱈などの美物が進上されている。次の後柏原朝では、『後柏原院御記』永正九年（一五一二）正月三日条に「武田歳暮美物三種之内、先二種今日進上」と記されており、若狭守護武田元信が歳暮美物三種を禁裏に進上すべきであったが、年を越して翌年正月三日にその内の二種を進上したことがわかる。
また『お湯殿の上の日記』の文明十年正月十八日条、同十九年（一四八七）二月八日条などの御まな進上は、それぞれすでにその前年の暮れに歳暮進上がなされているから、あるいは年始の進上とも思われる。正親町朝の永禄三年（一五六〇）二月二日条には、「わかさのたけたよりかん一、御ひら十、かいあわひ卅、ねんしのまいる」と記されており、雁、鯛、鮑が年始として進上された。

その他禁裏の代始に伴い、精進解に美物を進上することが武田氏の例となっていたらしい。後柏原朝の初めの時期の、わずかに残っている『お湯殿の上の日記』の記事の中で、明応九年（一五〇〇）十二月二十四日条に「たけたひふつ三色まいらするとて、すへよりまいる、御しやうしんとけに、女中御てうし斗御申あり、五こんまいる、めでたし」と記される。その前日に故後土御門院七々日の仏事が終了して後柏原天皇が常御所に還御された。そしてこの日、酒宴がなされ、この日のために美物進上がなされたのである。同様に後奈良朝の初めの大永六年十月五日には「たけた御しやうしんとけのひふつ五色しん上する、これは五月するにまいるへきことを、と丶かぬ事にていままいる」という記事がある。同年の五月二十七日に盛大な精進解がなされており、恐らく武田氏はこのころ美物を進上すべきであったが、遅延して十月に至ったのであろう。このように代始に伴って精進解の美物を三色ないし五色進上することがあった。これらの「たけた」も前掲の後土御門朝や後柏原朝の記事に「すへよりまいる」と記され、禁裏の食材を管理した御末を介して進上していることからみて若狭武田氏のことを指して言っていると解釈される。

この歳暮から年始は年中行事の集中する時期である。その宴会の食材を提供するという合理的な解釈もできるが、本来は年の節目の祝儀としての意味を持つものであり、禁裏の代始の進上も本来的には主家に対する祝儀性を持つものであろう。

（３）その他の進物

以上列記した初物などの季節的進物のほかに、水産物を中心とした武田氏の進物が後土御門朝の記事に見られる。一方、後奈良朝以降になると進物は定型的となり、あまり変わったものは少なくなる。後土御門朝の進上として、まず貝類があげられる。初見は文明九年六月十九日条で「たけたいきたるかひまいらせらる」と記され、明応四年（一四九五）以降にも六月を中心として「いきかひ」の進上が何度か記されている。明応八年（一四九九）六月二十五日条には「たけたけさいきかひ・さゝいまいらする」と記される。「けさ」と進上の時間を表現したことに注目される。やや後の正親町朝の永禄二年（一五五九）正月五日条には「たけたせいほうのひふつまいる、御ひら十まい・かん一、よころまいる」と記され、前年の歳暮美物が翌年の正月になって届けられているが、「よころ」になって届けられたという。朝・夜を問わず美物が進上されている。鮮度のこともあり、一刻も早く届けられたのであろう。なおこの「いきかひ」は季節からみて鮑と思われる。次に海老の進上は明応五年（一四九六）と六年の二例見られる（以下表１参照）。蟹の進上は明応六年に「かさ」（がざみ、ワタリガニ）進上の事例がある。文明十九年四月十八日条には「たけたはまあふりまいらする」と浜焼きの鯛を進上したことが見える。また長享二年（一四八八）六月六日条に「たけたまいらするとて、すゑよりかいさう一折まいる」と記されており、その前後に海松進上の記事が別にあるから、恐らくこれは海松以外の海藻が進上されたと思われる。その他、明応八年には醤一桶の進上が見える。以上海産魚介類等についてまとめたが、『お湯殿の上の日記』の本文には直接的に記されていないが、進物の内容からみてこれらすべてを若狭武田氏の進上とみなしてさしつかえないと思う。一方、川魚では鮎と鯉が一例づつ見える。まず文明十年九月十日条に「あゆたけたまいらするとて、するよりまいる」と記される。御末を通じて進上されたことからみて若狭武田氏の進上と判断される。また、文明十六年六月三日条には「たけたまいらするとて、みん部卿よりこもしまいる」と後土御門天皇の近臣白川忠富を通じて鯉が進上されている。しかし若狭武田氏の鯉進上は例がなく、また白川忠富を介した理由も充分に説明されないので、この記事が若狭武田氏の進上かどうかは保留される。

以上のように初物や季節の食材以外にも、随時水産物を中心とした進上がなされた。最後に、禁裏に対する諸家の進上の通例として、様々な御礼進上があるが、若狭武田氏の場合、『お湯殿の上の日記』の記事には前述の歳暮・年始を除くと、御礼と明記される事例は少ない。天文五年（一五三六）四月二十四日に武田元光が後奈良天皇の御即位御礼として美物五色を進上した例があり、また天文三年（一五三四）閏正月二十二日の十合・十荷進上も何らかの御礼の可能性がある。武田氏の場合当時一般に行われた銭貨による御礼進上が見られず、美物を御礼として進上している点に特色がよくうかがわれる。

二、越前朝倉氏・能登畠山氏の禁裏への進上

以上のような若狭武田氏の禁裏への進上の歴史的意義について、越前朝倉氏や能登畠山氏など北陸地域の他の大名との比較を通じて検討する。まず越前朝倉氏は初代朝倉孝景のとき守護斯波氏に代わって実質的な越前国の支配権を獲得し、その後五代にわたって越前を支配した。禁裏と直接の関係を持つに至ったのは二代当主朝倉氏景の最晩年の

表2　越前朝倉氏の進上

年	月・日	進　物（事由）
享禄 4	10・10	二千疋（上人号御礼）
天文 4	11・ 1	万疋（御即位事）
天文10	8・22	御たち・三千疋（気比遷宮御礼）
天文12	9・ 4	くゝゐ二は
天文17	9・ 9	御たち・三千疋（代替御礼）
天文18	8・26	御れゐ五千疋
天文20	12・30	ことしの御れいとて千疋
弘治 2	12・ 9	御なか十は
永禄元	9・16	万疋
永禄 3	3・ 1	としとしの御れい千疋
	11・ 7	十かう・十□千疋（四品・姓御礼）
永禄 5	9・16	御たるの代千疋（赤淵大明神縁起外題御礼）

注『お湯殿の上の日記』の所見を記した。

文明十八年に禁裏御料所河合庄の代官を命ぜられ、後土御門天皇から太刀を下されて御礼一万疋（銭百貫文）を進上したのがきっかけである。三代朝倉貞景は文亀元年（一五〇一）後柏原天皇の代始御礼の進上と河合庄の年貢加増を命じられたが、これには応じなかった。ただ幕府から賦課された分の御即位段銭は完納した。その後貞景は任官御礼の太刀・三千疋や故後土御門院の仏事料三千疋を進上した。後柏原天皇の御即位は財政難により遅延していたが、永正七年（一五一〇）幕府の命により貞景はその費用五万疋を京都に送った。朝倉氏は四代孝景の代になってようやく主体的に『お湯殿の上の日記』に登場するようになり、享禄二年（一五二九）三月十三日条に越前国内の三昧（葬送地）開設許可の綸旨を申請して勅許された記事がある。その後朝倉氏の進物や代銭の進上が具体的に『お湯殿の上の日記』に記載される事例を表2にまとめた。ほとんどが特定の事由による礼銭や出銭の進上である。天文十七年（一五四八）四代朝倉孝景から五代朝倉延景（義景）へ代替りするとその御礼進上を契機としてその後毎年のように礼銭が進上されるようになった。永禄元年（一五五八）に一万疋の銭が進上されているのは、正親町天皇の代始の御礼とみられる。物としての進物は、天文十二年の「く、ゐ二は」すなわち白鳥二羽、弘治二年（一五五六）の「御なか十は」すなわち綿十把の二例にすぎない。朝倉氏の禁裏への進上は上人号、気比社遷宮、官位・姓、外題染筆などの返礼が中心であり、また最後の当主朝倉義景の代には年々の御礼として千疋（銭十貫文）の進上がなされることもあった。

加賀富樫氏は南北朝期に守護に抜擢され、室町中期一時守護職を斯波氏に代えられたこともあったが、再び守護となる。その後も加賀守護・同半国守護だったが、『お湯殿の上の日記』には進上記事が見当たらない。なお戦国末期加賀国を支配した本願寺は、天文五年以降毎年十合十荷の御礼を進上しているが、これは本願寺が勅願所であることによる(16)。

能登は南北朝期に管領畠山氏の分国のひとつとなる。管領畠山基国の子満慶（管領畠山満家の弟）は能登守護職を継ぎ、以後この系統が代々守護となったので能登畠山氏と呼ばれる。『お湯殿の上の日記』における能登畠山氏の進上の初見は、後土御門朝末期の明応六年（一四九七）十一月六日条の次の記事である。

のとのしゆこおと、御まな三色まいらする、

当時の能登守護は畠山義元で、その弟慶致が三種の美物を禁裏に進上した(17)。その後、能登畠山氏全盛時代の義総の代には定型的な進上記事が見られる（表3参照）。後奈良朝の享禄二年（一五二九）から能登畠山氏は、ほぼ毎年美物三色、もしくは五色を進上している。その時季は大体五月か六月であり、天文十年（一五四一）以降は七月や八月にずれ込むこともあった。三色の内容ははっきりしないが、天文四年の五月二十六日や天文十一年の進上事例から類推

表3　能登畠山氏の進上

年	月・日	進　物（事由）
明応 6	11・ 6	御まな三色
享禄 2	10・14	ひふつ五色
享禄 3	3・30	ひふつ五色
	6・18	五千疋（薫物法御礼）
享禄 4	5・ 7	ひふつ三色
天文 2	6・13	ひふつ三色
天文 3	6・ 3	ひふつ三色
	10・ 4	ひふつ色々
天文 4	5・26	くゝゐ・せわた卅・しほひき五
	7・21	御たるの代千疋（任官申請）
	8・18	せもしのおけ五十▲
天文 5	3・ 1	御たち・御馬代三百疋（四品御礼）
	6・20	ひふつ五色・御たるの代千疋（蘭奢待御礼）
天文 6	5・20	ひふつ三色
天文 7	6・15	としとしのひふつ三色
天文 8	6・ 1	ひふつ三色▲
天文 9	6・11	ひふつ三色▲
天文10	7・ 1	ひふつ
天文11	6・ 5	しほひき十しやく・せわた五十おけ・のもしのはこ二
天文12	7・25	としとしのひふつ
天文14	8・ 6	としとしのひふつ▲
天文17	7・ 2	としとしのひふつ三色▲

注『お湯殿の上の日記』の能登守護の所見による。
▲「のとより」とのみ表記されるもの。

すると、塩引や背腸を含むものと考えられる。その数量は塩引は五尺か十尺、背腸は三十桶か五十桶という多数である。それ以外に官位や名香の授与などに伴う礼銭や美物の進上が数例見られる。

このように能登畠山氏の場合、年に一回、三種類の美物の進上が定型的な進上であり、比較的規則的になされたことがわかる。しかしこうした進上も畠山義総の代まで安定して続いたが、天文十四年（一五四五）七月十二日義総が没した後は、義続の代の天文十七年を最後に途絶えてしまい、一族・家臣の内紛により能登畠山氏の禁裏への進上は以後全く見られなくなる。

以上、越前と能登の有力大名の進上事例を簡単に紹介した。越中以遠については、日常的な進上があまり見られないのでここでは取り上げなかった。年間の進上回数といい、進物の内容といい、継続された年代といい、若狭武田氏は他の大名と全く異なっている。全国的にみても、これらの北陸地域の大名のように進上を通じて禁裏と恒常的な結びつきを持った大名は必ずしも多くないが、尾張織田氏、美濃土岐氏や、いわゆる三国司とその一族、西国の雄大内・大友両氏、その他辺境の武士などにも禁裏に対する種々の進上が見られた。奥野高廣氏はこのような武士の活動について「戦国時代の皇室翼賛の事蹟」として取り上げ、若狭武田氏について「而して同氏の勤皇は小浜の御代官であった事によるものかと思はれる」と示唆している。[18] 若狭武田氏は禁裏供御料所小浜の代官を務め、その月宛を納めた。月宛とは毎月供御（米）の代銭を納めることで、当時月額三千疋（三十貫文）であった。戦国期荘園からの収入が減少する中で小浜の月宛の納入状況は比較的良好とされ、[19] 例えば越前朝倉氏が国内の禁裏御料所河合庄の年貢を三千疋という低額に押えたことと比べると、武田氏の禁裏に対する奉仕の姿勢が認められる。北陸地域にはこうした禁裏御料所が各国に分布し、禁裏は戦国期も比較的安定した収入を得た。能登についても能登守護が代官を務めた年貢一万疋の禁裏御料所一青庄があった。[20] 越前朝倉氏も河合庄の代官として一応三千疋の年貢は送り続けた。こうした禁裏御料所の代官職をひとつの背景として諸大名は禁裏に対する進上を行った。ただ前節までに詳しく検討した若狭武田氏の禁裏に対する季節的な進物は、量的・質的にみてあまりにも僅少であり、禁裏御料所小浜など特定の所領に対する賦課とみるのは難しいのではなかろうか。例えば同じ若狭国の禁裏御料所上吉田庄でも代官が美物を進上している。上吉田庄は小浜の東方約十二キロメートルに位置する現福井県若狭町上吉田にあった禁裏御料所で、三千疋の年貢（公用銭）を納めた。『お湯殿の上の日記』によれば、武田氏の家臣で代官の松宮氏は年始の美物として鰑五連を、また歳暮の美物として小鯛三十を禁裏に進上している。[21] こうした進物には送状と書状が付されており、『お湯殿の上の日記』永禄二年十二月二十八日条に「かみよし田御れう所のおくりしやうは、名乗隆長、うら書に松宮大蔵丞とあり、小鯛卅まいる、文には清長と名乗あり、うらに松宮玄番允とあり（中略）かみよし田よりの小鯛は、せいほのなり」と記録される。これらの美物は上吉田庄の年貢の一部であった可能性が強い。しかし武田氏の季節による進上は、むしろ若狭一国の支配者としての初物進上儀礼として理解されるべきものと思われる。そもそも、この時期禁裏に初物を進上するのは、武家では将軍と若狭武田氏だけである。こうしたことにも武田氏の特異な性格がうかがえる。

三、幕府における北陸大名の進上

さて、諸大名が帰属している幕府における主従関係を具体的に示すものとして、毎年くりかえされる正月元日を始めとする多数の年中行事に伴う諸臣の参仕、対面、進上、拝領等が注目される。これらの条項について、どの家柄の大名がどの日にどのように参加するのかを記した故実書が室町後期作られた。そのうち武田氏や朝倉氏の進上について特に記されているものに、伊勢貞遠が作って足利義稙の代の永正十三年（一五一六）から同十八年（一五二一）までの例を書き加えた『殿中申次記』と戦国期の天文十二、三年（一五四三、四四）ころまでにまとめられた『年中恒例記』がある[22]。また幕府における実際の進物を日を逐って記した一年間の記録として『天文十四年日記』がある[23]。この三者を比べて、前述した北陸大名の幕府に対する進上について検討しよう。

まず『殿中申次記』では、例年七月九日に富樫次郎が梅染御服五を進上することになっている。また八月朔日の項に次のような記載がある。

禁裏様へ参
一初雁　一、例年進上之、　朝倉弾正左衛門尉
一初雁　一、例年進上之、　武田伊豆守
　何も式日ハ不定、

例年「朝倉弾正左衛門尉」と「武田伊豆守」が初雁を進上すると記載される。両者の官途からみて右の部分は永正十七年（一五二〇）前後の朝倉・武田両氏について記されたものと考えられる[24]。すなわち越前の朝倉孝景（四代）と若狭の武田元光が、それぞれ幕府に初雁一を進上するという意味である。また同書の十月三日の項には武田大膳大夫が初鱈三を進上することになっている。この大膳大夫は、恐らく元光の父の元信のことで、元信は永正十六年十一月に剃髪して出家しているから、永正十六年以前の武田元信の代に初鱈進上が行われていたことを示す。これらによれば、武田氏は初物の雁と鱈を幕府に進上していたのである。そして前掲部分の注記「禁裏様へ参」は、朝倉氏が初雁を禁裏に進上した事実がないので、その次の行の武田氏の初雁進上にかかるものと思われる。武田氏の禁裏への初雁進上は、幕府への進上と密接に関連するものであったことが想定される。

次にやや時代が下る『年中恒例記』においては、その二月二十四日の項に前述のように幕府に武田氏がいさざを進

上することが見え、また同項に年始御礼として能登畠山氏が美物を、朝倉氏が美物と銭三千疋を進上することが見える。そして以下列記すると、五月六日武田氏が海松を進上すること、六月朔日富樫氏が梅染帷三寸を進上すること、八月十五日武田氏と朝倉氏が初雁と初鮭を進上すること、九月朔日武田大膳大夫が枝椎一折を進上すること、十二月能登守護が初海鼠腸を、朝倉氏が絹二十疋・綿三十把を進上することなどが記される。これらは幕府における年中恒例の進上である。いくつかは初物進上である。そして八月十五日の若狭武田氏の初雁と初鮭進上の項には、「則禁裏江御進上之（下略）」と注記される。若狭武田氏の初物のいくつかが禁裏へも進上されることが恒例とされる。

こうした故実書に見える若狭武田氏の室町幕府に対する進上を他の記録で確かめることができる材料は少ないが、『天文十四年日記』には、幕府に二月二十四日武田伊豆守が「鯨一桶」[25]を進上し、六月十二日同人が「海松一折」を進上し、九月十三日に朝倉弾正左衛門入道が初鱈二を進上し、同十八日に武田伊豆守が椎一折を進上したことが記されている。これらの故実書や記録によれば、前に検討した武田氏の禁裏への季節的進物の大部分は、幕府に対しても進上されていると考えられるのである。

また能登畠山氏についてみると、幕府内談衆大館常興が調進した足利義晴の御内書の引付『御内書案』によれば、天文五、六、七年（一五三六、三七、三八）に次のような御内書が畠山義総に宛てて出されている。[26]

為年始之祝儀、太刀一腰・白鳥・海鼠腸到来、目出度候、猶常興可申候也、

（天文五年）
六月十八日　　御判

畠山修理大夫入道とのへ

為年始之祝儀、太刀一腰・白鳥・海鼠腸到来、目出度候、猶常興可申候也、

五月廿二日（天文六年）　御判
　畠山修理大夫入道とのへ

為年始之祝儀、太刀一腰・白鳥一・海鼠腸百桶到来、目出度候、猶常興可申候也、
六月廿五日（天文七年）　御判
　畠山修理大夫入道とのへ

これは能登守護畠山義総が、年始の祝儀を足利義晴に進上したことに対する返礼の御内書である。『年中恒例記』においては、二月二十四日ころに能登畠山氏が年始の御礼を幕府に進上することになっているが、このころ毎年著しく遅延している。この御内書の各年の日付と表3の禁裏に対する美物進上の各年の日付を比べると、畠山義総は毎年大体同じような時期に幕府と禁裏にそれぞれ年始の祝儀と美物を進上していることがわかる。またその後の天文十七年の事例をみると、七月二日に畠山義続が禁裏に美物三色を進上しているが、『証如上人日記』によれば、その翌日の七月三日に義続は本願寺証如に対して背腸三十桶と塩引五尺を当年礼として贈っている。恐らく畠山義続の年始御礼進上の使者が、幕府や禁裏に参上した後に大坂へ回ったのであろう。以上のように公武と諸権門に対する御礼進上は連動している。

そうしてみると、『お湯殿の上の日記』によれば、若狭武田氏は禁裏にだけくりかえし進上を行っていたようにみられるが、実は幕府にも進上されており、そのことは武田氏が室町幕府の年中行事の体系に属していたことを示している。

おわりに

以上述べた禁裏における若狭武田氏の初物進上や幕府の年中行事故実書に記された美物の進上は、量的には僅少なものであり、実際にはこれ以外の頻繁な公武の宴会用美物などの供出が多かったと思われる。ただその場合は自発的な進上ではなく、むしろ守護役や守護出銭と同義と考えられる。天皇の代始御礼や御即位用途の進上もそうであろう。「国をもち候へは、御れう所候ハすとも、かいふんの御れいハ申候はんする事にて候」という越前朝倉氏に対する禁裏の要求は当時の国家観をよく言い表しており、武田氏の進上が国持大名の責務でもあったことを暗示している（『宣胤卿記』永正元年十二月九日条女房奉書）。なお、これらの本質を明らかにするためには、禁裏・幕府への進上の契機や相互関係をより具体的に明らかにしなければならないが、今後の課題としたい。

註

（1）米原正義『戦国武士と文芸の研究』四六五ページ、桜楓社、一九七六年。

（2）水藤真「武田氏の若狭支配―武田氏関係文書・売券の検討から―」『国立歴史民俗博物館研究報告』第二集、一九八三年。河村昭一「戦国大名の買地安堵について―若狭武田氏を中心に―」『兵庫教育大学研究紀要　第二分冊　言語系教育・社会系教育・芸術系教育』五、一九八四年。笹木康平「戦国期畿内政治史と若狭武田氏の在京」『日本歴史』第七六八号、二〇一二年。

（3）筆者はかつて奥羽大名の室町幕府に対する御礼進上について論じた。佐藤圭「御礼進上にみる奥羽大名と室町幕府」『秋大史学』第四三号、一九九七年。

（4）『お湯殿の上の日記』の本文は、続群書類従完成会発行の『御ゆとの、上日記』巻一～巻十、一九三二～三四年、ならびに同会発行の『続群書類従補遺三　お湯殿の上の日記（十一）』、一九六六年によった。なおこれらに収められた部分の『お湯殿の上の日記』の索引は、小高恭編『お湯殿の上の日記　主要語彙索引』岩田書院、一九九七年参照。

（5）『大日本史料第八編之九』三六二ページ、同第八編之三十四、六七ページなど。

（6）すでに春田直紀氏は、若狭武田氏の美物進上について『お湯殿の上の日記』にふれているが、史料としての取り上げ方はごく部分的で検討の余地がある。なお同氏は若狭武田氏関係史料として三条西実隆の日記『実隆公記』と歌集『再昌草』に現れる武田氏や家臣の進上を全面的に取り上げて論じている。春田直紀「中世後半における生鮮海産物の供給＝若狭国御賀尾浦の美物を中心に＝」『小浜市史紀要』第六輯、一九八七年。

（7）杉原丈夫・松原信之編『越前若狭地誌叢書』下、一五九、三二六ページ、松見文庫、一九七三年。

（8）吉中禮二『若越おさかな食文化誌』三四ページ、福井新聞社、二〇〇七年。

（9）「安倍伊右衛門家文書」弘安二年三月日若狭国志積浦地頭分年貢魚塩等注進状『福井県史資料編9中・近世七』五ページ、福井県、一九九〇年。

（10）「酒井忠勝書下」『小浜市史　藩政史料編一』一三六ページ、小浜市役所、一九八三年。

（11）小浜市教育委員会『史跡後瀬山城跡保存管理計画書』六二ページ、小浜市、二〇〇〇年。

（12）小浜市の「長井健一家文書」に文明十一年十二月三十日付の政所代蜷川親元の美物請取状があり、鵠一・鯛拾・塩引弐・貝鮑一折・振海鼠一桶が幕府に進上されている。進上の主体は明らかでないが、北陸地域の大名の可能性が強い。『福井県史資料編9中・近世七』四二一ページ、福井県、一九九〇年。その他幕府に振海鼠を進上している例として伊勢貞宗、浦上則宗らがある。

（13）『福井県史通史編2中世』七八三ページ、表51若狭の魚介類の種類と単価。福井県、一九九四年。
『親元日記』文明十三年二月二十五日条、文明十五年正月八日条。

（14）『山科家礼記』文明十三年正月二十六日条所載の応永二年（一三九五）閏七月十四日付朽木口関率分注文に、かいそう（海藻）、うを（魚）、しいし（椎子）、鳥などの荷駄・歩荷の率分が記される。これらの食材が若狭方面から朽木を通って京都にもたらされた主な商品の内であったことがわかる。武田氏の進物もこの部類に入る。
(15) 当時の料理は動物性食品を中心とする魚鳥料理と植物性食品のみの精進料理があり、六斎日や忌日、受戒、神事などの場合は精進料理に限定された。この精進が明けると精進解と称して魚鳥を中心とする美物を盛大に賞味することが常だった。
(16) 『砂厳』永正十三年二月二十六日綸旨、『大日本史料第九編之六』二一四ページ。『お湯殿の上の日記』永禄九年正月二十四日条。
(17) 東四柳史明「能登畠山氏家督についての再検討」『国学院雑誌』第七十三巻第七号、一九七二年。
(18) 奥野高廣『皇室御経済史の研究』後篇一四九ページ、中央公論社、一九四四年。
(19) 奥野高廣『皇室御経済史の研究』一三八ページ、畝傍書房、一九四二年。
(20) 奥野氏前掲書一二五ページ。
(21) 『お湯殿の上の日記』永禄三年十二月二十七日条、同七年三月二十四日条など。
(22) それぞれ『群書類従』第二十二輯、『続群書類従』第二十三輯下所収。
(23) 「大館常興日記（三）」として『ビブリア』七六に紹介、翻刻される。一九八一年。
(24) 三代朝倉貞景は永正九年（一五一二）三月二十五日に弾正左衛門尉の官途で急死したが、当時の若狭武田氏の当主は大膳大夫元信であり、この「朝倉弾正左衛門尉」は四代朝倉孝景とみられる。彼のこの官途は『永正十三年八月記』で確認される。一方、武田元信の子元光は永正十七年十二月二十五日に若狭守護として神宮寺に当知行安堵の判物を発給し、その署名に伊豆守の官途が見える。「神宮寺文書」『福井県史資料編9中・近世七』三一六ページ、福井県、一九九〇年。
(25) この本文について『後鑑』同日条所収「大館日記」は「鱗一桶」に作る。いずれの字も解釈できず、写し誤りがあるようである。恐らくこの日の記事は武田氏の白魚進上を示すものであろう。
(26) 『大館記』三、『ビブリア』八〇号、一九八三年。またほぼ同文の史料が『後鑑』にも収められている。

Ⅳ　戦国大名若狭武田氏の買得地安堵

松浦義則

はじめに

戦国大名は一種の「公権力」として権力を集中することを課題としていた。むろん大名によってその実現の程度はさまざまであったし、その方法もまた多様な形態をとった。その形態のひとつに戦国大名による買得地安堵がある。戦国大名による買得地安堵に関しては、その後の研究に大きな影響を与えた藤木久志氏の伊達氏についての論考(1)がある。藤木氏によれば、農民の抵抗にもとづく領主制の動揺が家臣の土地売買を盛んにしており、大名伊達氏は家臣の買得地を安堵することにより、家臣知行地を掌握し、軍役高を把握した。藤木氏のこの論は大名による家臣団の再編成として買得地の安堵がおこなわれたとするところに特徴がある。

目を北陸地域に転じると、特に若狭において土地売券が多く、戦国大名武田氏による買得地安堵状も見られる。若狭における中世の土地売買については、藤井譲治氏(2)が売買の内容を加地子（内徳）であるとし、買得地の保証のありかたをも問題にして、最初の研究をされている。ついで水藤真氏(3)が売券に見える売価や罪科文言などについて言及され、さらに河村昭一氏(4)は武田氏の買得地安堵を正面から取りあげて、その性格を究明され、最近では野澤隆一氏(5)も若狭の売券のいくつかを取りあげられている。

これら若狭を対象とした研究では、伊達氏の場合と違って、今日伝えられている史料が寺社文書を中心とするため、大名家臣団の編成の問題としては論じにくいという共通点がある。そのなかで河村氏は武田氏の買得地安堵が知行制を進めるものであったとするが、それも「受動的」「結果的」な性格を持ったものであったとされている。このことから、若狭においては買得地安堵は大名の知行制の観点から取りあげる前に、まずは売買された内徳の保証のありかたとして検討する必要があると思われる。

若狭における土地売買の状況や、武田氏安堵状のリストなどは既に河村氏の論考に詳述されているので、小稿ではそれらの記述は省略する。小稿はこれまで先学が取りあげなかった武田氏安堵状の論理と、それが買得地保証として持つ歴史的性格を論じてみたいと思う。

一、補任状

戦国大名武田氏の買得地安堵状は永正一〇年（一五一三）武田元信によっておこなわれた安堵状[6]を初見とする（神宮寺文書二七号[7]）。この武田氏安堵状を検討する前に、それ以前には買得地は何によって保証されていたかを考えておく必要がある。この点については既に河村氏が領主の補任状・宛行状が買得地の安堵の機能を果していたことを明かにされている。ここで「領主」というのは武田氏領国制下の史料上の表現で、荘郷の半済方や本所方などの一定の荘園制的領域を支配し、本年貢を収取している者を指し、幕府料所などを除けば、彼ら領主は通常武田氏の家臣であった。河村氏によれば、こうした領主がその支配領内の買得地を安堵するために発した補任状・宛行状は明応七年（一四九八）以来一四点伝わっており、武田氏の買得地安堵状が出されるようになった後も、武田氏安堵状と並存して天文一五年（一五四六）まで見られる。これに関して河村氏は、領主支配下の土豪などが買得地安堵を直接武田氏から受けようとする動きがあり、武田氏もこれに対応して安堵状を発したから、武田氏安堵状は領主（家臣）の支配権を次第に侵蝕しつつあったと捉えることができるとされている。

この河村氏の論は大名支配権と領主（家臣）支配権の重層性とその克服を買得地安堵に即して解明されたものということができる。氏は領主の補任状・宛行状を「封建領主権を直截に表現する形式」を持つ安堵とし、武田氏の安堵と質的に変らないものとされているが、やはり補任状という形式には検討すべき問題が含まれていると思われるので、以下で若干の検討を試みたい。(8)

補任状のなかには、売却者と補任する者が同一人の場合がある。大永四年（一五二四）に遠敷郡太良荘半済方内の一反の地を売却した山県勝政の売券には、

右彼下地者、依有用要、除諸役、直銭拾壱貫文ニ売渡申所実正也、（中略）然上者為此売券補住《（任）》、永代知行不可有相違者也、仍為後証売券状如件、

とあり、山県勝政の売券は同時に補任状の役割を兼ねていた（高鳥甚兵衛家文書一四号）。また永正三年（一五〇六）四月一一日に遠敷郡賀茂荘半済方の領主白井伊胤は賀茂荘半済一円散田五反半を三郎五郎に売却したが、その売券には、

雖然於後日違乱煩申者出来候者、此以証文　御屋形様之御前にて盗人可有御成敗候、

とあり（西福寺文書四号）、この売却地に違乱があれば、「御屋形様」すなわち武田氏の裁判を受けるべきことを明記している。更に白井伊胤はこの売券に加えて同日付で、買得者の三郎五郎に次のような補任状を与えている（同五号）。

（端裏書）「白井八郎治郎伊胤」
宛行半済一円散田之事
合五段半者
右彼田地者、売券相副令補任訖、本役段銭任売券旨、可致取沙汰者也、仍宛状如件、
永正参年丙寅四月十一日　伊胤（花押）
三郎五郎殿

三郎五郎の買得地は売券と武田氏裁判によって保証を十分期待しうるにもかかわらず、なぜ伊胤の補任状が必要とされるのであろうか。これまでの研究でこの問題が取りあげられなかったのは、武田氏支配下において売券と補任状のそれぞれの法的性格を示す史料が伝わっていなかったためと考えられ、小稿もこの限界を越えることができず、やや観念的な検討にならざるを得ないが、次の事例をもとに考えてみよう。

文明一七年（一四八五）に遠敷郡明通寺の日光坊昌範はその置文のなかで次のように述べている（明通寺文書八四号）。昌範は遠敷郡宮川保の八室という地に隠居所として御影堂を建てていたが、日光坊を祈願所とする白井民部がこの堂を持仏堂にしたいと懇望したので譲渡した。ところが「上杉殿より御とかめ候事、国方之奉行を引入候て、かひ（雅意）に御影堂をこほし取候」とあるように、宮川保の領主であった「上杉殿」はこの御影堂を破却し撤去した。そこ

で白井民部は同じ八室の地の観音堂を買得し、昌範に寄進した。この時のことを昌範は置文のなかで次のように記している。

一、白井殿やうしん《用心》にハ、買得候者補任之取候へと可承候歟、其時ハ御礼ヲ中補任ヲ取、身之方より寄進状ヲ相副、日光坊エ可不進（マヽ）候由候つる、其以後者、宮川より補任之無沙汰モ候、

これによれば、買得したときに補任状を取ることは既に文明年間には一般化していたことがわかる(9)。その補任状は何のために必要かというと「やうしん」のためであり、この「やうしん」は右の御影堂破却の経過から考えて、この地の領主上杉殿（宮川殿）に対するものであったと判断される。この意味で、補任状は売買契約が正当であるということを売券にもとづいて法的に保証することを直接の目的とするものではなく、該当地の知行権を付与するという性格を持つ。そもそも補任とは中田薫氏によれば「土地用益権の宛行若くは恩給」であって(10)、単なる事実の確認ではない。実際問題として言えば、一般的に安堵も補任も買得・寄進・相伝などの事実を前提としておこなわれる。しかし安堵には知行という事実が前提として不可欠であるのに対し、補任はそれを不可欠の条件とせず、代りに補任者の主観的意志が働く。しかもこの補任者の主観的意志とは、補任が「恩給」とされるように、補任者と被補任者との間に特定の人的関係を作り出そうとする意志なのである。

このように考えれば、補任状は中世的所有における人と物という物的側面と、人と人との人的側面という二側面のうち人的側面に関するものだということができる。中世的所有のこの二側面をそれぞれ物的性格と人的性格として把握した山田渉氏(11)は、所有の人的性格こそが中世の土地所有における主要な、本質的な側面であるとし、具体的には笠松宏至氏(12)に従って、中世的所有観念の身分的性格（器用・非器用）、族縁的性格（本主権）、人（的）体系的性格（一旦

遷代の職）を指摘されている。笠松氏が「本券なし」の売券から、売券が作成されたとしても買主の権利が保証されない売買を推定し[13]、脇田晴子氏[14]が中世的所有の身分的性格を重視して、売買などにもとづく私有の権利が認められがたい中世社会では経済外的強制が私有を保証すると述べ、さらに死亡逃亡跡を地頭が没収している例に注目した伊藤喜良氏[15]が買得地についても所有は不安定であったとしているのは、それぞれ中世的所有の人的性格に注目されたものといえよう。

　中田薫氏によれば補任は「恩給」であったが、笠松氏によれば「一旦執務」の「遷代の職」に任じることである[16]。これは越前の例であるが、敦賀郡木崎郷内の四反の地の補任状を知足院から得た櫛川道通の行為について、この地を寺領とする敦賀郡西福寺浄鎮は宝徳四年（一四五二）の置文[17]のなかで、

　別相伝之上ハ、知足院坊主ノ補任無用にて候を、道通もんまう《（文盲）》なる間、四反補任を其存生の時とり候、是ハ破候て可捨候へ共、まつ此文書ニそへ置也、後々相構不可出也、

と述べている。ここに見える「別相伝」は笠松氏の指摘にあるように「遷代の職」の反対概念なのであり、補任状は「遷代の職」には必要であっても、「別相伝」には「無用」であることが明瞭に語られている。こうした補任状の性格から、補任者（領主）や被補任者が相続などによって交替した場合には先の補任状は無効であるという原則も生まれる。天文一二年（一五四三）に山県千世鶴が遠敷郡妙楽寺西蔵坊に母の買得地三反大を寄進するにあたり、「代々補任与三通」を添えているように（妙楽寺文書一二号）、補任状は代々出されるものであった。

　このように若狭においては買得地は人と人との関係として承認される必要があった。その場合注目されるのは、この人と人との関係はその売買地について形成されている直接の職的重層関係そのものなのであって、そうした職的関

係を離れて、例えば一国を統治する大名と領国民との人的関係、あるいは寄親と寄子のような軍事組織内の人的関係にまでは及ぼされてはいないことである。考えてみれば、戦国大名武田氏が領国内の領主（家臣）の領主制を前提としている以上、それら領主の支配権（補任権）を武田氏は否定することはできない。このような意味で売買地はその土地の有する荘園制的属性を脱しておらず、[18]領主たちの支配権に結びつけられていたのである。換言すれば売買地は荘園法の制約を受けているのであり、普通法上の権利獲得行為である買得は荘園法上の補任行為を通じて、その物権としての効力を保証されるのである。

補任状の性格を右のように考えた上で、なお次の点が重要だと思う。それは売券があっても補任状がなければ法的に無力であるとは考えられておらず、人々の観念はあくまで売券を基本的なものとしていたことである。日光坊昌範置文に記されている考えかたは、補任状はあくまで「やうしん」のために取る二次的な文書であって、「其後宮川より補任之無沙汰モ候」という領主の補任がおこなわれていない状態であっても、買得地の所有に法的な欠陥があるとは捉えられてはいない。山田渉氏の提唱された「中世的文書主義」はこれに関連するものであって、氏によれば文書のみが「所有」の正当性を法的に立証するのであり、それゆえに中世は「文書のみで土地所有の正当性が証明される流動的な社会体制」だとされている。[19]山田氏のこの問題提起を受けた菅野文夫氏[20]は手継（新主に宛てた譲状・売券）と本券（それ以前の権原を示す文書）について、本券を獲得すれば権利を主張しうる文書フェティシズムが存在したが、武家や本所の裁判では権原（本券）ではなく、売買などの事実（手継）が重んじられていたとされる。また西谷地晴美氏[21]は相論や譲与・寄進の時に添えられる本証文とは補任状や下知状ではなく、相伝の由緒を示す譲状や売券そのものであったと指摘されている。この三氏に学べば、戦国期若狭にも「中世的文書主義」の観念が存在し、補任状に対立していたと言うことができよう。

しかし補任状と売券の対立と言っても、それは同一次元の対立にまで発展しているわけではなく、補任権にもとづく主張が現実であったのに対し、売券にもとづく主張はまだ観念にとどまっていた。武田氏領国下で売券と補任状の優劣をめぐる問題が史料に現われないのも、こうした背景があったものと思われる。買得地が売券に立脚して自らの権利を主張するためには、領主に体現されている荘園法的な制約を脱する必要があった。むろん売券があらゆる制約を脱して所有権を主張しうるとすれば、それはもはや中世的所有ではあり得ない。したがって売券にもとづく主張が荘園法を多少とも脱したとしても、現実には個々の荘園を越えた大名武田氏の法的秩序のなかに組み込まれていかざるを得ないであろう。

二、闕所と跡職給与

売券は荘園法と対立していたが、さらに荘園法以外の観念にもとづくとされる徳政とも対立していた。武田氏の領国では徳政がおこなわれており、武田氏による買得地安堵はこうした徳政をまぬがれるためにおこなわれたという学説も存在する。(22) そこで徳政と武田氏の買得地安堵との関係について簡単に検討しておきたい。

室町期において若狭で徳政一揆が何度か起こったことは周知の事実であるが、(23) 武田氏の買得地安堵状は室町期には見当らないので、室町期についてはさしあたり考察の対象外としてよいであろう。戦国期には享禄四年（一五三一）と天文二〇年（一五五一）に武田氏によって徳政令が出されている。(24) しかしこれらの徳政令では永代売却地は徳政の対象外とされていたと判断される。その理由としては、①徳政令の条文を具体的に知り得る天文二〇年令において「田畠山林質物并本物已下」は徳政の対象となるが、永代売却地については何らの規定がないこと、②享禄四年の徳政令によって「本物返」の地を取返したという例が一例知られるが（西福寺文書三三号）、永代売却地を徳政の対象としたという史料は存在しないこと、③武田氏の永代買得地安堵状には徳政を免除するというような文言は見えず、徳政との関連で問題とされているのは「借付米銭興行之頼子」（同三二号）、「以志施入米銭等、自然借付之儀」（万徳寺文書四号）、「金屋職商売銭」（芝田孫左衛門家文書六号）、「惣百姓等仁借付米銭并田畠質物之事」[25]とあるように貸付米銭と質物であったこと、④享禄四年九月一七日に武田氏家臣吉田三河守が徳政の対象となる質物の約月規定を幕府に尋ねていることから[26]、武田氏の徳政令は永代売却地を徳政の対象としない幕府法に準拠していたらしいこと、を挙げうる。神田千里氏[27]は戦国期の山城革島荘においては、幕府の権力により永代売却地の徳政は認められていなかったことを明らかにされている。また勝俣鎮夫氏[28]は天文二〇年（一五五一）の近江浅井氏の徳政令では、現実に耕作する「一職田畠」は永代売であっても五年以内の売却地であれば徳政の対象とするが、加地子得分の永代売は徳政の対象にならなかったと述べられている。若狭において武田氏が安堵した買得地はすべて永代売却地であり、かつ先学が述べられているように売買の内容はほぼ内徳（加地子得分）とみなしうるから、戦国期武田氏領国の徳政は革島荘や浅井氏領国と同様であったと考えられる。

戦国期における土地の永代売買の盛行は、もはや徳政によっては脅かされない程にまで買得地を安定的なものとし、永代買得による内徳の集積に一定の保証をもたらした。しかし他方で先述した領主との関係についてみれば、いうまでもなく領主の買得地に対する支配権の自然的消滅をもたらすものではない。武田氏の買得地安堵が始まる一六世紀には買得地をめぐる問題の争点はより明瞭なものとして表される。その争点については、武田氏が発した買得地安堵状中の文言によって知ることができる[29]。

（A）「万一為本主之由申、寄事於左右、雖及競望、不可能許容者也」、永正一〇年（一五一三）、神宮寺文書一七号。

（B）「縦雖有本名主職退転之儀、為新寄附之条、更不可有相違」、大永八年（一五二八）、西福寺文書二〇号。

（C）「領主改易、又者没収名職内、雖為抜地不可有相違事」、享禄五年（一五三二）、万徳寺文書四号。

（D）「万一号闕所之地類、又者就其領主等替目、各々依無判形、雖為競望、不可能許容者也」、天文八年（一五三九）、神宮寺文書四四号。

（E）「沽主雖有相違之儀、不可有異儀[30]」、天文二二年（一五五三）。

これらはいずれも買得地が「競望」「没収」される場合を想定し、その場合でも買得地が保護されることを武田氏が述べたものである。このうち（A）は一般的な意味で「本主」の「競望」を退けたものであるが、具体的にどのような場合に「競望」がなされるのかは明らかでないので、これは買得地保証のいわば総論とみなしうる。その他の場合についてみると、①「本名主職退転」「没収名職」のとき（B・C）、②「領主改易」「領主等替目」のとき（C・D）、③闕所とされたとき（D・E）に、それぞれ買得地に対する「競望」が生じることがわかる。注意しておくべきことは、これらは全く不法な違乱として想定されているのではなく、何らかの根拠にもとづいておこなわれる競望として考えられていることである。

まず比較的わかり易い①の名主職・名職についてみると、これは名の年貢・公事の負担者がそれを未進して退転し、名田を没収される場合を指し、このときには売却されていた名田も没収されるのが一般的であった[31]。つぎに③の闕所については、他の諸国と同じように闕所となると、その闕所処分を受けた者の売却地も闕所とされた。[32] 武田氏の例としては次の史料がある（羽賀寺文書二四号）。

> 就国富（遠敷郡）羽賀村姫宮禰宜逐電、彼跡職田畠闇田山林居屋敷屋内等、為闕所宛行膳行者也、万一彼散在之地類并沽却等在之者、聞出次第仁可領知、右条々為給所永知行不可有相違候、（中略）
>
> 天文十八 十二月十四日　　信豊（武田）（花押）
>
> 南部出雲守（膳行）殿

これによれば姫宮禰宜の跡職田畠が闕所とされると、「散在之地類并沽却等」も没収され、新給人に与えられたことがわかる。右に述べた①の没収名主職も広い意味では闕所と考えてよいから、①・③はともに闕所となれば売却地も没収されるという論理に含めてよかろう。残るは②の領主の改易・替目の場合であるが、これも闕所と密接に関連している。

②の史料（C・D）を見ると、競望をおこなう者として想定されているのは、この武田氏安堵時点での領主ではなくして、いずれも未来の新領主である。武田氏が安堵した地に対して、現在の領主が競望することは不当であることが当然のこととして前提とされていたのであろう。それに対して、未来の新領主の競望について特別の保証を買得者に与えているのは、新領主が買得地を没収しうるような権限を武田氏から認められている場合があったことを示している。これについては永禄五年（一五六二）に武田義統が白井勝胤に与えた丹後加佐郡内瓦林掃部助跡の例が参考となろう。この年に武田義統は白井勝胤に「丹後国加佐郡池之内瓦林掃部助跡職」を「新給私領」として与え、特に「下方」については「一円」に所務すべきことを認めている。[33] こののち白井勝胤に与えられた瓦林跡職について紛争

が生じた。義統の白井勝胤宛書状によれば、(34)

就加佐郡池内下方一円之内和賀名之儀、申趣得其意候、於此名者、瓦林跡職一円為新給申付候上者、任先判之旨永代可致知行候、殊先年於此段者相尋候処、就下方一円不相紛無別儀申付候上者、向後坂根久助其外誰々如何様之儀申掠者雖在之、不可能許容候、

と述べ、下方は一円に白井勝胤に給与したことを理由に、下方内の和賀名についての坂根久助の主張を退けている。坂根久助の主張の内容は不明であるが、坂根は和賀名の先知行者か買得者であったと推定される。(35)しかしそうした坂根の権利も「跡職」を「一円」に与えられた新給人によって否定されるのである。このような跡職一円給与は先述の姫宮禰宜跡職を闕所として給与するということと事実上は同じ内容とみなしうる。②の史料に想定されている未来の新領主とは、跡職一円給与を受けた者、もしくは跡職給与とは跡職一円給与のことであると主張する領主を指すものと思われる。

このように考えうるとすれば、右の①〜③は闕所もしくは跡職一円給与にともなって生じる買得地への競望であり、これらの場合売券は破りうるものと考えられていた。領主や「本主」の単なる違乱であればそれは不法であり、売券にもとづいて武田氏の保護を求めることもありうるが、跡職一円給与の場合は売券そのものが無効とされるのであるから、あらかじめ武田氏の特別の保証を得ておく必要があった。こうして武田氏の買得地安堵状が出されるようになる。そして右に述べたところから知られるように、武田氏の買得地安堵状は単に売買契約が正当であることを保証するものでなく、ひとつの特権を与えるものであった。

それでは具体的に武田氏安堵状が出された例に即して、右に述べたことを跡づけることができるであろうか。若狭

の寺社のなかで最も多くの武田氏安堵状を伝えている西福寺を例にこの点を検討したいと思う。

三、新寄進

武田氏は永正一六年（一五一九）に、境目相論が起こっていた西福寺道場を新寄進としているが（西福寺文書八～一一号）、買得地を安堵した例としては、大永五年（一五二五）三月一日の武田元光判物（同一三号）、同日付武田元光袖判奉行人下知状（同一四号）が初見である。これは先述した永正三年（一五〇六）に白井伊胤が三郎五郎に永代売却した賀茂荘半済一円散田五反半にかかわるものである。武田氏の安堵状のうち下知状を示せば、

（武田元光）
（花押）

若州中郡賀茂庄半済一円散田買得之事

合

一、永正三丙寅四月十一日任白井八郎次郎伊胤沽券之表、徳分七石七斗五升ナリ、此内本役壱石・段銭請料分七斗五升、合壱石七斗五升分本役公事引而、残而陸石徳分ナリ、

一、同日伊胤補任状在之、

以上

右目録任　御判旨、雖為買得之地、為新御寄進、永代寺務不可有相違之由、被仰出候也、仍下知如件、

大永五乙酉年三月一日　四郎兵衛尉膳忠（花押）

西福寺

とある。右の史料中に見える白井伊胤の売券と補任状の宛所は三郎五郎となっていたから、この地はその後に三郎五郎から西福寺に寄進されたものと思われ、武田元光は更にこの地を「新寄進」として保証したのである。西福寺がこの地の新寄進を武田氏に求めた理由などについては、この武田氏判物や下知状は何も語っていないが、次のような事情によるものと推定される。

　この地を売却した白井伊胤の所領は永正一三年（一五一六）に武田元信によって一族の白井清胤に与えられた。その史料(36)を示すと、

若州遠敷郡賀茂庄半済事、為同名八郎次郎（伊胤）一跡、所宛行白井石見守清胤也、守先例知行不可有相違者、早企（全）所務、
弥可抽奉公之忠之状如件、
永正十三年八月十五日　　元信《本書判耳》判

とある。この文書には譲与や契約の旨に任せて安堵するという文言がみられないこと、後の享禄四年（一五三一）にこの伊胤跡について山本九郎左衛門尉が「子細」を申し立てているように紛争の地であったこと(37)、さらにこのころ武田氏は賀茂荘の本所分・半済分に加えて「闕所分」を設定していること(38)から考えてこの白井伊胤所領は武田氏によって闕所とされ、一族の白井清胤に宛行われたものであった可能性が強い。伊胤跡が闕所であったという判断は保留するとしても、伊胤跡を与えられた清胤が跡職一円を主張して、伊胤売却地の返付を求めることは十分可能性がある。事実、伊胤跡を与えられた清胤の子である光胤は天文二二年（一五五三）に「賀茂庄之内、半済惣分一円散田」などの地について「子細」に及んだが、武田信豊は元光寄進の由緒にもとづいて光胤の主張を退け、西福寺に安堵してい

る（西福寺文書五三号）。

不十分ではあるが、西福寺領において売却者の闕所もしくは跡職給与という状況が現実に生じたため、それに対抗するため西福寺は武田氏の安堵状を要請し、「新寄進」の安堵状を得たものと理解される。闕所にせよ跡職一円給与にせよそれらは売券によっては対抗できないものであることについては既に述べたが、そうすれば武田氏の安堵状はどのような論理にもとづいて買得地を保証したのであろうか。この点については西福寺への安堵状が元光の「新寄進」とされていることに注目したい。先に（B）として挙げた文書も「新寄進」の内容を持っているので、その全文を次に示そう（同二〇号）。

（武田元光）（花押）

若州小浜西福寺江㋑寄進田地壱段弐歩之事

但福堂名之内抜地ナリ、在所遠敷一本木ノ本、井子田ト云之、

右田地者、内藤上野介（膳廉）雖為給所之内、山東豊前守家忠令買得之、㋺寄進之上者、㋩無他競望可令知行、於此地者聊不可有諸役諸公事等、㋥縦雖有本名主職退転之儀、㋭為新寄附之条、更不可有相違、永令領知之、可被専勤行已下之由、被仰出候也、仍下知如件、

大永八年三月廿八日　四郎兵衛尉膳忠（花押）

覚阿上人

山東家忠が買得し、㋺西福寺に寄進した地は㋑のように武田氏によっても寄進地とされ、㋩のような通常の安堵文言をもって保証されている。しかし㋥にみえるように本名主職の退転によりこの寄進地が没収されるような事態が生

じた場合には、㋭に記されているようにこの地は武田氏の「新寄附」の地であるという論理が前面に押し出されて、没収は阻止されるのである。[39] ここでは、本名主職退転にともなう闕所地化によって山東家忠の寄進は消滅し、代わって、武田氏の「新寄附」が成立するという論理がみられる。しかもこの「新寄附」は武田氏の安堵に内在する論理なのであって、この山東家忠寄進地についての武田元光の安堵判物そのものは（同二一号）、

若州小浜西福寺江山東豊前守（家忠）寄進地之事目録別紙在之、得其心之家忠任寄附状之旨、永寺務不可有相違之状如件、

大永八年三月　日　（武田元光）（花押）

と記されるだけで、「新寄附」とするという文言はない。すなわち単なる安堵状であっても、その内には「新寄附」が論理的に含まれているのである。

むろん新寄附や新寄進の表現は安堵される側が寺社である場合に用いられるが、家臣に対しては次の文書[40]にみえるように「給分」とされたものと判断される。

若州遠敷郡今富庄多田村新田之内、壱段百歩事、任沽券之旨、為給分宛行西村与三右衛門尉次盛畢者、永代知行不可有相違状如件、

大永四年十月廿三日　（武田元光）（花押）

この場合も買得地を「給分」として宛行うのは武田元光の意志にもとづく行為なのであって、それによってこの買得地は特別の保証と義務を帯びるようになる。したがって武田氏の安堵状は売主と買主、あるいは寄進者と被寄進者との間の契約が正当であることを保証するだけではなく、それらの地は武田氏の意志と行為の結果として「新寄進」や「給分」に転換されることにより、闕所などによる没収に対抗しうる保証を与えられるのである。すなわち武田氏

は第三者的公権力として売買や寄進の契約そのものを保証しているのではなく、内容的さらに論理的にこれらの地は武田氏と被安堵者との人的関係として位置づけ直されているのであり、この点に武田氏安堵状の本質がある。買得地は武田氏の安堵を受けるとその地の領主の補任を必要としないという点では荘園法的属性を脱しているが、武田氏との関係に位置づけ直される点では補任状と同じである。

四、買得地安堵の性格

武田氏の安堵状の基本的性格については右のように考えうると思うので、最後に大名領国支配のなかでこの安堵状が果たした機能について検討を加えておきたい。まず次の史料(41)に注目したい。

若州遠敷郡鳥羽一分方田畠山林等之事、先祖雖為沽脚之地、今度依有子細、領主鳥羽亀千代仁返付畢目録別紙在之、縦買主雖為所持先　御判、当知行之者宛身於于無之者、不可為證文、重代以私領之筋目、為新給令扶持上者、地類等聞出次第、全所務、守先例永代領地不可有相違者也、仍状如件、

天文廿弐年十二月十三日　（武田信豊）（花押）

これによれば、たとえ「先　御判」すなわち武田氏の買得地安堵状が出されていても、それが当知行者に宛てて出されたものでないならば、その地は没収してよいとされている。ここには、安堵はその地についておこなわれるのではなく、人についておこなわれるのだという論理がある。さらに闕所などによる没収を免がれるのは武田氏安堵状によってのみ可能であるから、当知行者宛の武田氏安堵状を持たない買得地は没収しうるという論理にまで拡大されつ

つある。これは全ての買得地知行は武田氏による当知行者への安堵状がない限り認められないということを意味するもので、領主の補任状が天文一五年（一五四六）以後伝えられていないことを考慮すると、買得地の安堵権は武田氏に集中しているとみなしうる。

次に武田氏安堵状の有する身分的・階級的性格に注目しておく必要がある。河村氏は永正一〇年（一五一三）から天文二二年（一五五三）までの武田氏による買得地安堵を二三例挙げられているが、そのなかには百姓が安堵を受けた例はない。逆に言えば、武田氏から安堵状を与えられるともはや百姓ではあり得ない。百姓身分の者が買得地の保証を得ようとすれば、太良荘の孫権守が永正一〇年（一五一三）と大永四年（一五二四）にそれぞれ本所方領主桑原氏と半済方領主山県氏から買得地の補任状を得ているように（高鳥甚兵衛家文書一一号・一四号）、領主の補任状を得るにとどまった。百姓たちはこの意味において、あくまで領主の支配下につなぎとめられていたのであり、彼らの買得地については闕所などを免がれるような特権は与えられなかった。武田氏の安堵状は寺社・家臣の買得地所有を特権的所有とすることはあっても、百姓の買得地をも含めた所有一般には何の変化ももたらすものではなかった。[42]「中世的文書主義」に支えられて形成されつつあるかにみえた所有一般はこうした戦国大名の政策により想定することが困難となり、所有はそれぞれの身分に応じたありかたを取らざるを得なくなった。すなわち所有の身分的性格は強められたのである。武田氏が意図していたのは安堵を通じて、寺社や家臣が個々の荘園や領主の枠を越えて武田氏と個別的かつ直接的に結びつき、ヘルシャフトリッヒな原則に立脚する支配者集団を構成することであったのであり、百姓はこの支配者集団からは階層として排除されていた。

武田氏の安堵が身分的所有を強化する方向でおこなわれたことの結果として、安堵の方式も身分的あるいは特権付与的な性格を持つようになった。この点は武田氏祈願所の買得地安堵において明瞭にうかがうことができる。若狭の寺社について包括的な検討を加えられた林文理氏[43]は大永八年（一五二八）の明通寺宛武田元光安堵状に、

於向後寄附并寺僧等令買得田地在之者、為新寄進前々可相准者也、

とあることから（明通寺文書一一五号）、武田氏が将来の寄進・買得田地をも新寄進として安堵していることを指摘されている。このような「向後」の寄進・買得地をもあらかじめ安堵する例はほかにも見られる。

①大永三年（一五二三）十一月七日神宮寺宛武田元光判物

当寺諸寄進之地并山林等事、雖為向後之買得、於有証跡者、為祈願寺領、永知行不可有違乱候也、（神宮寺文書三六号）

②天文九年（一五四〇）六月一日羽賀寺宛武田信豊袖判下知状

一、寺領諸寄進并買徳之田畠山林等、支証之旨聊不可有相違、向後寄進買徳可為同前、坊中可准之事、（羽賀寺文書二一号）

③天文一六年（一五四七）三月八日妙光寺宛武田信豊判物写

就中於所々前後雖為諸寄進諸買徳、不可及違乱、（妙光寺文書五号）

これら明通寺・神宮寺・羽賀寺・妙光寺は武田氏の祈願所（寺）もしくはその待遇を受けている寺院である。前者の三寺が武田氏祈願所であることは林氏によって指摘されており[44]、氏によれば祈願所は大名武田氏個人の誕生日を祈祷するために指定された顕密寺院である。最後に記した妙光寺は戦国期には浄土真宗に属す寺院であって、武田氏の祈願所にはなり得ない寺院であるが、南北朝期に足利尊氏の祈祷所になったという由緒を持っていたため、武田氏も

祈願所なみの待遇を与えたのである（妙光寺文書四号）。武田氏菩提寺の禅宗寺院や西福寺のような時宗寺院が個々の買得地についていちいち武田氏に安堵状の申請をしなければならなかったことを思えば、この祈願所買得地の安堵方法はまことに特権的かつ身分的なものといわざるを得ない。言うまでもなく右の顕密寺院が若狭において優位を占めているのは独自の歴史に支えられたもので、武田氏が意図的に作り出せるようなものではないだろう。しかし祈願所が武田氏当主と顕密寺院との関係として成立するものである限り、買得地安堵にみられるような祈願所の特権は武田氏を頂点とする身分序列にもとづくものと考えうるように思う。少なくとも武田氏はその意図においては、安堵を通じて自らを頂点とする身分序列のなかに、領国内のさまざまな所有を位置づけようとしていたと思われる。

むすびに代えて

小稿は武田氏の買得地安堵状成立以前について、売券と補任状の存在、およびその対立を想定し、この両者の対立を止揚するものとして武田氏の安堵状が闕所を契機（モメント）として成立することを考えた。その結果武田氏の安堵状は公的な第三者的権力として買得地を保証するのではなく、安堵状の文言に直接記されなくとも、安堵は武田氏による寺社への「新寄進」、家臣への「給分」としておこなわれ、武田氏と被安堵者との人と人との関係を生み出した。この意味で武田氏の安堵状は新たな形での補任状の再生という性格を持っている。ただし武田氏の安堵状は次の二点において領主の補任状と区別される。一つは領主の補任状とちがって荘園法には立脚せず、かと言って売買一般を基礎づけている普通法にもとづくものでもなく、敢えて言えば大名法の論理に従っていたのである。他の一つは武田氏の安堵状が百姓を排除していたことであり、それゆえ武田氏の安堵状は所有の身分的性格を強め、領国内の支配身分の掌握という役割を果たしたのである。

考えてみれば小稿は戦国期の土地売買や安堵に関して人口にたどり着いたにすぎないのであって、検討すべき多くの課題を抱えたままになっている。武田氏の安堵状が一六世紀始めに成立したことを大名領国制のなかにどのように位置づけるのかについては手掛りすら得られなかった。また闕所の対象となる「跡職」とは何であるのかについても触れることができなかった。そして更に武田氏安堵状では排除された百姓の買得地保証はどのようになったかという重要な問題も残されたままである。これらについては改めて考えたいと思う。

註

(1) 藤木久志「戦国大名制下における買地安堵制―永正～天文期の伊達氏について―」一九六六年、戦国大名論集2『東北大名の研究』に再録。
(2) 藤井譲治「戦国時代の加地子得分」『赤松俊秀教授退官記念国史論集』所収、一九七二年。
(3) 水藤真「武田氏の若狭支配―武田氏関係文書・売券の検討から―」(『国立歴史民俗博物館研究報告』第二集、一九八三年)。
(4) 河村昭一「戦国大名の買地安堵について―若狭武田氏を中心に―」(『兵庫教育大学研究紀要』五、一九八五年)。以下で河村氏として引用するものは全てこの論考による。
(5) 野澤隆一「戦国期の買地安堵―江北地域の売券・寄進状の分析―」(『国史学』一三四号、一九八八年)、同氏「加地子試論」(『国学院大学大学院紀要―文学研究科―』一九輯、一九八八年)。
(6) 武田氏の安堵状は買得地だけでなく、寺社への寄進地についても出されている。したがって正確には買得地・寄進地安堵状とすべきであるが、煩をさけて単に買得地安堵状とする。また文中で買得地としている場合にも寄進地を含むものとする。

（７）『福井県史』資料編９、中・近世七所収。以下この史料集より引用する場合には註記を省略することにする。なお小稿で引用する史料のうち小浜市域内にある文書は『小浜市史』社寺文書編、同諸家文書編一～四にも収められている。

（８）領主の買得地安堵は文書形式からすると宛行状と補任状の二形式があるが、「宛行」の形式をとっていても当時は「補任状」と称されているので（西福寺文書五号・一四号）、以下は補任状に統一する。

（９）買得地を補任状によって安堵することは若狭以外ではあまり見られない。ただし文明一四年（一四八二）に加賀白山領小河伊藤次郎名内三反の安堵を幕府に求めた宇佐見盛久は、この地について「自小河坪内左近方永代買得、神領代官平等坊・同公文了覚坊補任有之」と述べており、加賀においてその例を知ることができる（「政所賦銘引付」『室町幕府引付史料集成』上、三六七頁）。

（10）中田薫「王朝時代の庄園に関する研究」一九〇六年、同氏『法制史論集』第二巻所収、一九四頁。

（11）山田渉「中世的土地所有と中世的所有権」（歴史学研究別冊特集『東アジア世界の再編と民衆意識』所収、一九八三年）。

（12）笠松宏至『徳政令』岩波新書、一九八三年。

（13）笠松宏至「本券なし」一九七五年、同氏『日本中世法史論』所収、二八一頁。

（14）脇田晴子「徳政令と徳政免除―所有の論理をめぐって―」一九七六年、同氏『日本中世都市論』所収、三一九頁。

（15）伊藤喜良「死亡逃亡跡と買地安堵」一九八一年、戦国大名論集３『東国大名の研究』に再録、一三二頁。

（16）笠松宏至「中世の政治社会思想」一九七六年、同氏『日本中世法史論』所収、一八三頁以下。

（17）西福寺文書一二一号（『福井県史』資料編８）。

（18）普通法Gemeines Rechtとは、都市法や荘園法などの特別法や特権と対比される「同一国家の国民全員に共通な法」を指す（ハンス・ティーメ「普通法の概念」久保正幡監訳『ヨーロッパ法の歴史と理念』所収、一九七八年、二二頁）。

（19）山田氏前掲論文、七二頁。

（20）菅野文夫「本券と手継」（『日本史研究』二八四号、一九八六年）。

（21）西谷地晴美「中世的土地所有をめぐる文書主義と法慣習」（『日本史研究』三二〇号、一九八九年）。

（22）入間田宣夫「中世国家と一揆」『一揆５　一揆と国家』所収、一九八一年、一五七頁以下。

(23) 網野善彦『中世荘園の様相』一九七一年版、三四〇・三四九・三五六頁。

(24) 享禄四年の徳政については羽賀寺年中行事（羽賀寺文書二七号）、西福寺文書三三号、大音正和家文書二三五号（『福井県史』資料編8）が基本的史料であり、天文二〇年の徳政令については大音正和家文書二四二号をみよ。また藤井譲治「若狭国一国徳政の一史料」（『月刊歴史』一八号、一九七〇年）を参照されたい。

(25) 『福井県史』資料編2所収、京都府立総合資料館所蔵若杉家文書二一号。

(26) 佐藤・池内編『中世法制史料集』第二巻、参考資料二五一。

(27) 神田千里「戦国期における山城国革島氏の活動基盤」（『史学雑誌』九六―九、一九八七年）。

(28) 勝俣鎮夫「売買・質入れと所有観念」『日本の社会史4　負担と贈与』所収、一九八六年、二〇一頁以下。加地子得分は収益権として動産的性格をもつと考えられたため、徳政令の対象外とされたのではないかと氏は述べられている。

(29) 河村氏も同様の試みをされている。ただし、河村氏が挙げられた「師弟親類」の違乱は「本主」に准じて考えうるので本文では省略した。なお河村氏はもっぱら「本主」の取戻しを重視されるので、（C）（D）の領主改易・替目は挙げられていない。

(30) 野崎宇左ヱ門家文書三号（『福井県史』資料編8）。

(31) 若狭ではこうした例を挙げることができないが、越前においては天文二〇年（一五五一）に「退転」した千田村浄円分について「こきやく散在等無別儀令進退」ように、浄円分を扱うことになった千田村・赤井谷村の番中に命じられており、名主退転時には「沽却散在」は没収されるのが一般的であった（山岸長家文書四号、『福井県史』資料編5。なお永禄六年には浄円分は「千田浄円持分名職田畠山林等」と称されている。同七号）。

(32) こうした闕所の例としてはさしあたり「塵芥集」九八・九九条、「結城氏新法度」四六条をみられたい（佐藤・池内・百瀬編『中世法制史料集』第三巻所収）。

(33) 白井家文書三六号（『福井県史』資料編2）。

(34) 同右、三八号。

(35) 「丹後加佐郡旧語集」（『舞鶴市史』史料編所収）万願寺村の項に「古城　坂根修理」とある。万願寺村は池内川流域の谷の入口に位置しており、坂根氏はこの地の土豪であったと考えられる。

(36) 白井家文書九号。

(37) 同右、二一号。

(38) 賀茂荘が本所分・半済分・闕所分の「三方」に分けられた時期について、大永二年（一五二二）の南部家行書状写によれば「先年」のこととし（白井家文書一六号）、また闕所分の公事負担が始まったのは永正一四年（一五一七）と推定される（同一一号）。これらの点から闕所分は永正一四年をあまりさかのぼらない時点に設定されたものと考える。

(39) 野澤隆一氏は前掲「国史学」所収論文のなかでこの史料を挙げ、この地は諸役負担のない「隠田」であったが、西福寺に寄進されることにより「新たに役負担が設定され寺領化」したものとし、ついで小稿で傍線㊁㋭とした部分について、これは本名主とは完全に縁が切れていることを示すものとされている。しかしこの史料から、新たに役負担が設定されたことを読み取るのは全く不可能であり、また㊁以下の解釈では「退転」と「新寄附」の意味が考慮されていない。

(40) 『福井県史』資料編2所収、尊経閣文庫所蔵文書四七号。

(41) 同右、五七号。

(42) これに関連してパシュカーニスの次の文章を引用しておきたい。「ブルジョア的世界の目からみたばあいの封建的所有の主要な欠点は、…それが譲渡と取得の行為において手から手にうつるとき、相互保障の客体となることができないという点にある。…市場の法則によって保障されるこの相互性は、所有に「永遠の」制度という性格をあたえる。これとは反対に、国家的な強制機構があたえる純粋に政治的な保障は、要するに所有者の特定の人格の保護、すなわち原則的な意義をもたない契機にすぎない。」パシュカーニス・稲子恒夫訳『法の一般理論とマルクス主義』（一九二四年、訳は一九六七年第二版）一二九頁。

(43) 林文理「戦国期若狭武田氏と寺社」一九八六年、有光友学編『戦国期権力と地域社会』所収、二五六頁。

(44) 同右、二六三頁以下。

Ⅴ　若狭武田氏の官途状

木下　聡

戦国期には各地で官途状の発給が確認される。その中で若狭武田氏は他とは異なる独特な文言を用いており、以下では若狭武田氏がそのような文言を用いた背景について考えてみたい。

若狭武田氏の官途状は現在確認したなかでは七通ある。

①武田信賢　文安六年六月廿七日付綿貫孫太郎宛(1)
②武田元信　文亀弐年五月廿一日付白井孫七郎宛(2)
③武田元信　永正十二年十二月三日付白井中務丞宛(3)
④武田元光　享禄元年十一月十一日付白井孫七郎宛(4)
⑤武田元光　享禄元年十一月十一日付逸見弾正忠宛(5)
⑥武田元光　天文十二年十二月廿七日付中村九郎左衛門尉宛(6)
⑦武田信豊　天文廿四年九月七日付白井民部丞宛(7)

宛所である白井・逸見・中村氏について見ると、逸見は武田一族、白井は瀬戸内海賊衆の白井氏一族(8)、中村も安芸に武田信賢感状をもらっている中村大蔵丞(9)がいることから、全て安芸以来の武田氏被官で、武田氏と共に若狭に来たと見られる。また綿貫氏はそのまま安芸に残り、後に毛利氏に仕えている。[10]

さて、若狭武田氏の官途状の特徴は他と異なる独特な文言を用いているところにある。一例として⑤官途状を次に掲げる。

　　駿河守望事、延文年中任御教書旨、不可有了細之状如件、

　　　享禄元年十一月十一日　（武田元光）（花押）

　　　　逸見弾正忠とのへ

注目すべきは文中にある「延文年中任御教書旨」という文言である。この文言は若狭武田氏の官途状に必ず含まれており、「延文年中」が「延文元年」となって出される場合もある（①と③）。このような、ある特定の年代の例に任せて、という意味の文言を含む官途状は他の大名には全く見られない。[11]

それでは「延文年中（元年）」の「御教書」は具体的に何を指すのか。延文年間に武田氏に対し発給された御教書の中に、官途に関する内容を含んだものは現在確認されないが、次の武田信武書下が示唆的である。

　　新蔵人所望事、去年十二月十八日御教□（書）如此、早可被存知其□□状如件、

　　　延文三年卯□（月）十七日　　□□（陸奥）守（花押）

　　　□（横）山左衛門四□（郎）殿[12]

新蔵人を所望していた横山氏に対し、延文二年十二月十八日付で御教書が出されたことを伝える内容で、ここで出てくる「御教書」は具体的には新蔵人任官を挙す将軍の官途挙状と推測される。当時官途挙状も御教書と呼ばれてい

たからである。[13] このことから、「延文年間御教書」の文言は、延文年間に出された御教書＝将軍官途挙状を武田氏が伝達したことをふまえ、それを根拠にして武田氏が官途を与えることを示すと考えられる。

文言の意味は右のように解されるが、なぜそのような文言を使用したのかも明らかにする必要がある。すなわち、武田氏にとって延文年間がいったいどのような意味を持っていたのかという問題である。ここで想起されるのが、この時期武田氏が安芸守護であったことである。建武三年武田信武は安芸守護となり、後に甲斐守護を兼任するとその子氏信が安芸の政務にあたり、延文三年信武が出家すると氏信が安芸守護となった。これが安芸武田氏の始まりである。だが応安三年になると九州に下向する今川了俊が安芸守護となり、氏信は解任される。永和四年に氏信は安芸国佐東郡の分郡守護となるが、以後安芸武田氏は安芸国安南郡・山県郡などの分郡守護となるも安芸一国の守護となることはなかった。若狭武田氏はこの安芸武田氏の流れを汲む。延文年間は安芸武田氏初代氏信が安芸一国守護の時期であり、武田氏にとって特別な時期として後代に認識されていたことが、若狭武田氏の官途状の文言に表出したのである。だからこそ安芸時代は勿論、若狭に移っても、安芸以来の武田氏家臣宛の官途状[14]にはこの文言が使用されたのである。

註

（1）「萩藩閥閲録巻一二六」（『萩藩閥閲録三』七〇〇頁、一一号）。
（2）「白井家文書」（『福井県史資料編2』五一七頁、三号）。
（3）「白井家文書」（『福井県史資料編2』五一八頁、七号）。

（4）「白井家文書」（『福井県史資料編２』五二二頁、一九号）。
（5）「反町英作氏所蔵文書雑文書」（『福井県史資料編２』六九九頁、二号）。
（6）荻野三七彦「御内書の封紙と受領名などの諸問題」（同『古文書研究─方法と課題─』名著出版、一九八二年）口絵写真。荻野氏はこれを足利将軍御内書の偽文書かとするが、花押は武田元光のものであり、文言もまさに若狭武田氏の官途状である。
（7）「白井家文書」（『福井県史資料編２』五二四頁、三一号）。
（8）宇田川武久『瀬戸内水軍』（教育社、一九八一年）。
（9）「萩藩閥閲録巻一六八」（『萩藩閥閲録四』四四六頁、一号）。
（10）綿貫宛①は、信賢が若狭守護と安芸分郡守護を兼ねていた時期に出されたもので、綿貫氏は安芸にいたと思われる。
（11）なお「不可有子細」という文言は対馬宗氏、京極氏など守護であった大名の官途状によく見られる文言である。
（12）「毛利家文庫遠用物所収文書」（『山口県史史料編中世３』六九一頁）。
（13）荻野三七彦「春日社と成功」（『日本歴史』四六四号、一九八七年）に紹介されている文書の中で、官途挙状が「武家御教書」と呼ばれている。
（14）若狭出身と思われる家臣宛官途状は現在確認されない。文書残存の偶然性によるかもしれないが、もし若狭系家臣には官途状を出さなかったとするならば、若狭武田氏の家臣支配のあり方を考える上で重要な問題である。またこの問題は、周囲の朝倉・浅井・六角に官途状が確認されないこととも合わせて考える必要がある。

第3部　若狭武田氏と宗教・文化

Ⅰ　戦国期若狭武田氏と寺社
―とくに顕密寺社を中心に―

林　文理

一、はじめに

戦国期の寺社の研究はきわめて少ない。それは、たとえば戦国期の寺社文書の占める割合が相当高いにもかかわらず、寺社それ自体は分析されず、権力論や検地分析にのみ利用されている点にあらわれている。さらに、これまでの研究は、およそ次のような特徴と問題点をもっていた。一つは、浄土真宗（本願寺・一向一揆）や法華宗等いわゆる鎌倉新仏教が研究の中心になっていた点である。そのため中世の宗教体制・寺社勢力の中心である顕密寺社の戦国期での展開が追究されてこなかった。二つは、寺社（教団）の展開が宗派別にとりあげられている点である。(1)ここでは戦国期全体の宗教構造やその変容、さらに地域社会での競合関係などの視点が見失われている。三つは、戦国大名などの権力との関係を論じる場合、寺領安堵や禁制による保護を指摘するのみで、それがなぜ必要とされ、どう機能していたか具体的に問われていない点である。

そこで、本稿では地域社会という観点から、戦国期における寺社の独自な社会的機能を明らかにしたい。素材として若狭国の寺社とくに顕密寺社をとりあげ、守護武田氏(2)（第１図略系図・第１表参照）との関係から論じたい。(3)それは

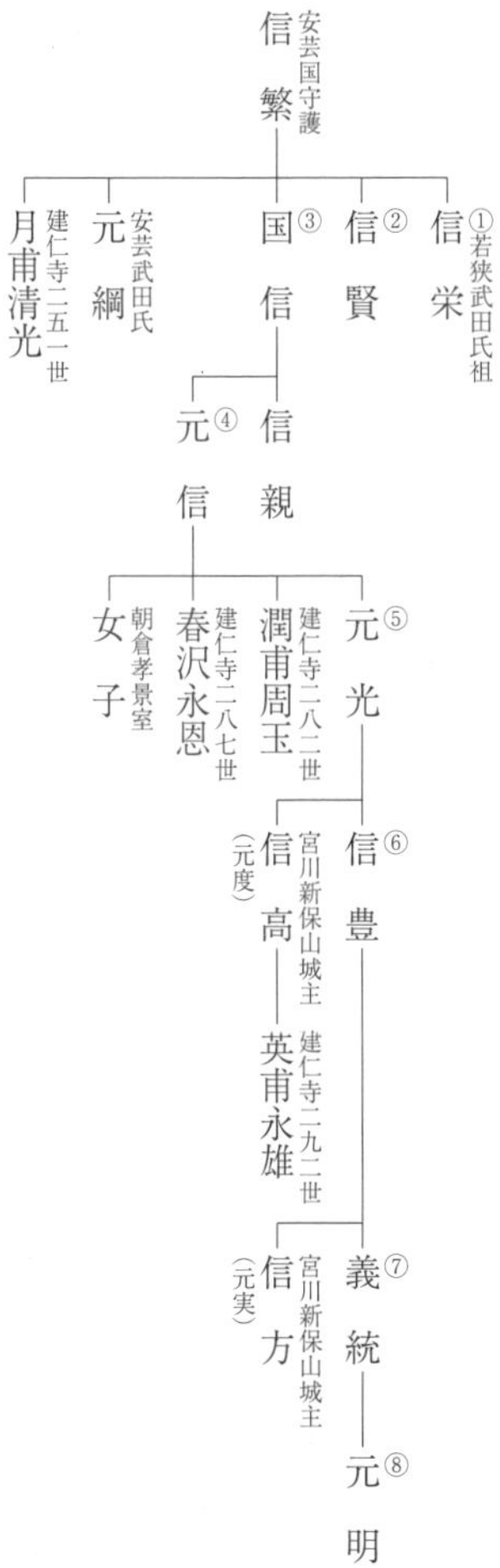

第１図　若狭国守護武田氏略系図

中世の宗教体制＝顕密体制や寺社勢力の変容・解体を跡づける上で、顕密寺社が戦国期において果たす役割がどのようなものであったか、具体的に追究しておく必要があるからである。

以下、第二章では戦国期若狭国の寺社形態、第三章では寺社の領主権の内容と守護権力による安堵、第四章では寺社の宗教的機能と守護権力との関係、について論を進めていく。本稿ではできるだけ問題を具体化し、実態を提示していくことに努めたい。それが現在研究を進める上で有効であると思われるからである。なお、引用史料はとくに断らないかぎり『小浜市史』社寺文書編を使用した。

第1表　守護武田氏の歴代

期　間	守　　護
永享 12. 5. 15 (1440)	①信栄（長福寺光芸天游），若狭武田氏祖 若狭・安芸守護，相伴衆 （安芸国銀山城で没，28歳）
嘉吉元. 12. 23 (1441)	②信賢（大通寺大人宗武） 若狭・安芸守護　（文明3. 6. 2没，52歳）
文明元. 11. 5 (1469)	③国信（玉華院功林宗勲） 若狭・安芸守護，相伴衆 （延徳2. 6. 21没，49歳） 信親（栖雲寺樹岳宗鉄）　相伴衆 （文明17. 8. 22没，24歳）
延徳 2. 8. 30 (1490)	④元信（仏国寺大雄紹壮） 若狭・安芸守護，相伴衆，福谷殿様と呼ぶ （大永元. 12. 3没，76歳）
永正 17. 10. 17 (1520)	⑤元光（発心寺天源宗勝） 若狭守護，後瀬山城主 （天文20. 8. 17没，58歳）
天文 8. 8. 26 (1539)	⑥信豊（霈雲寺大仙紹真），室六角氏女 若狭守護　（弘治2. 10. 6没と伝う）
永禄 3. 12. 13 (1560)	⑦義統（桂林寺聖叔宗清），室将軍義晴女 若狭守護
永禄 10. 11. 9 (1567)	⑧元明（法雲寺文甫紹昌），室京極高吉女（松の丸殿）
永禄 11. 8 (1568)	離国（天正10 = 1582，7. 19近江海津で生害）

註　水藤真氏作成のものに若干手を加えた。なお，③国信〜⑦義統の始期は文書上の初出による。

二、戦国期若狭国の寺社形態

本章では、戦国期における若狭国の寺社形態についてみていくことにしたい。戦国期の若狭の寺社には、いくつかのタイプが考えられる。ここではその宗教的機能と社会的基盤によって四つに分類しておきたい。（1）顕密寺社、（2）禅宗寺院、（3）念仏・法華宗寺院、（4）村堂・鎮守社である。[4]以下、この分類に従って宗教的機能と社会的基盤及び他の形態の寺社との比較を行い、その特徴を明らかにしたい。なお主に検討を行ったのは、守護所のあった遠敷郡内の、現上中町と名田庄村を除く小浜市域の寺社である。その

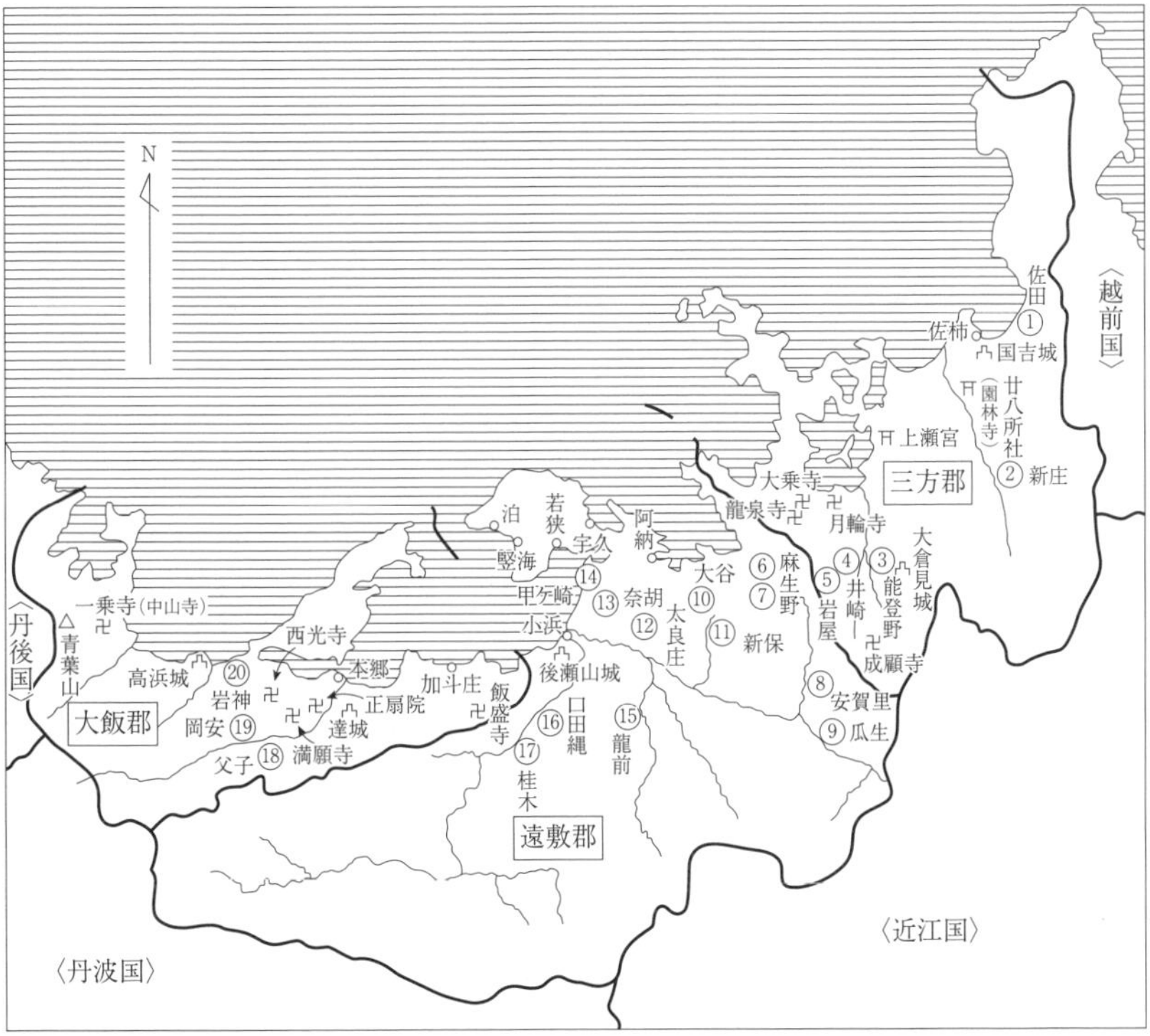

第２図　若狭国全図

所在については〈第2図〉〈第3図〉の地図を参照していただきたい。

（1）顕密寺社

この分類の寺社として、神宮寺（所在地現小浜市神宮寺）、若狭彦・姫神社（若狭国一・二宮、また上下宮とも呼ばれ、神宮寺が供僧職を所持、遠敷）、小浜八幡宮（同じく神宮寺が供僧職を所持、男山）、明通寺（門前）、正昭院（万徳寺、金屋）、羽賀寺（羽賀）、竹原天満宮（羽賀寺が供僧職を所持、上竹原）、谷田寺（谷田部）、妙薬寺（野代）、飯盛寺（飯盛）、及び廿八所社（弥美神社、園林寺が供僧職を所持、三方郡美浜町）、上瀬宮（別当十八坊あり、三方町気山）、一乗寺（中山寺、大飯郡高浜町）などをあげることができる。これらの寺社は祈祷を中心

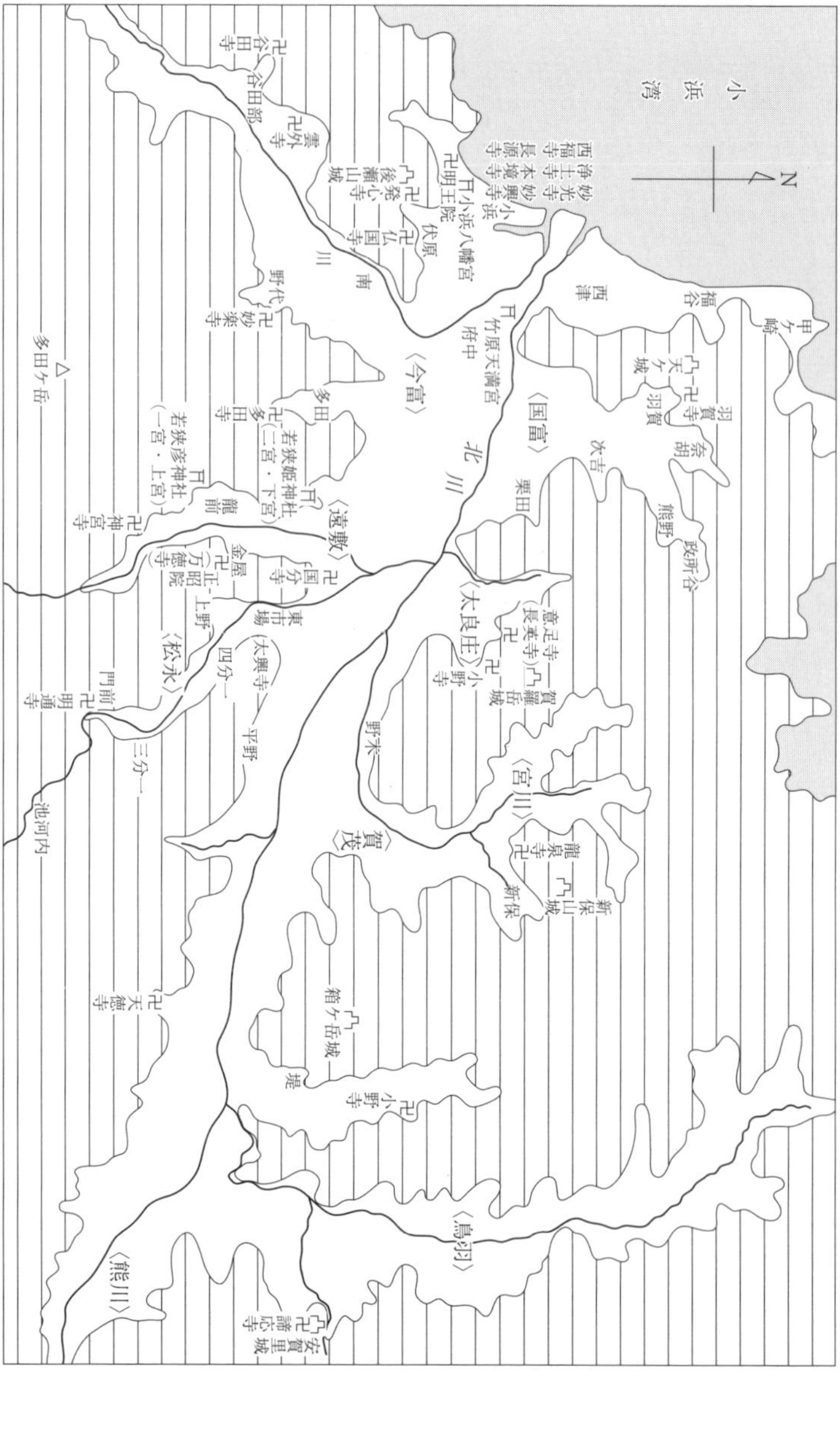
小浜湾
N
甲ヶ崎
西津
福谷
羽賀寺
羽賀
奈胡
熊野
政所谷
〈国富〉
栗田
竹原天満宮
府中
小浜八幡宮
小浜
妙光寺
妙興寺
浄土寺
本境寺
西福寺
長源寺
明王院
発心寺
後瀬山城
仏国寺
伏原
南川
雲外寺
谷田部
谷田寺
野代
妙楽寺
〈今富〉
多田
多田寺
若狭姫神社（二宮・下宮）
若狭彦神社（一宮・上宮）
龍前
神宮寺
多田ヶ岳
北川
〈遠敷〉
国分寺
金屋
正昭院
万徳寺
東市場
上野
〈松永〉
門前
明通寺
四分一
太興寺
平野
三分一
池河内
〈太良庄〉
意足寺（長英寺）
賀羅岳城
小野寺
野木
〈宮川〉
龍泉寺
新保山城
新保
〈賀茂〉
箱ヶ岳城
堤
小野寺
天徳寺
〈鳥羽〉
〈熊川〉
諦応寺
安賀里城

第3図　遠敷郡主要図

に顕・密・修験の宗教活動によって、その周辺の地域住民を宗教的に組織していた。すなわち遠敷谷の神宮寺、松永谷の明通寺、国富の羽賀寺等のように若狭国の谷々の、地域に根をはった寺社であった。その創建の由緒、寺領規模、寺僧（坊）数、宗教活動によって、これらの顕密寺社は若狭の全寺社の中心的存在であったといえよう。それ故、これらの寺社は守護権力との関係でも中心的位置を占めていた。この点についての具体的検討は第三・四章で行いたい。

なお参考として、文安六年（一四四九）東寺大勧進宝栄による若狭国勧進で、奉加に応じた寺社二十二ヶ寺と人数（寺僧）を〈第２表〉に掲げておく。(5) 十五世紀中期、守護武田氏支配初期の顕密寺社の分布と勢力を伺うことができよう。

第２表

	寺社名	所在地	奉加人数（寺僧）
遠敷郡	正昭院（万徳寺）	小浜市金屋	8
	天徳寺	上中町天徳寺	11
	多田寺	小浜市多田	4
	明通寺	同市門前	20
	羽賀寺	同市羽賀	8
	妙楽寺	同市野代	2
	小野寺	同市太良庄	7
	小野寺	上中町堤	7
	明王院	小浜市小浜	4
	谷田寺	同市谷田部	12
	神宮寺	同市神宮寺	26
三方郡	成願寺	三方町成願寺	4
	廿八所社（園林寺）	美浜町宮代	10
	大乗寺	三方町田井	3
	月輪寺	同町向笠	4
	龍泉寺	同町田井	5
大飯郡	飯盛寺	小浜市飯盛	11
	吉祥寺	（不明）	7
	正扇院	大飯町本郷	5
	満願寺	同町万願寺	8
	西光寺	高浜町馬居寺	14
	長福寺	（不明）	8

註　順序は、東寺修造料足奉加銭注文による。
なお、所在地は第２・３図参照。

（２）禅宗寺院

中世文書を有する小浜市域の禅宗寺院として、仏国寺（伏原）、発心寺（津田）、龍泉寺（青井）をあげることができる。仏国寺は守護武田元信が創建した彼の菩提寺（位牌所、牌所ともいう）であり、同じく発心寺は武田元光開基の菩提寺であった。龍泉寺は守護武田信豊の弟新保山城主信高（元度、龍泉寺蒲潤周稜）が天文十年（一五四一）創建したもので、信高、信方（元実、守護義統の弟で信高の養子）の菩提寺であった。高成寺は全国に建てられた安国寺の一つと伝えられるが、守護大高重成（暦応元年・一三三八より若狭守護）が姓名をとって高成寺と寺名を改めたもので、重成の菩提寺であったと考えられる。雲外寺は守護元光の弟潤甫周玉（建仁寺二八二世）が天文年中に谷田部に営んだ隠居所と伝えられる。それより以前に、潤甫は早世した叔父信親のために菩提寺として小浜に栖雲寺を創建している。このように、これらの禅宗寺院はいずれも守護によって創建（開基）された、菩提寺という性格の寺院であった[6]（第３表参照）。

さらに延宝三年（一六七五）小浜藩主酒井氏の命によって各寺社や村からの書上げを集成した『若州管内社寺由緒記』[7]をまとめると、戦国期以前の創建の由緒をもつ禅宗寺院は〈第４表〉のようになる。若狭三郡に広がった禅宗寺院は、小浜市域と同じように、すべて守護武田氏の有力家臣開基の菩提寺（氏寺）であった。各地の有力家臣は、〈第４表〉からもわかるように、山上の山城（軍事）、山下の館（生活）、菩提寺（宗教的施設）を一つのセットにして領域を支配していた（第２図・第３図参照）。

そこで、具体的に菩提寺の構造についてみておこう。

四代元信の菩提寺仏国寺は、文亀二年（一五〇二）の創建で、開山は曹洞宗天真派の順応和尚と伝える。永正十四年（一五一七）の買得田畠山林等目録によると、浅ヶ瀬津田の小石丸名内の田畠（田一反小、畠七反六〇歩）を元信が寄進し、寺敷地・寺領を設定したことにはじまる。さらにその後、遠敷郡内の野木四反・興道寺六反・宮川三反、計一町三反の田地、勢井村山手・西津福谷山一所・三宅八幡禰宜職没収の山林、計三ヶ所の山林を買得集積した。守護は、この仏国寺に寄進・買得された田畠山林を罪科文言を付し一括して安堵を行っている。その後、五代元光は天文

第３表　守護武田氏の菩提寺

開基	寺名	所在地	創建・開山　その他
信　栄	長福寺	不　明	
信　賢	大通寺	不　明	
国　信	玉華院	小　浜	
（信親）	栖雲寺	小浜浅間	文明 15 年（1483）開山潤甫（臨済宗建仁寺派）
元　信	仏国寺	伏　原	文亀２年（1502）開山順応（曹洞宗天真派）
元　光	発心寺	津　田	大永元年（1521）開山中厳（曹洞宗天真派）
信　豊	霊雲寺	不　明	
義　統	桂林寺	不　明	
元　明	法雲寺	近江海津	

第４表　武田氏家臣の菩提寺

	寺名	所在地	開　　基	創建・開山　その他
		三方郡		
1	芳春寺	佐　田	粟屋越中守勝長（佐柿国吉城主）	永正元年（1504）開山観雲和尚（曹洞宗）
2	松月寺	新　庄	｛沼田下総守 ｛南部左衛門	開山鏡宝　延宝３年では百姓の寺
3	長福寺	能登野	市川修理大夫	延宝３年では惣庵
4	心月寺	井　崎	熊谷氏（大倉見城主）	
5	円成寺	岩　屋	熊谷大膳大夫（大倉見城主）	開山天宝和尚
		遠敷郡		
6	延吟寺	麻生野	三宅弥兵衛（香川大和守内）	永正年間（1504～21）創建
7	雲岳寺	麻生野	香川大和守（麻生野堡城主）	文亀年間（1501～4）開山日峰和尚
8	諦応寺	安賀里	粟屋右馬丞親家（安賀里城主）	創建は田井入道と伝う
9	長源院	瓜　生	松宮右馬允（膳部山城主）	
10	霊沢寺	大　谷	｛粟屋右京進 ｛武田中将信高（新保山城主）	
11	龍泉寺	新　保	武田中将信高（新保山城主）・同五郎信方	天文 10 年（1541）創建
12	意足寺	太良庄	山形（県）式部大夫（賀羅岳城主）	天文 17 年（1548）再興
13	龍雲寺	奈　胡	内藤筑前守（天ヶ城主）	
14	慈松庵	甲ヶ崎	畠（畑）田美濃守（甲ヶ崎城主）	天文 19 年（1550）創建
15	蓮華寺	龍　前	内藤下総守（遠敷湯谷山城主）	享禄年間（1528～32）創建
16	大光寺	口田縄	大塩長門守（田縄城主）	明応２年（1493）創建
17	興禅寺	桂　木	寺井日向守（谷小屋城主）	明応５年（1496）創建
		大飯郡		
18	海元寺	父　子	武藤上野守（石山城主）	
19	実相寺	岡　安	大野式部丞	
20	妙祐庵	岩　神	逸見駿河守（高浜城主）	

註『若州管内社寺由緒記』延宝３年（1675）書上より作成。なお番号は〈第２図〉と一致。

三年（一五三四）に逸見氏（野木四反の売主）、内藤氏（西津福谷山一所の寄進主）の違乱を止め、寺領の永代知行を安堵し、また諸役諸公事の免除、甲乙人の濫妨狼藉、山林竹木伐採停止の禁制を与えている。以上のように仏国寺は、その寄進による成立から田畠山林の買得集積、寺領安堵に至るまで守護武田氏の権力に支えられた寺院（菩提寺）であった。

次に、有力家臣の菩提寺の一つである安賀里の諦応寺をとりあげてみよう。

寄進申　田畑山林坪付之事
一、壱段　在所横町　山本分内　分米壱石五斗
一、壱段壱頭　在所寺之下　五郎分内　分米壱石六斗五舛
　但此内壱斗五舛為二本役一寺井与一方江可レ納レ之
一、壱段　在所稲木町　禰宜分内　分米壱石五舛
一、壱段　在所大日堂之後　四郎権守分之内　分米壱石五斗
　但諦応寺門前之田地松尾寺分為二地替一可レ被レ遣レ之
一、壱段　在所堀之下　福成寺分之内　分米壱石五斗
　但子細同前
一、漆頭　在所桂蔵庵下　長谷川次郎左衛門分内　分米壱石五升
　但諦応寺屋敷為二地替一可レ被レ遣レ之
已上田数五段七頭　分米捌石五斗五升　此内

五石者　陪堂分　　壱石五斗者　毎月霊位米
壱石者　施餓鬼料　壱石五升者　屋敷地替分に下行
一、畠壱所　在所西庵屋敷　上葺料之用
一、同壱所　在所城ヵ谷
一、山壱所　在所諦応寺之上東北者峰ヲ限、南者次郎左衛門分尾ヲ限、西者公文分山ヲ限也
右、坪付如レ件
永正拾五年戊寅正月十一日　　栗屋右馬允
親家（花押）
諦応寺　侍衣閣下

これは、永正十五年（一五一八）安賀里城主粟谷親家が諦応寺（開基は田井入道と伝う）[8]に田畠山林を寄進した文書である[9]。これによると、まず諦応寺が移転していることがわかる。屋敷地・門前の田地の替地として別の田地七頭（畝と同じく一反の十分一の単位）・二反がそれぞれ親家によって寄進されているからである。おそらく親家の館の建設にからんで移転させられたものであろう。次にこの寄進された田六筆、畠二筆、山一所（四至あり）の内、田地は合計五段七頭（計算では五段八頭）・分米は八石五斗五升であった。坪付の記載（田数、在所、分＝年貢負担者、分米）等より、この田地の年貢負担者は変わらず、分米（得分と考えられる）だけが親家によって寄進されたものと思われる。さらに、この八石五斗五升の分米（得分）の用途として陪堂《ほいとう》（禅宗で飯米のこと）五石以外に、毎月霊位米一石五斗、施餓鬼料一石が配分されていることは、禅宗寺院諦応寺の菩提寺としての機能（仏事のあり方）をうかがうことができよう。以上のことから、諦応寺は、安賀里城主粟屋氏丸抱えの寺院（菩提寺）として存在していたのである。

以上、若狭の禅宗寺院は、守護及び有力家臣の菩提寺（氏寺）として、その宗教的機能を果たしていたといえよう。

（3）念仏・法華宗寺院

次に、念仏系寺院として時宗の西福寺（青井）、浄土寺（浅間）、浄土真宗の妙光寺（神田）、また法華宗寺院として長源寺（酒井）、本鏡寺（竜田）、妙興寺（鹿島）をあげることができる。いずれも小浜の町内にあり、『若州管内社寺由緒記』をみても、戦国期以前創建の念仏・法華宗寺院はこれら六ヶ寺に限られ、農村部への浸透は近世に入ってからである。すなわち、これらの寺院は都市小浜を基盤にした新興寺院（いずれも室町・戦国期の創建）として存在していた。さらに共通した特徴として次の三点があげられる。一つは、守護権力による敷地の安堵である。たとえば西福寺道場敷地は、永正十六年（一五一九）守護元信による寄進安堵、妙光寺屋敷は大野外記屋敷との相搏による屋敷地を大永五年（一五二五）に元光が安堵、長源寺（法華寺）敷地は元光が後瀬山麓に館を築くに際して、現在の長源寺の向嶋の敷地を宛行ったもので、大永二年（一五二二）元光の後見人月甫清光の安堵であった。以上の守護権力による敷地安堵は、その後の禁制発布と合わせて、都市小浜における布教許可として考えることもできる。二つは、その都市小浜での基盤である。たとえば永正十一年（一五一四）本寺京都本国寺日遵が定めた長源寺規式（七ヶ条）では、衆方（寺僧）自身の掟以外に、「可レ有二公私御公事衆檀談合一事」（第六条）と「衆檀一同無二他思一可レ護二長源寺一事」（第七条）の規定がみられる。また「檀方中評定衆」として、葛西孫左衛門尉・瀬木四郎兵右衛尉・葛西帯刀左衛門尉・次郎右衛門尉・苽生太郎左衛門尉・九郎右衛門尉・四郎右衛門尉・五郎次郎・五郎兵衛尉・太郎次郎の十名がこの規式に連署していた。このことから法華宗長源寺は、衆方（寺僧）と共に檀方の信者組織が寺院を支えていたことがわかる。檀方は、都市小浜の住人で葛西・瀬木・苽生を名乗る一族であったと思われる[10]。こういった世俗の信者組織は、檀方や講衆などとして他の念仏・法華宗寺院でも存在したであろう。さらに三つは、その寺領の集積である。西福寺では天文年間を中心に約三十通の寄進状・売券、また長源寺では二十数通の戦国期の売券が残っている。これらはいずれも加地子得分の集積であったが、その寄進買得地は守護武田氏が安堵を与えていた[11]。

以上、念仏・法華宗の新興寺院についてみてきたが、これらの寺院は都市小浜を拠点に、都市住民の信仰に支えられた町堂・道場として、守護の安堵の下でその宗教的活動を行っていたといえよう。

（4）村堂・鎮守社

これら村堂・鎮守社の特徴は、仏堂、神社の違いはあっても、いずれも村落共同体を基盤にし、その共同体の宗教的機能を果たしていたことである。さらに注目しておきたいのは、その多様な存在形態からいってすべてとは断定できないが、その多くが谷々の地域社会に根を張った先の顕密寺院によって別当所とされ、その別当職・供僧職並びにそれに付属した寺田・神田が顕密寺院の財産になっていたことである。だから、これら村堂・鎮守社は村落共同体に支えられているが、それはまた顕密寺院によって宗教的に組織されていたといえよう。この点については第三章で改めて検討する。

以上、戦国期の若狭国の寺社形態を四つに分類して、その社会的基盤と宗教的機能をみてきた。そのなかで顕密寺社は若狭の寺社の中心的な存在であり、さらに顕密寺院が別当職・供僧職を通じて有力神社を従属下においていたこと。顕密寺院の財産としての村堂・鎮守社（別当所）の存在。同じ新興寺院でありながら、禅宗寺院（菩提寺、守護方権力）と念仏・法華宗寺院（町堂・道場、都市住民）の機能と基盤の差。さらに念仏・法華宗寺院（都市）と村堂・鎮守社（村落共同体）の基盤の相違などに注目しておきたい。

さて第三・四章では、戦国期の寺社の中心的位置を占めていた顕密寺社、とくに寺・社の従属的関係を考慮して明通寺や羽賀寺などの顕密寺院を中心に検討していく。時期は、守護武田氏が本格的に領国支配を行っていた十五・十六世紀交から十六世紀中期の時期を中心にしたい(12)。

三、守護権力による寺社の領主権安堵

次の史料は、天文九年（一五四〇）守護武田信豊が羽賀寺に与えた書下である。

若州遠敷郡国富庄本浄山羽賀寺寺領并諸寄進買徳田畠山林等付諸堂社供僧職別当職同坊中事、為二祈願所一、条々以二一書一申定上者、於二向後一者守二此旨一、永代全二寺務一、修理勤行等無二懈怠一、国家祈禱可レ被レ致二精誠一者也、仍状如レ件

天文九年六月朔日　信豊（武田）（花押）

羽賀寺衆徒中

これによると信豊は、羽賀寺の祈願所設定に際して寺領以下の安堵を行い、その見返りとして修理勤行や国家祈祷等を要求していた。ここにみられる守護権力の安堵とはいったい何であったのか、その内実を明らかにすることが本

章の目的である。なお見返りとしての修理勤行などの宗教的機能については、第四章で検討する。

さて、守護権力によって顕密寺社が安堵された内容は何か。それは、先の史料によると寺領、諸寄進買徳（得）田畠山林、諸堂社供僧職別当職、坊中に区分され、安堵されていた。その他、守護の禁制等にみられる寺内と門前部分[13]を加えると、全体の構成は①寺内（寺中、山内、敷地ともいう）、②坊中（寺内の構成単位、坊領は寺領に準ず）、③門前、④寺領、⑤諸寄進買得田畠山林、⑥諸堂社供僧職別当職（別当所ともいう）になる。ゆえに、この構成より寺家（寺内・坊中）が支配し、守護権力が安堵したものは、一般化すると（1）門前、（2）寺領（坊領も含む）、（3）寄進買得地、（4）別当所ということになる。[14] これらは、寺院によって規模の差もあろうが、顕密寺院に共通したものである。そこで以下、この区分にしたがい、それぞれの内実について検討していくことにしたい。

（1）門前（門前衆・寺家百姓）

門前は、当然寺領の一部に含まれるが、「於二寺門前一、他領之者不レ可レ令二居住一」とか「寺内付門前棟別堪（料カ）領要脚」（ともに後述）といわれるように、門前衆（寺家百姓）の居住や棟別銭賦課が問題となる寺院の直接支配地であった。その意味で寺領が田畠山林等の所領を問題とするのと異なる。同様に、寺領を耕作する農民＝寺領農民の中心は門前衆（寺家百姓）であるが、それは寺領農民の一部ということになる。

さて寺社の門前支配については、次の明通寺門前衆連署掟が、その内容をよく現している。

（端裏書）「門前衆一行」

定　掟之事

一、惣普請并雪カキ之事
一、就二経頼子一付上之御登山義事
一、寺内坊中奉公之段巨細在レ之
右条々
今度於二寺家一法事在レ之、宮河殿（武田信高）御登山、如レ例経頼子ニ各門前老若供ニ就レ致二如在一、堅御成敗被レ成、山河御留之段、色々以二一行一御詫言仕候、此三ケ条何モ一之鐘ニこしらへを成シ、二之鐘ニ其所江可レ出レ罷候、至二当座一従二様体一御酒ナト被レ下候事も在レ之、是モ可レ為二御寺家次第一候、殊ニ就二坊中一も抛二万事一涯分御奉公可レ申候、若背二此旨一、如在輩在レ之者、時之為二御奉行一、五十銭之過銭急度可レ被二仰付一候、供ニ為二地下一モ可二申付一候、
仍為二後日一連判状如レ件
天文廿二年拾月晦日

明通寺門前衆
小次郎大夫（花押）
右近大夫（略押）
五郎次郎（略押）
大郎大夫（略押）
又二郎（花押）
彦大夫（略押）
弥次郎（略押）
助大夫（略押）

新二郎
与一大夫（略押）
孫二郎（略押）
五郎兵衛（略押）
小三郎（略押）
小次郎（略押）
孫三郎（略押）
左衛門二郎（略押）
孫三郎（略押）
弥三郎（略押）
二郎大郎（略押）
三郎五郎（略押）
西寺野 畠中（略押）
同所 道法（略押）

明通寺惣中様参

この史料は、天文二十二年（一五五三）経頼子（寺家法事）を如在したことを契機に、小次郎大夫を筆頭に門前衆二十二名（門前居住者が中心だが西寺野の畠中、道法の二名も含む）が連判し、（1）惣普請・雪掻き、（2）経頼子（宮河殿＝宮川新保山城主で松永保領主武田信高の参加）、（3）寺内坊中奉公の三ヶ条の掟を定め、明通寺惣中に提出したものである。寺家と門前衆の関係は、「此三ヶ条何モ一之鐘ニこしらへを成シ、二之鐘ニ其所江可レ出レ罷候」や如在の場合の成敗である山河御留（山河用益の停止）、寺家奉行への五〇銭の過銭、さらに奉公の時の酒下行などから、人格的な隷属関係にあったといえよう。しかし、寺家への奉公如在の動きや「供ニ為二地下一モ可二申付一候」の表現にみられる地下の連帯と共同の意識の中に、その関係克服の一端がみられる。寺家はこういう事態に対し、改めて門前衆に寺家との関係を確認させ、掟を作成させたのであろう。

ところで、この三ヶ条の掟は（1）惣普請・雪掻き等の日常的な奉公、（2）経頼子等の寺家の仏神事に対する宗教的な奉公の二つに分けられる。そこで以下、これ以外の事例も追加してその内容を検討してみよう。

まず（1）日常的な奉公について。延徳三年（一四九一）神宮寺寺家政所は、罪科文言を付して寺家百姓の人夫仕足と下行を規定していた。人夫の片道十二里に対して五〇文の下行、五、六里間の手振市夫荷物の場合は一升の米下行であった。また『羽賀寺年中行事』[15]によると、天文七年（一五三八）加佐郡（丹後国）への陣立では、寺僧四人とともに百姓八人（当時羽賀寺の寺家百姓は八人）が、陣僧の人夫役を順番に勤めることになっていた。同寺では、さらに天文九年（一五四〇）寺の小風呂朽損による用材運搬のため、針畑（遠敷谷の奥、近江国）へ遣わす人足にも寺家百姓が宛てられていた。

（端裏書）「大郎（ママ）左衛門一行」

一筆申上候、今度陣江人夫之儀被二仰付一候へ共、依二不参一御せつかん被レ成候、尤ニ存候、就レ其、金蔵坊・大弐殿御両人ニ色々御詫言申候処、被レ成二御免一、御闕所之物共返被レ下、忝存候、然上者、門前ニ堪忍仕候て、御

奉公可ㇾ申候、若於二以後一も、他所へ参候者、いか様にも可ㇾ預二御成敗一候、仍為二後日一一行之状如ㇾ件

天文廿辛亥年十月十九日　　門前 大郎衛門（略押）

明通寺御月行事参

この史料によると、天文二十年（一五五一）明通寺門前の大郎衛門は、寺家負担の陣夫に対する不参、他所への逃亡によって寺家から闕所処分にされた。しかし、その後の詫言によって闕所物は返され、門前に還住し奉公を勤めることを誓約している。ここでは門前衆の陣夫勤仕の事実と不参・逃亡に対する寺家の闕所処分が注目される。

次に（2）仏神事の奉仕について。『羽賀寺年中行事』によると、正月八日の心経会では綱は地下より出し、縄を吊ることは寺家百姓の役であった。また正月の百枚旦供（餅）は院主二十五枚、二和尚十二枚、三和尚八枚とともに寺家百姓一人宛一枚ずつ計八枚が下行されていた。さらに三月三日の節句にも、寺家百姓はすぎ菜、つくつくし、あざみを出し、米四升を下行され、十一月二十一日から四日間の大師（弘法大師）講では米三升の下行に預かっていた。このように門前衆・寺家百姓は、寺家の年中行事としての仏神事に奉仕・下行の関係で組み込まれていたのである。

ところで、以上のような寺家による門前衆（寺家百姓）の人格的支配関係は、守護権力によって認められていた。たとえば、大永八年（一五二八）武田元光が明通寺に与えた禁制（五ヶ条）の第一条では、「寺内付門前棟別堪（料カ）領要脚」の停止が記載されている。また弘治三年（一五五七）には「於二寺門前一、他領之者不ㇾ可ㇾ令二居住一」という他領の者の居住禁止令が、守護信豊によって明通寺に与えられていた。さらに永禄十一年（一五六八）には武田信方による「（明通寺）門前之人足御つかいなされ候事ハ無ㇾ之、此時も御懇望にて人夫参候」といわれている。このような棟別銭免除、居住制限、人足賦課停止は、寺家の直接支配地である門前の、寺家による支配を守護権力が確認し保証

第5表　明通寺百姓名年貢注文

百姓名	永正14年（1517）		天文24年（1555）		
	年貢米	納所名代(抱)	分　米	名　代	京夫　その他
助大夫名			1石	弥三郎	但4斗2升，枡は御定判枡，天文5年（1536）5. 15丹波田辺立
左近名			3斗	日光坊	仏物枡定，天文7年（1538）10. 10陣立
蓮法名			4斗	倉本坊（大野殿）	天文3年（1534）3. 18東寺陣立
弥介名			4斗	倉本坊（大野殿）	天文4年（1535）10. 14丹後陣立
二和尚名			2斗	倉本坊	天文7年（1538）10. 10同陣立
藤三郎名	半名 2斗2升2合5勺	三分一	4斗4升5合	畠中（西寺野）	
戒阿ミ名			3斗5升5合	仁王坊	
又三郎名	半名 1斗9升7合5勺	孫三郎	3斗9升5合	半名道林カ	
介次郎名	1名　3斗	宮内大夫カ	3斗	道法（西寺野）	
善阿ミ名	半名　3斗	三分一（今ハ三郎大夫抱）	6斗	半名三分一／半名小鴨	享禄2年（1529）3. 28宰相公上
藤九郎名	1名 2斗8升8合	五郎四郎カ（今ハ忠大夫抱）	2斗8升8合	三分一	
			合計　4石6斗8升3合カ　此内1石ハ納枡定		

していたものといえよう。

（2）寺領（田畠山林）

次に、寺家の所領である寺領について、①寺領田、②寺領畠、③山林のそれぞれを寺領農民（門前衆・寺家百姓が中心）との関係から検討してみよう。

まず①寺領田について。〈第5表〉は、永正十四年（一五一七）明通寺文書の三分一百姓名年貢・京夫注文と天文二十四年（一五五五）百姓名年貢・京夫注文をまとめたものである。これをみると明通寺の寺領田は、十一名に編成され、それぞれについて納所名代（抱）＝年貢請負者が定められ、年貢米（分米）を納入し、京夫（陣僧）以下も負担していたことがわかる。このなかには、先の門前衆掟に署名した西寺野の畠中（藤三郎名）・道法（介次郎名）の名前もみられる。また、三分一の地下請や寺内の日光坊・倉本坊・仁王坊が請負っていた名もあった。この名編成は、永仁二年（一二九四）中興開山院主頼禅置文にすでにみられる。明通寺では十三世紀末以来戦国期まで、寺辺の門前・三分一を中心に広がった寺領田[16]から、名ごとに小額ながら年々一定の年貢が徴収される体制になっていたのである。

さらに永禄元年（一五五八）、同九年（一五六六）、同十二年（一五六九）、天正三年（一五七五）の四通の明通寺羅漢堂年貢算用状によると、醍井・行法坊、門前・三郎五郎、門前・藤大夫、平野・新三郎、丹生・孫七、国分寺・左衛門、檜皮新左衛門などが毎年一石前後の年貢を寺家に納入（合計額は六、七石）していた。納入された年貢米は、日光坊、大坊、梅本坊、仁王坊、南増坊、松本坊の計六坊（この段階での明通寺の坊数）に一石宛均等に配分されていた。このように羅漢堂領も寺領の一部を構成し、寺家は門前衆を中心にした寺領農民から年貢を徴収していたのである。

次に②寺領畠について。寺領田と同様に扱われていたと思われるが、次の羽賀寺の寺領畠はそれを物語っている。

愛染堂大角豆畠、米平斗ニ一石五斗ト、又年貢銭二貫百文ニ定、作人ヲ替事、天文二年癸巳此春ヨリ、寺ノ百姓衆請人トシテ、地子無沙汰ナラハ扱申可レ致ニ納所一之由、約諾申畢

これは、天文二年（一五三三）の春に、愛染堂付属の大角豆畠の作人（寺家百姓の一人か）について、寺家百姓衆を請人として、改めて米一石五斗・銭二貫一〇〇文の年貢高に契約しなおした史料である。事例は少ないが、ここから寺辺に広がった寺領畠の寺家百姓による耕作と、畠年貢徴収のあり方がうかがえよう。

最後に③山林についてみておこう。天文年中と思われる明通寺月行事宛粟屋行栄書状によると、堂谷山をめぐる明通寺と東寺野（三分一の東方）の争いに際し、守護権力はこの山を寺領と認め、「於ニ以後一尾を越し、後々谷之中へ寺野衆入事候者、何迄も追懸、堅可レ有ニ御成敗一事専一候」と述べ、寺領山の安堵と権力による保証を行った。

さらにまた、弘治三年（一五五七）九月四日、松永保領主武田信方裁許状（守護信豊袖加判）と四月二十九日付倉谷長相・鳥羽広定連書奉書（この二通は一巻に表装してあり、内容からも関連文書と推定される）によると、明通寺領内の宇津屋山をめぐって三分一と明通寺が訴訟に及び、結局守護権力は、三分一（訴人は門前居住の永田耕月）の山公事（山林の用益とそれに対する公事銭か）の主張を斥け、「自今以後、寺家之山河、他所之者（三分一）於レ令二乱入一者、堅可レ処二罪科一、者寺領之田畠山河、如二先々一可レ全二知行一」とし、明通寺の知行権を確認した。さらに、この時の訴人であった永田耕月は、「当寺（明通寺）門前ニ令二居住一、剰訴人ニ相成、種々非分之義、対二寺家一申懸」けたとして、「他領之者門前居住可レ有二停止一」という信豊御判をうけて、門前から追放され、耕月が相抱えていた三名半の百姓名も明通寺へ返付された。ところで、この守護権力による耕月処罰は、寺家の寺領に対する領主権の侵害のようにみえるが、そうではなく、耕月が明通寺領外の他領の者であったことに注意しなくてはならない。守護権力は寺家の領主権を認め、保証していたのである。

以上、①寺領田、②寺領畠、③山林に分けて検討してきた。その支配は、寺家の領主権に基づく支配であるといえよう。時に守護権力の介入がみられるが、それは決して寺家の領主権の侵害ではなく、それを容認し補完したものであることを確認しておきたい。

（3）寄進買得地

田畠山林等の寄進買得地は、「在々所々寄進買得地」といわれるように各地に散在し、その個々の面積も小規模であった。またそれは、寄進者・売主、寄進買得地の性格によって、本役（本年貢）・段銭以下諸公事の有無さらに作職進退権の所持など、さまざまであったが、結局寺社が手に入れたものは、その得分（加地子・内徳）であった。これは寺領を直接支配する領主権とは異なり、地主としての権限（得分）といえよう。その権限は、寄進状や売券に必ず本名主や子孫等の違乱・妨げの排除を記しているように、常に悔返しを伴う不安定なものであった。

その悔返しを防止するため、たとえば明通寺文書の大永元年（一五二一）正空寄進状では「万一号㆓本名主㆒、又者他之妨在㆑之者、為㆓公方㆒堅御成敗肝要候」、また同じく大永六年（一五二六）内藤高持売券では「万一子孫他之妨在㆑之者、為㆓公方㆒堅可㆑有㆓御成敗㆒者也」と記されていた。この公方とは守護のことをさす（後述）が、このように守護権力による寄進買得地の保証が期待されていた。また、先の正空寄進状の端裏には「御屋形様元光御披見、酉（大永五年・一五二五か）十月二日也」と記され、内藤高持売券では端裏に「御屋形様元光御披見」と記されていた。このことから、守護武田元光にこれらの寄進状・売券が披露され、個別に安堵の証判をうけていたこともわかる。

第6表　守護武田氏による寄進買得地目録安堵

守護	寺名	時　期
4代 元信	神宮寺	永正 10 年（1513） 永正 16 年（1519）
	仏国寺	永正 14 年（1517）
	妙興寺	永正 15 年（1518）
5代 元光	神宮寺	大永 3 年（1523）
	正昭院	大永 4 年（1524）
	西福寺	大永 5 年（1525）
	明通寺	大永 8 年（1528）
	妙興寺	同上
6代 信豊	神宮寺	天文 8 年（1539）
	飯盛寺	同上
	妙興寺	天文 9 年（1540）
	羽賀寺	同上
	谷田寺	天文 19 年（1550）
	西福寺	同上

さらに寺社の寄進買得地に対して、守護権力は総括的な目録安堵の保証を与えていた。〈第6表〉は、顕密寺社以外のものも含めて、その事例をまとめたものである。一例をあげれば、大永八年（一五二八）明通寺の「寺領并寄進買得田畠山林等目録」では、二十八筆合計八町一反・二名半・山・畠（もちろん先の正空寄進地、内藤高持売券地も含まれている）を守護武田元光は袖判を与えて一括して安堵していたのである。このような守護による一括の安堵は、まさに新寺領としての確認というべきものであった。その上、武田

元光はこの過去における寄進買得地の安堵だけでなく、同年月日の判物で「於二向後一、寄付並寺僧等買得田地在レ之者、為二新寄進一前々可二相准一者也」と記し、将来の寄進買得地も新寄進地として安堵することを明記しているのである。

ところで、このような寄進買得地の個別安堵や目録による一括安堵は、若狭の場合十五・十六世紀中期にかけてみられる。それはどのような背景があったのであろうか。前述のように、単に寄進・買得によって手に入れた権限の不安定さだけによるのであろうか。そこには入間田宣夫氏が指摘されるように、この段階の徳政の嵐ともよぶべき状況が考えられる。[17]たとえば一例をあげると、天文六年（一五三七）の西福寺宛熊谷亀寿売券では、二段の田地を先年、渡辺十郎左衛門尉に売却したが「就二享禄年中（享禄四年・一五三一）[18]之徳政之御法一、監物丞（熊谷亀寿）売券状ニ本物返之文言在レ之条、得二　御意一、任二御法之旨一致二棄破一、令二勘落一」と記し、徳政令によって再び売主の手にもどっていたことが確認されるのである。

以上、寺社の寄進買得地の性格と、罪科文言、個別安堵さらに一括の目録安堵など、十五・十六世紀交から十六世期中期における守護権力による寄進買得地に対する保証についてみてきた。

（4）別当所

最後に寺家による別当所支配についてみておこう。〈第7表〉は明通寺、〈第8表〉は羽賀寺の別当所をまとめたものである。これによって明通寺は松永谷を、羽賀寺は国富を中心に周辺村落の村堂・鎮守社を支配している様子がわかる（第3図参照）。この支配とは、寺家が村堂・鎮守社の別当職・供僧職等を持ち、その付属の寺田・神田・山林を

第７表　明通寺別当所

国分寺	国分寺釈迦堂 遠敷大明神 後朸大明神 清水御前 桜姫大明神 弁才天
太興寺	松永谷一宮山王大権現 （松永７ヶ村氏神）
上　野	松永谷二宮天満宮
平　野	白鬚大明神 桜大明神 観音堂
三分一	泉大明神
上野木	河原大明神
中野木	泉岡一言大明神
下野木	三宝大荒神
池河内	梵天王
四分一	阿弥陀堂
宮川保	観音堂 長命寺 中寺

註　明通寺文書の近世由緒書などより作成。

第８表　羽賀寺別当所

若狭浦	山王二ノ宮大権現 元光寺
阿納浦	観音寺（長寿寺）
宇久浦	久須谷大明神
福　谷	長福寺
西　津	津姫大明神 山王十禅師大権現 若一王子（若王子） 帝尺堂（薬師堂）
栗　田	慶林寺（観音堂） 西ノ神 三十八所
次　吉	泉岡一言明神
熊　野	田中大明神
政所谷	熊野大権現（若一王子） 勢馬堂
奈　胡	山王惣社（二ノ宮大明神） 下ノ宮（若一王子・客人大明神）
羽　賀 （門前）	羽賀姫大明神 （羽賀寺鎮守社）
今富名	竹原天満宮

註　『羽賀寺年中行事』より作成。

寺家の財産として知行するものである。たとえば、天文十八年（一五四九）明通寺宛の倉谷長相・内藤宗長連署奉書では、「宮川保長命寺別当職、山林、田畠等可レ有二知行一」とされていた。また羽賀寺でも永正十四年（一五一七）の武田元信書下にみられるように、竹原天満宮への寄進地に対し羽賀寺が当社の供僧職をもっていたので、その作職の進退権が安堵されていた。さらに飯盛寺の場合、天文九年（一五四〇）武田信豊による「飯盛寺上之坊乗憲僧都相抱所々別当職并買得等目録」の安堵をみると、対岸の泊浦薬師堂并堅海村観音堂別当職田畠山林、加斗庄本所之内権現分別当職田畠山林供僧などが永代知行として認められていた[19]。以上のように、別当所は寺領のごとく寺家の財産とみなされており、周辺村落に広がる別当所の支配は、これら顕密寺院の地域社会での勢力と宗教的な組織化を示すものといえよう。さらに、その支配は守護権力によって安堵・保証されていたのである。

以上、本章では顕密寺院による（1）門前（門前衆・寺家百姓）、（2）寺領（田畠山林）、（3）寄進買得地、（4）別当所の支配について具体的にみてきた。これらの支配は、門前・寺領の領主的支配を中核に、寄進買得地、別当所の支配を通じて周辺地域に広がっていた。この領主権は、寺領と寺領農民を保持していた顕密寺院に共通するものであり、いずれも守護権力によって安堵・補完されていたことを確認しておきたい。

四、寺社の宗教的機能と守護権力

本章では、顕密寺社の果たす宗教的機能をとりあげ、それを守護権力がどのように領国支配に組み込んでいたか、具体的に明らかにしていきたい。以下、（1）守護権力と恒例・臨時の仏神事との関係、（2）檀越としての各種の帰依、とくに守護祈願所の設定について、（3）守護権力による国内の寺社編成、（4）若狭国真言宗本寺正昭院（万徳寺）、の四点から検討してみよう。

（1）恒例・臨時の仏神事

ここでは守護権力と恒例・臨時の仏神事の関係についてみていく。

　まず、恒例の仏神事について。たとえば『羽賀寺年中行事』では、次のような守護権力との関係がみられる。正月元旦の朔幣（鎮守宮での朝拝）には、守護方の小浜政所から行米二斗の下行があり、二日には羽賀政所（守護方）へ礼として酒・昆布・豆腐・大根を持参し、上年行事（羽賀寺では上・下の両年行事が寺務を行う）が出頭していた。四日には領家方本所（壬生家領国富荘の本所方代官）へ上年行事が、半済方（守護方）へは下年行事が出頭、七日にも税所代（今富名代官）永井殿[20]へ礼として上年行事が出頭。さらに二月五日には竹原天満宮の御行《みおこない》に対し、小浜政所より引出物があり、小浜政所と粟屋右京亮（守護有力家臣）への返礼のように続く。また歳末の十二月十三日には、守護祈願所として大般若経巻数を進上していた（後述）。以上は羽賀寺の場合であるが、守護権力は個々の寺社が営む恒例の仏神事（年中行事）に対して、行米下行の援助等によって、その宗教的機能を保証していたのである。

　次に臨時の仏神事として、雨請《あまごい》（祈雨）の場合を検討してみよう。羽賀寺では、大永八年（一五二八）・享禄四年（一五三一）・天文四年（一五三五）・同二十二年（一五五三）の四例が検出される。

　　雨請事、天文廿二癸丑歳、霖雨稀ニシテ五月大炎旱也、自二地頭・領家一祈雨ノ事依レ被レ申、六月一日ヨリ彦姫両社（若狭彦・姫神社）心経法楽アリ、本堂ニテハ大般若アリ、同三日ヨリ山ヘ登リ持念アリテ、四日ノ晩ニ小雨ニテ、五日ノ酉ノ時ニ雷電アリテ大雨下ルナリ、四日ニ酒肴来リ、礼堂ニテ寺家衆百姓二方ノ衆大酒アリ、同シキ時今富ヨリモ被レテ仰祈念ノ義有レト之云々

これは天文二十二年の雨請の記録である。この年は霖雨（梅雨）が少なく、五月は大炎旱であった。そこで国富荘の地頭・領家の両方より羽賀寺へ祈雨の申入れがあり、六月一日から祈雨のため若狭彦・姫神社（若狭国一・二宮）で般若心経読誦の神前法楽が営まれ、羽賀寺本堂でも大般若経転読が行われた。さらに三日からは山（多田ヶ岳のこと、第3図参照）へ登り雨請が行われ、やっと四日の晩に雨が降りはじめ、羽賀寺の礼堂で寺家衆と百姓衆双方の酒

盛りが催された。この時には今富（守護方今富名税所代）からも祈念の仰せがあったという。

そこで、他の事例も含めて羽賀寺の雨請の次第をまとめてみると、次のようになる。まず雨請は、炎旱が続き稲の成育にとって支障をきたす夏の六・七月に行われた。雨請の場所は、まず本堂や付属の権現社、鎮守社である羽賀寺門前の羽賀姫神社において行われ、さらに若狭国一・二宮である若狭彦・姫神社の神前において、最後には小浜平野が一望される多田ヶ岳に登山して営まれるのが通例であった。この三ヶ所での祈念は、いずれも仏舎利や水天を奉上して般若心経の読誦、大般若経の転読であった。さて、ここで注意されるのは、個々の寺社だけでなく若狭国一・二宮や多田ヶ岳で雨請が営まれたことである。たとえば『羽賀寺年中行事』の享禄四年（一五三一）「惣寺社雨請之時、多田かたけ《（岳）》登番衆鬮取」では、当病・四度加行・禁忌の場合を除き、七和尚以下が鬮引きを行い、寺家一人・竹原天満宮一人の計二人（他に人夫一人）を番衆に当てることを定めている。これによって、多田ヶ岳での惣寺社雨請は、おそらく遠敷郡内の主要な顕密寺社の参加（番衆）によって行われていたと考えられる。同じように、若狭国一・二宮での雨請も惣寺社参加の雨請であったと思われる。

さらにもう一つ注意されるのは、先の天文二十二年の場合にみられるように国富荘地頭・領家方や今富代官からの雨請の要請である。これは羽賀寺だけにみられることではなく、たとえば明応三年（一四九四）の明通寺の雨請は、守護方の松永保領主の要請によるものであった。このように寺社の行う雨請が守護権力によって要請され、一国の臨時の仏神事として位置づけられていたことに注目しておきたい。若狭国一・二宮や多田ヶ岳での惣寺社雨請とは、寺社の自発的行為というよりも、おそらくこういう守護権力の要請によって執り行われていたと考えられるのである。

（2）檀越・祈願所

次に、各種の檀越としての帰依から、寺社と守護権力の結びつきについて検討してみる。

①寺領寄進・施入・修理奉加等

各寺社には特定の檀越（檀那）との関係がみられる。たとえば『羽賀寺年中行事』では、次のような守護有力家臣の檀越が確認される。檀那井上上総守光寿は鐘撞堂建立や黒色段子打敷の施主として姿を見せている。また粟屋孫四郎（宮川保領主）は当寺大旦越と呼ばれているが、一族の八郎は享禄五年（一五三二）灯明料田一反を寄進している。さらに白井民部丞光胤（加茂堡城主）も同じく当寺大檀那と呼ばれ、天文六年（一五三七）恒例の如法経会に料足を施入している。また天文十年の父石見守清胤十七年忌の善根として鐘楼堂上葺修造を、同じく天文十八年にも二十五年忌善根として愛染堂上葺を行っている。また子孫の白井石見（勝胤か）は永禄元年（一五五八）本尊観音開帳にあたり朝夕の寺僧供料を施していた。

次に明通寺についてみてみよう。当寺は二代信賢（寛正二年・一四六一）以来守護の祈願所となっていたが、文明十七年（一四八五）日光坊昌範置文では「当寺者守護殿様之御祈願寺、当坊（日光坊）者民部殿（白井氏）祈禱所」と記載されている。白井氏からの米・塩噌等の施入等に対し「如レ斯色々芳思共候間、かたしけなく候、然間於二当坊一、毎日不動之法一座、為二白井殿一息災安穏・武運長久之祈念可レ有候、年始歳末ニハ巻数ヲ可レ被レ進候、此祈禱者末代退転有ましく候、門中ェ委申置候」と記されている。このように日光坊と檀越白井民部（先の羽賀寺大檀那民部丞光胤の親父清胤か）との関係から、その具体的な結びつきがうかがえる。

②子弟住山・元服・代始礼

まず、檀越の子弟住山について『羽賀寺年中行事』からみていこう。大永七年（一五二七）武田元光が細川高国に加勢し、阿波三好・丹波柳本勢と争い敗北した桂川合戦で「於二当寺一少年ノ時住山之衆、粟屋周防守（家長）・同名薩摩守入道ト不同名孫七討死、末代ニ揚レ名ヲ者也香銭弐十疋羽州ヘ被レ遣也」と記されている。守護有力家臣で先陣を勤めた粟屋元隆率いる粟屋党の戦死者の中に、幼い時羽賀寺に住山したものが含まれていたのである。また天文八年（一五三九）粟屋式部丞光若（山内城主、現上中町）子息元服の記載では「当寺ニ住山ノ昔、幸夜叉殿ト申皃（禿カ）」とされ、元服前の幼年に羽賀寺に住山していたことがわかる。このような守護有力家臣層の子弟住山は、僧としての入寺・入山ではなく、少年期の一種の教育機関として、これらの寺院が機能していたことを示している。

次に檀越子弟の元服では、前述の天文八年（一五三九）粟屋光若子息の場合、二〇疋の礼銭を下代に託して送っている例があげられる。また同じく『羽賀寺年中行事』によると、享禄三年（一五三〇）羽賀寺大旦越宮川保粟屋孫次郎の代始（家督相続）では、院主光慶・大光坊真継が酒等を持参し、代始の礼に出向いている例がある。

このように子弟住山・元服・代始・戦死等の死去・年忌供養等、檀越と寺院は、その生涯を通じて結びついていた。このような日常的な関係はきわめて政治的な関係として機能していた。

③祈願所設定

次に守護武田氏の祈願所について検討しよう。〈第９表〉は設定年次を含めて史料上確認できる守護武田氏の祈願所を代ごとに整理したものである。史料上最初の祈願所は、寛正二年（一四六一）二代信賢の明通寺である。前述の文明十七年（一四八五）日光坊昌範置文に「当寺者守護殿様之御祈願寺、当坊者民部殿（白井氏）祈禱所」と記されているのは、それに当たる。ここでまず注意されるのは、白井民部殿祈禱所のように、一般的な祈禱所と区別されて祈願寺（所）と呼ばれている点である。二つは、それがあくまで守護個人のものという点である。〈第9表〉のように当主ごとに確認されるのはそのためである。また明通寺の場合のように二代・三代・四代・六代の当主（五代元光については不明）により代々祈願所に設定され、固定化されていた場合もあった。このように祈願所とは、あくまで守護個人の祈願を目的としたものであった。

そこで以下、天文九年（一五四〇）六代信豊による羽賀寺祈願所設定の場合をとりあげてみよう。

御祈願所之事、天文九年庚子六月一日被レ定了、然長日奉レ祈二武運長久・三郡无事ヲ一処也、信豊御年此時廿七歳、御誕生十月五日、甲戌御歳、御巻数正・五・九月・歳末可レ被レ進者也、正御誕生日十月五日甲午日御誕生、

これによると、信豊は二十七歳の天文九年六月一日に羽賀寺を祈願所に定め、それに対し羽賀寺は信豊の武運長久と若狭三郡無事の長日祈念を行っている。祈念の巻数進上については、次の史料がより具体的に語ってくれる。

御祈願所以後巻数条々

一、正月五日御巻数一本御屋形（信豊）様十一面供

一、五月五日同前

一、九月五日同前

一、十月五日本誕生日　御巻数同前

一、十二月十三日大般若経三部

以上

第9表　守護武田氏の祈願所

守　護	祈願所	年　次
信賢（2代）	明通寺	寛正 2 年（1461）
国信（3代）	明通寺	延徳 2 年（1490）
元信（4代）	神宮寺	永正 5 年（1508）
	明通寺	永正 14 年（1517）
	園林寺	永正 15 年（1518）
信豊（6代）	神宮寺	天文 8 年（1539）
	羽賀寺	天文 9 年（1540）
	正昭院	天文 13 年（1544）
	明通寺	弘治 3 年（1557）

一、正・五・九月別所殿様（元光）御巻数各一本、十一面供各十八日御誕生日

一、十二月十三日大般若経三部

これによると信豊の誕生日五日の、正月・五月・九月・十月（正誕生日）の各五日に十一面供の修法による長日祈念を行い、その巻数一本と、歳末の十二月十三口に大般若経読誦（三部）の巻数一本を進上している。さらに隠居の別所殿様（五代元光）に対しては、同じく正月・九月の十八日（誕生日）に十一面供一本の巻数を進上していた。なぜ正誕生日以外の正・五・九月が選ばれたのか、他の祈願所との分担があったか等不明であるが、ともかく守護の誕生日四回と歳末の計五回、毎年祈願所（寺家）は巻数進上を行っていたのである。その巻数進上は、三代国信の時期と思われる明通寺文書の粟屋賢家書状（五月十五日付）では「当月御祈禱巻数、則致二披露一候」とみえ、その月々に奉行人を通じて守護に披露されていたらしい。また歳末の巻数進上の場合は、『羽賀寺年中行事』の十二月十三日条によると、大般若経読誦の羽賀寺分一本（二部）と竹原天満宮分一本（二部）の計二本と別の一本（一部）を院主が調え、二本の方は小浜政所（税所代永井殿宛）へ上年行事が、一本（一部）は国富・三方代官（畑田殿宛）へ下年行事が出かけ、それぞれ進上していた。

次に、なぜ守護による祈願所設定がなされたか考えてみたい。守護は祈願所設定に際し、前述のごとく武運長久・三郡無事や国家安泰等の祈祷を要求していたが、その目的が問題である。先の羽賀寺祈願所設定の場合、信豊は自ら袖判を加え「令レ任二御祈願所一者也、然者為二新御寄進一条々被二相定一早」とし、罪科文言を付して九ヶ条の掟を与えた。この九ヶ条の内容は、寺領・寄進買得地（将来の寄進買得地も含む）・坊中の安堵（第一条）、別当所の安堵（第二・三条）、寺社坊領等の領主権安堵（第四・五条）、甲乙人濫妨狼藉（第六条）、寄宿（第七条）、竹木伐採（第八条）

の禁制および諸役免除（第九条）であった。ここでは祈願所設定に伴い、守護権力による各種の保証がみられる。祈願所設定はあくまで守護個人の祈祷という個人的・宗教的な関係であるが、ここにみられるように、守護権力による一定の顕密寺社の掌握と編成をよみとることができる。そう考えるならば、この守護自身の誕生日（生）における祈祷を行う祈願所（顕密寺院）と、忌日（死）供養を行う守護菩提寺（禅宗寺院）は、一面では対比的にみえるが、ともに守護権力の私寺的性格の寺院として位置づけられる点では共通していたといえよう。

さらに、このような私寺的寺院としての祈願所が設定された時期が、明通寺を除いて十六世紀前半に集中していることにも注目しておきたい。この時期に守護権力は一定の編成を意図していたと考えられるからである。

以上、①寺領寄進・施入・修理奉加等、②子弟住山・元服・代始礼、③祈願所設定の検討から、守護方権力の檀越としての帰依の内容をみてきた。これは単なる個人的結びつきではなく、きわめて政治的な関係になっていたといえる。

（3）寺社編成

次に、守護権力の国内寺社の編成について、①年始礼、②陣僧催促、③千部経読誦・焼香座列の三点から検討してみる。

①年始礼

まず守護に対する年始礼について。『羽賀寺年中行事』に次のような引付覚がみられる。

年始公方江礼儀引付覚

一、壱貫八百八文　常満保
一、壱貫三百六拾九文　国分寺
一、六百廿六文　小浜八幡宮
一、四百八拾文　性興寺 但此内三百拾九文竹原天満宮
一、八百弐文　羽賀寺
一、四百八拾文　谷田寺
一、四百八拾文　妙楽寺
一、弐百四拾文　多田寺
一、弐百卅五文　諏訪分修理田分
〆以上六貫五百卅六文か 此内弐百三拾弐文残分

これは主要部分とは異なり異筆で書かれ、また年代も明記されていないが、内容から戦国期以前のものと推定される。この引付覚は常満保（本来は国衙祈祷所の料田で若狭国一・二宮に関係。神宮寺が供僧職を持ち支配していた）を筆頭に、九寺社の年始の礼銭を高額順に記載したものである。この記載から、守護への年始礼における顕密寺社の序列を想定してみることができよう。さらに十五世紀末の延徳年間（一四八九―一四九二）と推定される明通寺文書の正月八日付内藤廉貞奉書に「御屋形様江年始之御礼」とみえ、それがいつから始まったか確定できないが、戦国期には一定の序列のもとで年始礼が恒例化していたと思われる。この年始礼は、後の近世幕藩領主への年始と寺社衆の登城列位につながっていったと考えられる。(21)

②陣僧催促

次に戦争の場合、陣中での祈祷・死者供養を行う陣僧について検討してみよう。この陣僧は陣僧催促といわれるように、寺家が負うべき諸役の一つであった。

依レ為二御祈願寺一、惣別陣僧已下諸役御免許候、雖レ然、今度儀者丹州当国陣、殊就二越前勢衆出張一、御用多々候之間、御陣僧壱人充被レ参候者、別而可レ為二御祝着一候、向後不レ可レ成二引懸一候由、具可レ申旨候、猶使者可レ申候、恐々謹言

「永正十四年」（異筆）
六月十九日　　内藤佐渡守
国高（花押）

明通寺年行事

これによると、明通寺は守護の祈願寺であるので陣僧以下の諸役は免除されていたが、今度の永正十四年（一五一七）の丹後勢との合戦では、越前朝倉勢の合力もあり、陣僧の用が多いので、一人の陣僧を派遣してほしい。ただし今後はこの例を踏襲しないことを述べている。ところで明通寺では、すでに応仁二年（一四六八）に陣僧催促は停止され、その後度々免除の書下が出され、この永正十四年の陣僧派遣以後も大永八年（一五二八）の元光の禁制でも先例通り免除されていた。この永正十四年の例は特別な場合であり、原則として守護祈願所であれば陣僧派遣は免除されていたらしい。しかし裏をかえせば、祈願所でない寺院やまたそうであっても特別な場合には陣僧が課せられるのが一般的であったといえる。また延徳年間と推定される内藤廉貞書状では「御陣僧銭、卯月十一日より同廿日まで御臨番にて候」とされ、陣僧派遣のかわりに明通寺は陣僧銭を負担していた。これは四月十一日より二十日までの十日

間が明通寺の臨番であったことによる。このことから、おそらく若狭国内の顕密寺院（禅・念仏・法華等の寺院は不明）は十日間の臨番で陣僧または陣僧銭を負担していたのではないかと考えられる。

このように陣僧は寺家の諸役の一つとされ、陣僧催促を通じて守護権力による一定の寺社編成をうかがうことができる。

③千部経読誦・焼香座列

千部経読誦とは堂舎修造（明応以前の事例として明通寺三重塔、下宮、羽賀寺本堂、妙楽寺本堂、神宮寺等がある）のため、当事者の寺社や小浜において、若狭の主だった顕密寺院が参加し千部の経典を読誦する勧進興行の法会である。また焼香座列とは、代々の守護の菩提を弔う際、焼香礼拝役を参加寺院中一ヶ寺が勤める、その時の座列のことである。

さて事の起こりは、明応七年（一四九八）小浜における千部経読誦の座列にはじまる。この千部経は神宮寺興行のものであったが、明通寺が先例として左座（左・右何番かの第一座）の導師を主張し、それに対し神宮寺は異論を唱えた。一旦は守護方によって明通寺の主張が認められたが、翌々年の明応九年に再度の神宮寺からの訴えが出された。この背景には、神宮寺は「往古者六口社僧坊而成二和光法味一、崇二本地像一根本神之寺」であったが「近年富貴超過」し、一方明通寺は、寺家自身が認めるように「寺家之事者、近年零落」し、「盛衰者一旦、法式者不変」と開き直らざるを得ないような若狭の顕密寺院を二分していた両寺の勢力の盛衰があったらしい。その後、三問三答がかわされたが、結局守護権力によって、当国には左座（第一座）の掟はなく、また左右の導師は両寺がこれまで勤めてきたので、「所詮向後当寺（明通寺）与神宮寺衆徒中、於二千部経導師并焼香等之儀一者、先以二各番之儀一被レ致二覚悟一」

とされた。先例を踏襲して両寺交替で勤めることにし、さらに「万一於㆘不㆑応㆓御成敗㆒方㆖者、以㆓其咎㆒重而可㆑被㆓仰出㆒」と結着がつけられた。この明応年間の座列相論とそれに対する守護裁許から、顕密寺院の序列と、それに対する守護権力の調停機能を伺うことができよう。この調停は現状維持ながら、一面で守護権力による編成という側面をもっていたといえる。

（4）若狭国真言宗本寺正昭院（万徳寺）

最後に、正昭院（万徳寺）をとりあげ、守護権力との特別な関係と、その政策的意図を検討してみよう。

正昭院（現小浜市金屋、慶長七年＝一六〇二、大覚寺直末後、万徳寺と号す）は縁起によると、応安年中（一三六八―七五）安芸国円明寺覚応法印が廻国の時、もとの極楽寺を改め正昭院とし、一国がみな天台系であった若狭国に真言密教をひろめ、一国真言の根本寺（本寺）として密灌を授け、秘旨を伝えたという。

さて万徳寺所蔵の戦国期の文書は、いずれも守護武田氏発給のものであるが、それは次の七通である。

① 大永四年（一五二四）八月十六日、諸役免除・臨時課役・山林竹木伐採停止の五代元光の判物
② 同年月日、寄進地（合計二十八筆）目録安堵状（元光袖加判）
③ 享禄五年（一五三二）三月二十一日、寺法制定の元光書状
④ 同年月日、正昭院寺法（九ヶ条、元光袖加判）
⑤ 天文十三年（一五四四）十二月七日、祈願所設定・駆込み寺規定の六代信豊書状
⑥ 弘治三年（一五五七）十一月十日、若狭国中真言寺院寺僧掟（五ヶ条、信豊袖加判）

⑦　同年月日、国中諸寺真言宗宛の正昭院当国真言根本之寺を確認する信豊奉行人奉書

これらをみると、五代元光の諸役免除・目録安堵、寺法制定、六代信豊の祈願所・駆込み寺設定、国中真言寺院寺僧掟制定という四つの段階が考えられるが、そこから一貫して正昭院が守護権力に支えられた寺院であったことがわかる。とくに他の顕密寺院と異なるのは、守護権力が与えた駆込み寺の規定と正昭院寺法・国中真言寺院寺僧掟である。そこでまず、駆込み寺の規定から検討してみよう。この規定は、次の信豊書状（史料⑤）で定められている。

正昭院事、当国真言衆為二本寺一条、祈願所仁相定置之間、或闘諍喧嘩、或殺害刃傷、或山海之両賊、其外雖レ為二如何様之重科人一、正昭院并宝聚院江走入就二憑儀一者、子細申届可レ為二扶助一、若彼主人及二違乱一欲レ遂二誅罰一者、堅申付可レ令レ成二安堵一候、恐々謹言

天文十三
十二月七日　（武田）信豊（花押）

正昭院御坊

これによると、正昭院は若狭国の真言衆（宗）の本寺であり、祈願所に定め置いたので、闘諍喧嘩・殺害刃傷・山賊海賊、その他いかなる重科人でも正昭院と宝聚院（寺内の子院か）に走入って庇護を求めたものは、守護武田氏に子細を申し届けた上で寺が扶助せよ。たとえ科人の主人であっても走入った科人を誅罰することは許されない、と規定している。

ところで、この規定に関して網野善彦氏は慎重な論証と周到な言いまわしによって、正昭院の駆込みの規定は無縁所に淵源があり（駆込み寺は無縁所であったともいわれる）、そこに無縁の原理（原始以来の無所有・無主・自由等の原理とされる）が特権として公認・保証されたと結論づけられる[22]。しかし、その理解は正しいであろうか。

ここでは、網野氏の無縁以下の原理にもとづく体系を論じることはできないが、[23]氏の駆込み寺の規定の理解を批判する形で、正昭院の性格を考えてみたい。疑問の一つは、駆込み寺は正昭院が若狭国の真言衆（宗）の本寺であり、信豊の祈願所に定め置いたことによること、決して無縁所によるとは述べていないこと（網野氏も指摘）である。二つは、唯一無縁所が史料上にみえるのは元光の代であり、さらにそれは「当寺（正昭院）依レ為二無縁所一、以二思案之旨一、寺法之儀条々相定畢」（史料③）といわれるように、無縁所によって定められたものは寺法（史料④、後述）であって駆込み寺の規定ではないこと。もちろん寺法九ヶ条のなかには駆込み寺の規定はない。網野氏が駆込み寺の規定を正昭院の寺法のごとく扱われるのは問題である。さらに三つは、無縁所（元光の代）→駆込み寺（信豊の代）を結ぶ上で、祈願所はすでに元光の代に前述の史料③によって設定されていたとされるが、史料③には祈願所の文言はなく、この史料から祈願所設定を断定することはできないことである。以上の三点から、無縁所→駆込み寺を論証することは無理と考えられる。それよりも前述の史料⑤を素直に読み、網野氏も指摘されているように真言衆（宗）本寺・祈願所であるために駆込み寺の規定が与えられたこと、守護武田氏に駆込みの子細を申し届けること、さらに堅く申し付け安堵をなさしむべしといっている点に注意すべきであろう。

以上から、私は網野氏と異なり、正昭院の駆込み寺の規定は無縁所に淵源があるのではなく、特殊な守護個人の祈願所にあったと考える。特殊というのは、前掲〈第9表〉の明通寺や羽賀寺等、他の祈願所のすべてが駆込み寺とされた形跡はなく、前述したように正昭院が守護自身によって寺法や国中真言寺院寺僧掟が定められているように、一貫して守護権力に支えられた特殊な寺院であったという意味である。このように考えるのは、一つは前節で述べたように、祈願所が菩提寺と同様、守護個人の私寺的性格をもっていることによる。田中久夫氏が各地の事例から、駆込み寺は戦国大名とゆかりの深い菩提寺に多いとされる（網野氏も指摘）ことは、それを裏付ける。さらにもう一つは無縁所の性格による。宝永二年（一七〇五）万徳寺願書控では「開山以来御国主代々御祈願所」（信豊以前は史料上疑問であり、無縁所というべきか）に定められていたが、元亀年中の武田氏滅亡の際の国中乱逆によって伽監坊舎が焼失し、これより「三十余年無縁所と罷成り」、やっと慶長七年（一六〇二）に至り京極高次によって寺領を寄付され、往古のごとく祈願所に定められた、と述べている。ここでは無縁所は祈願所と対比され、単に祈願所でないという意味で使われている。すなわち無縁所とは特定個人との私的関係のない寺院ということになる。さらに大永四年（一五二四）元光によって寄付地（寄進之地）二十八筆が目録安堵された（史料①・②）ことは、無縁所の段階で正昭院に根本寺領がなく、寄進地のみであったことを示している。よって無縁所の性格として、寺領がないということも付け加えられるであろう。[25]

このように考えると、網野氏のいわれる無縁所→駆込み寺ではなく、正昭院が無縁所（元光）でなくなった時点（すなわち信豊の祈願所）で駆込み寺の規定が生まれたとすべきであろう。言わんとするところは、網野氏の無縁所の理解（拡大解釈）で駆込み寺設定を説明することはできないということである。

以上、正昭院の駆込み寺規定をめぐって網野氏を批判する形で述べてきた。結局、守護権力は守護個人の特定の私寺的寺院を駆込み寺として公認・保証することによって、重科人の走入りを自己の掌握化におき、領国支配を貫徹しようとしたといえよう。

次に、他の顕密寺院と異なる寺法・国中真言寺院寺僧掟制定について検討してみよう。五代元光が享禄五年（一五三二）に定めた寺法（格）九ヶ条の内容（史料④）は、寄宿棟別段銭要銭等臨時課役免除（第五条）、寄進田畠山林竹木等安堵（第六条）、造営頼子の徳政棄破免除（第七条）、頼子懸銭・人数規定（第八条）、施入米銭貸付（祠堂銭）の徳政棄破免除及び寺僧田畠の他所への寄付の禁止（第九条）という世俗的規定のほかに、正昭院門徒諸寺の法流棄捨の停止（第一条）、諸末寺に対する本寺正昭院の進退権保証（第二条）、住持認可（第三条）、寺僧・客僧移住停止（第四条）など法流を含む寺院内部の規定を与えていた。そして最後に「当国真言根本之寺」と明記し、罪科文言を付し袖判を加えていた。このように守護元光は、正昭院を一国中の真言根本（開宗）の寺として、それに見合った寺法を定めることによって守護権力の支配下に置こうとしたものと思われる。さらに六代信豊は、弘治三年（一五五七）国中真言寺院寺僧掟（五ヶ条、史料⑥）を定めている。次の史料がそれである。

（武田信豊）
（花押）

国中諸山寺僧中格之事

一、於二正昭院一不二受法一輩、急度可レ遂二加行灌頂一、於二自余一仕儀不レ可レ為レ証事

一、於二当院一前々受法輩、代替印可可レ申事

一、或号レ有二内々不足一、捨二法流一、対二当院一無音輩、或不レ糺二宗旨威儀一、仏法不二修行一族、可レ被レ処二過怠一事

一、於二他国一受法之輩、自然雖レ学二他流一、既於二当国居住一者、就二当院流例一可レ遂二伝受一事

一、乱行風聞輩於二訴訟申仁一者、可レ有二御褒美一事

右、條々各可レ致二信用一、若於二違犯輩一者、任二先年之　御判之旨一、可レ被レ処二罪科一之由、堅被二　仰出一候者也、仍下知如レ件

弘治参年十一月十日

筑前守（内藤勝高）（花押）

内容は、第一条で正昭院での加行灌頂（受法）を規定し、以下、代替の印可（第二条）、法流・宗旨を守り過怠なきこと（第三条）、他国受法の僧も正昭院で伝授のこと（第四条）、乱行風聞の僧に対する訴えの褒美（第五条）を掲げ、違犯の輩の罪科文言を付して袖判を加えている。同年月日の諸寺衆徒宛奉行人奉書（史料⑦）では、「国中諸寺真言宗、対二正昭院一近年疎略、剰棄二捨法流一、他流他国為レ本企、併法流断絶基、曲事」といわれていることから、この五ヶ条の掟は近年疎略の状況に対し、守護権力が正昭院の真言宗一国中本寺を再確認し、法流を保証したものといえよう。ここから守護権力による正昭院の真言法流の正統性保証と国内真言宗寺院の一定の編成をうかがうことができる。ただし明通寺や羽賀寺等の寺院では、正昭院との法流関係は確認できず、これらの寺院は正昭院の末寺（当院門徒諸寺、国中諸寺真言宗とも表現）に含まれていなかったと考えられる[26]。

以上の正昭院に対する駆込み寺の規定、国中真言本寺としての寺法・国中真言寺院寺僧掟制定から、正昭院が他の顕密寺院と異なり、守護権力の寺社編成上、特別な位置と役割を与えられた寺院であったことが理解されよう[27]。

以上、本章では（1）恒例・臨時の仏神事、（2）檀越・祈願所、（3）寺社編成、（4）若狭国真言宗本寺正昭院（万徳寺）の検討から、顕密寺社のもつ独自な宗教的機能を、守護権力はいかに領国支配に組み込んでいたかをみてきた。一定の編成が四代元信後半の十五・十六世紀交から五代元光・六代信豊の十六世紀中期にかけてみられる。しかし前述したように、正昭院に対し「近年疎略」と六代信豊自身が認めているように、その寺社編成は最後まで貫徹できなかったことを確認しておきたい。ここに戦国期権力の寺社支配の限界と統一政権のそれとの違いをみることができよう。

五、おわりに

以上、若狭国を素材にして戦国期の寺社とくに顕密寺社について、権力との関係から、その実態をみてきた。現在の研究状況と私の力量不足から散漫なものになったが、一応のまとめは各章節の終わりに述べておいた。ここでは大まかに次のようにまとめておきたい。

（1）戦国期若狭の寺社は、その社会的基盤と宗教的機能から、顕密寺社、禅宗寺院、念仏・法華宗寺院、村堂・鎮守社の四つに分類されるが、そのうち顕密寺社が戦国期でも中心的位置を占めていたこと。

（2）その顕密寺社は門前、寺領の領主的支配を行い、寄進買得地、別当所など周辺地域をも支配下に置いていた。またその領主権は、守護権力によって認められ、安堵されていたこと。

（3）この領主権安堵の見返りとして、守護権力は恒例・臨時の仏神事、壇越・祈願所、寺社編成、若狭国真言宗本寺などを通じて、顕密寺社の果たす宗教的機能を領国支配に組み込んでいたこと。

（4）さらに守護権力による一定の政策的な寺社編成は、寄進買得地安堵、祈願所設定、正昭院の位置づけ等から、十五・十六世紀交以後展開されていたが、それは最後まで貫徹されなかったこと。

以上のようにまとめられる。

最後に、統一政権の寺社政策について、若狭国を展望してむすびにしたい。結論から先にいえば、顕密寺社のもつ領主権と、それに伴う宗教的機能は天正十八年（一五九〇）以降の若狭国の太閤検地によって否定されたといえよう。

近世に書かれた各寺社の縁起や『若州管内社寺由緒記』（延宝三年＝一六七五）では、「太閤御検地の砌被二召上一候」とか「寺社領悉く太閤御代に落申候」などと記されている。たとえば、かつて顕密寺院として勢力を誇っていた谷田寺（現小浜市谷田部、寺領五〇町、坊数二十一坊と伝う）は、天和二年（一六八二）の本堂建立勧進帳のなかで「其内盛衰あふといへとも其旧式を失ふ事なし、然るに文禄の始、秀吉公天下を領して諸国の寺領社領を沙汰し給、此時に当て寺領社領悉没収せらる、爰におゐて衆僧朝夕を継事なく、坊舎影を覆ハさりしかは、衆徒忽散して堂閣廃たる事七十余年」と述べている。寺社にとって太閤検地がいかに決定的であったか、強烈に刻印されているのである。

そこで以下、太閤検地の結果を概観しておこう。(28)（1）寺内（境内）は、基本的には禁制を出し坊舎・山林竹木とともに安堵。（2）門前は、寺社の支配権を否定され、近世の村として把握。門前衆・寺家百姓は本百姓（年貢負担者）として寺社支配から自立。（3）寺領は、検地によって召上・没収。その後一部は朱印地として寄付され石高確定。（4）寄進買得地は、すべて召上・没収。（5）別当所は、寺家の財産としての側面は否定され独立化するが、宗教的なつながりは一部継続。以上のように、太閤検地後は寺内と一部寺領を保持するのみとなった。この領主権否定にともない、宗教的機能も一旦否定された。その上で、当時の民衆の要求と統一政権の権力支配の両面から、近世の寺檀制の寺院として再編成されたといえよう。もちろん寺社の近世的秩序化の過程は、いくつかの段階を経てのことであろうが、太閤検地が、その最初の決定的段階であったことは否定できない。(29)戦国期まで存続した中世の顕密寺社は、近世の各寺社の縁起や由緒書が語るように太閤検地をもって解体したのである。(30)

註

（1）黒田俊雄「中世寺社勢力論」（『岩波講座日本歴史』6、一九七五年）、同『寺社勢力』（一九八〇年）等参照。寺院に対する神社の従属的関係にも留意されたい。

（2）若狭武田氏の研究は少ないが、全般的なものとして黒崎文夫「若狭武田氏の消長」（『一乗谷史学』一二、一九七六年）、大森宏「若狭武田氏の盛衰」（『歴史と旅』一九八二年十一・十二月号、一九八三年一月号）、水藤真「武田氏の若狭支配―武田氏関係文書・売券の研究から」（『国立歴史民俗博物館研究報告』2、一九八三年）参照。現在の研究の実証的水準を示すものとして小浜市教育委員会編『若狭の中世城館』（一九七九年）があげられる。なお本稿では武田氏を守護、またその権力を守護権力として記述する。

（3）拙稿「地方寺社と地域信仰圏―若狭における如法経信仰」（『ヒストリア』九七、一九八二年）では地域住民との関係を中心に論じたが、本稿では権力との関係に重点をおき、課題として残しておいた戦国期から近世の段階の地方寺社の動きを検討したい。

（4）前註（3）拙稿の註（20）では、中世若狭の寺社を①一般顕密寺社、②国衙・守護系顕密寺社、③新興寺院（禅・念仏・法華宗）、④村堂・鎮守社に四分類した。しかし、国分寺の衰微や応安四年（一三七一）の国一揆敗北等による国衙・守護系顕密寺社の勢力低下、禅宗寺院（菩提寺）の発展等から、戦国期では本文のように分類しておきたい。

（5）宝徳二年二月日、若狭国東寺修造料足奉加銭注文（『東寺百合文書』ヌ―一八五）。

（6）以上の禅宗寺院については米原正義「若狭武田氏と禅僧」（『小浜市史紀要』3、一九七二年）参照。

（7）若狭地方文化財保護委員会刊『若州管内社寺由緒記』（一九五八年）。

（8）前註（7）『若州管内社寺由緒記』による。

（9）前註（2）『若狭の中世城館』安賀里城の項所収、岡本義勝氏所蔵文書。

（10）長源寺については『長源寺史』（同寺発行、一九八三年）参照。

（11）藤井譲治「戦国時代の加地子得分」（『赤松俊秀教授退官記念国史論集』一九七二年）参照。

（12）私見では守護武田氏の権力は、幕府との関係、安芸国守護職兼帯、家臣団掌握等の領国支配の様相などから、およそ次の三期に分けて考えられると思う。（一）前守護一色義貫討伐による若狭国守護職獲得の初代信栄の永享十二年（一四四〇）から四代元信前半の十五・十六世紀交の時期、（二）元信後半から六代信豊晩年の十六世紀中期の時期、（三）信豊晩年から八代元明の永禄十一年（一五六八）離国の時期（以上、第1図略系図・第1表参照）である。十五・十六世紀交から十六世紀中期の時期は第二期にあたる。なお前註（2）水藤論文では、武田氏の発受文書等の検討から、領国支配の推移を四期（守護大名の段階と戦国大名への転化、確立＝一個の独立した国家、衰亡の段階）に分けられている。水藤氏もいわれるように、その実態の究明が今後の課題であろう。

(13)　たとえば、『明通寺文書』大永八年（一五二八）三月二十一日、武田元光禁制（五ヶ条）の第五条では「寺、内付門、前棟別堪《(料カ)》領要脚等事」とみえる。

(14)　前註（3）拙稿では、門前居住の寺家百姓（寺領農民のつもりで記述）を門前衆と区別している点や寺領と寄進買得地の混同等不十分であった。本文のように訂正しておきたい。

(15)　『小浜市史』社寺文書編（一九七六年）所収。解説によれば天文年中から元禄三年（一六九〇）までの歴代住持による書継ぎであり、主要部分執筆の最終年次は永禄元年（一五五八）といわれる。

(16)　なお正保郷帳（一六四六年）では、門前村は一二八石余（田方一二六石余・畠方一二石余）、三分一村は一七九石余（田方一三六石余・畠方四二石余）の村高であった。

(17)　入間田宣夫「中世国家と一揆」（『一揆』5、一九八一年）参照。この時期は、前註（12）で区分した第二期の本格的な領国支配の時期にあたるが、徳政状況を含めて、その内実（矛盾と危機）を明らかにする必要を改めて指摘しておきたい。

(18)　『羽賀寺年中行事』に「享禄四暦辛卯、三郡百姓等依レ有二愁訴一徳政行畢」とあり、この時の徳政をさしていると思われる。

(19)　天文九年三月十一日、「飯盛寺別当職並買得目録」（『大飯郡誌』一九三一年所収）。

(20)　この永井（長井）氏は、宝徳二年（一四五〇）二月日、若狭国東寺修造料足奉加大勧進下行物注文（『東寺百合文書』ヌ―一八六）では寺社奉行とされている。その存在と役割が注目されるが、これ以上は今のところ不明である。

(21)　『稚狭考』（明和四年＝一七六七成立）所収の「寺社衆登城列位」では、若狭国内の百寺院・五社・三山伏、敦賀領の三三寺院・

三社・二山伏の順に合計百四十六の寺社が掲げられている。

(22) 網野善彦「若狭の駆込み寺―万徳寺の寺法をめぐって」(『小浜市史紀要』4、一九七七年)、同「若狭の駈込寺―万徳寺の寺法」(『無縁・公界・楽―日本中世の自由と平和』一九七八年)。

(23) 最近、安良城盛昭氏は「網野善彦氏の近業についての批判的検討」(『歴史学研究』五三八、一九八五年二月)において、網野氏の体系を全面的に批判されている。若干の疑問を除いて安良城氏の批判と理解に賛成である。

(24) 田中久夫「戦国時代に於ける科人及び下人の社寺への走入」(『歴史地理』七六―二、一九四〇年)。

(25) 前註(23)論文で、安良城氏が紹介されている『日葡辞書』の無縁所についての定義「所領もなければ檀徒などもない、孤立無援の寺、あるいは礼拝所」が想起される。

(26) たとえば『羽賀寺年中行事』では「山門高野住山並入峰之仁躰者、夜番・花之番・諸勤行之役除レ之」とみえ、また神宮寺では、天文五年(一五三六)延暦寺による天台門徒中への動員に応じて、日蓮党追討(天文法華の乱)のために出陣している。以上から戦国期でも、中央権門寺院との本末関係が存続していることがわかる。なお、この神宮寺出陣は「梶井宮令旨写」(『神宮寺文書』)によると、守護武田元光「以二存知之旨一出陣」と記されている。

(27) 正昭院が、なぜこのように位置づけられたのか問題である。遠敷という地理的条件、応安年中という比較的新しい開基、真言密教の法流の正当性、さらに開山覚応の出身寺安芸国円明寺(真言宗、現佐伯郡五日市町)と安芸国守護以来の武田氏との結びつき、などが考えられる。

(28) しかし結果ではなく実際の過程を示す史料は、若狭の寺社の場合でも非常に少ない。この点からも寺社の激変の様子がうかがえる。

(29) 小浜藩主酒井氏の命によって、各寺社や村からの書上げを集成した『若州管内社寺由緒記』がつくられた延宝三年(一六七五)は、その最後の段階の一つと考えられる。

(30) なお太閤検地とともに、秀吉による寺社政策の体系については、身分制とからめて独自に追究する必要があると思われる。今後の課題としたい。

【付記】なお、現地調査に当たり、小浜市教育委員会の大森宏・杉本泰俊両氏に種々御教示をいただき、大変お世話になった。記して感謝したい。

Ⅱ

若狭武田氏の寺院政策
―時宗・日蓮宗を中心として―

沼田晃佑

はじめに

若狭武田氏は初代武田信栄が永享十二年（一四四〇）に若狭に入部し、八代元明が天正十年（一五八二）に近江国海津にて生害するまでの約百四十年間に亘り若狭国守護として支配していたが、領国経営を円滑に進める上で、領国内の寺社勢力に対し様々な保護を与えている。

この若狭武田氏（以降「武田氏」と表示）の寺社政策については先行論文として林文理「戦国期若狭武田氏と寺社―とくに顕密寺社を中心に―」（『戦国期権力と地域社会』一九八六年）や米原正義「若狭武田氏と禅僧」（『小浜市史紀要』三　一九七二年）等があり、前者は武田氏入部以前より存在していた天台宗・真言宗系の顕密寺院に対して、武田氏の守護権力による保護と、その見返りとして武田氏への祈願や戦時における従軍僧である「陣僧」派遣等の武田氏と寺社側の関係を述べたもので、後者は武田氏が信仰していた禅宗（特に臨済宗）寺院へ子弟を入寺させ、例えば建仁寺二九二世の英甫永雄（六代武田信豊の弟である宮川新穂山城主信高の子）[1]の様な五山派禅僧として中央で活躍した者も現れたことが述べられている。

そこで本論では顕密諸宗・禅宗以外の諸宗派で武田氏の本拠地小浜において町衆の信仰を集めていた時宗・日蓮宗（法華宗）各寺院に対する武田氏の保護と統制について述べて行きたい。

時宗寺院と武田氏

小浜（若狭国）における時宗の進出について定かな年代は明らかではないが、時宗二祖の他阿真教（一二三七―一三一九）は越前敦賀等の北陸各地を遊行していることから比較的教団初期の段階で布教が行なわれたものと推察できる。小浜における開創が中世に遡る時宗寺院を見ると西福寺を挙げることができる(2)。

『小浜市史』社寺文書編によると同寺には百点を超える古文書を所蔵し、八十五点が『小浜市史』社寺文書編（以降同書より引用する際は『小浜』社寺と表示）に収録されている。

『小浜』社寺　西福寺文書解説によると同寺所蔵中世文書は、いずれも戦国時代のもので、特に天文年間のものを中心とした寺敷地や田畠の寄進状・売券類の所謂加地子得分の集積に関わるものである(3)。

その内、武田氏に関する文書は左記の通りになる。

寄進状　三点（『小浜』社寺　西福寺文書八・一二・一三）

判物　十五点（『小浜』社寺　西福寺文書一一・一三・一五・二〇・二六・二九・三一・三五・四一・四八・五一・五五・五八・五九・六〇）

下知状　二点（『小浜』社寺　西福寺文書一四・一九）

その他　二点（『小浜』社寺　西福寺文書五四・五五）
寄進状は四代武田元信（永正十六年七月二日）五代武田元光（享禄四年十二月十三日・同年同月同日）が発給している。

特に『小浜』社寺　西福寺文書八～十一は西福寺寺域に関わる文書となっている。

以上の文書によると永正十六年（一五一九）西福寺は武田元信によって「西林南之谷」に新たな寺地を寄進されている。また同日付の武田氏被官山東大蔵丞家忠からの奉書によると、新寺地は「小濱神明」の北方で「聖谷」と呼ばれていた事がわかり、且つ「雖為権門政家、被成御判上者、不可有違乱候」と元信の判物が下された以上、新たな寺地への保護を保障していることから、守護である武田氏の領内における権威を窺うことが出来る。

また、『小浜』社寺　西福寺文書一〇によると元信の隠居と元光の家督相続（守護就任）と寺地移転が重なったため、新寺地となる「聖谷」山畠の境を隠居した元信（文書では「福谷殿様」）と新当主元光（文書では「御屋形様」）の双方が承認しており、事実『小浜』社寺　西福寺文書十一に元光からの新寺地の安堵判物が永正十八年（一五二一）七月二日付で住持と推測される覚阿に下されている。

このことから武田元信の隠居並びに武田元光の家督相続が西福寺文書八・九に記された永正十六年七月二日より元光が神宮寺に宛てて発給した判物に記されている永正十七年（一五二〇）十二月二十五日までの期間であることがわかると共に、後述の日蓮宗長源寺と同様に寺地の移転を命じることが出来る守護の権力が垣間見える。

また元光以降も六代武田信豊が発給した判物（『小浜』社寺　西福寺文書四一）や七代武田義統が発給した判物（『小浜』社寺　西福寺文書五八）にも先例のごとく聖谷の寺地を保障している。

判物は武田元光（『小浜』社寺　西福寺文書一一・一三・一五・二〇・二六・二九・三一・三五　うち二九の署名は「沙弥宗勝」）武田信豊（『小浜』社寺　西福寺文書四一・四八・五一・五九）武田元栄（『小浜』社寺　西福寺文書五五）武田義統（『小浜』社寺　西福寺文書五八・六〇）が存在し、最後の当主である元明を除いて比較的末期まで判物を発給している。

しかし『小浜』社寺　西福寺文書に掲載された武田氏並びに武田氏被官が発給した文書を見ると何れも西福寺に寄進・売券等の土地収得に関わる文書のみであり、武田氏が西福寺に与えたであろう禁制や祈祷の依頼、諸役の命令書等の文書は残されていない。

ただ林文理「戦国期若狭武田氏と寺社―とくに顕密寺社を中心に―」に明通寺の例として永正十四年（一五一七）の丹後勢との合戦に際し、先例としないことを条件に陣僧派遣を要請しており、元来守護祈願所に指定されれば陣僧派遣が免除されていたらしいが、裏を返せば祈願所でない寺院や特殊例外の際は祈願所でも陣僧が課せられたことが指摘されており[3]時宗寺院に対し他地域では陣僧の役が課せられた例も有ることから[4]西福寺も諸役として陣僧を課せられた可能性は高い。

日蓮宗（法華宗）寺院と武田氏

小浜（若狭国）における日蓮宗（法華宗）の進出について見てみると、祖師日蓮の孫弟子にあたる日像（一二六九―一三四二）が北陸経由にて上洛した永仁二年（一二九四）に小浜へ立ち寄り、同所の禅寺を改宗させて妙興寺を起こ

したことが始まりであるとされている。(5)

日蓮宗（法華宗）は初期より都市在住の商工業者を布教の対象としており、且つ日蓮滅後に弟子たちは「門流」という形で分派していき其々合従連衡して都市部を中心に教勢を伸張させたのである（拙稿「日蓮以後の甲斐国日蓮教団と鎌倉」『甲斐』一〇八号参照）。

小浜における日蓮門下各門流は先記の妙興寺を中心とする四条門流（本寺は京都妙顕寺）長源寺を中心とする六条門流（本寺は京都本圀寺）本境寺を中心とする日真門流（本寺は京都本隆寺）本承寺を中心とする日隆門流（本寺は京都本能寺）を挙げることができ、身延山久遠寺を本寺とする身延門流や鎌倉妙本寺を本寺とする比企谷門流等の関東系日蓮門下所属寺院を小浜市内に見受けることは出来ない。

京都に本拠を置く諸門流寺院が小浜に設立されていることから見ても小浜と京都の縁の深さを見て取ることが出来るが、決して広くない小浜旧市内に日蓮門下各門流が其々開教している事実からも、中世における小浜が豊かな経済力を誇っていたことの証明になろう。

さて『小浜市史』社寺文書編には中世に遡る日蓮宗（法華宗）寺院文書として先記の妙興寺・長源寺・本境寺の三ヶ寺収録されている。

武田氏と小浜日蓮宗（法華宗）諸寺との関わりをみると、二代武田信賢が享徳四年六月五日付で妙興寺に与えた「自然甲乙人等狼藉已下事」を禁ずる禁制が現存資料中最古にあたるものである。

妙興寺には同様の禁制が三代国信（文明十五年七月二十三日付）四代元信（明応三年四月二十日付）の発給したものが現存しているが、内容が其々微妙に異なっている。

『小浜』社寺　妙興寺文書一(6)
於當寺、自然甲乙人等狼藉已下事、堅可令禁制之状如件。
享徳四年六月五日
大膳大夫（花押）
妙興寺

『小浜』社寺　妙興寺文書二(7)
當寺甲乙人寄宿并狼藉等事、堅可令停止之状如件。
文明十五年七月廿三日　沙弥（花押）
妙興寺

『小浜』社寺　妙興寺文書三(8)
當寺諸役免許并寄宿殺生竹木伐採等事、堅可令停止之状如件。
明應三年四月廿日
伊豆守（花押）
妙興寺

註六文書は甲乙人の狼藉を禁じたものであるが、註七文書は狼藉の他に寄宿も停止しており、註八文書に至って更に妙興寺の諸役免許・境内における殺生や竹木伐採の禁止が追加されている。

このことは裏を返せば当初の妙興寺は諸役（陣僧役他）を負担し、境内地の侵犯（第三者による竹木の伐採等）が存在したことを伺わせ、年代を経るごとに武田氏から然るべき保護の対象となる寺院として認知されていったことの表れと考えられる。

また長源寺は康暦二年（一三八〇）越後国出身の僧日源が開山したと伝えられ、当初の寺地は先記の妙興寺と隣接した後瀬山山麓（現　曹洞宗空印寺）であったと伝えられている。(9)『小浜』社寺　長源寺文書一四を見ると、武田氏による寺地の移転について記されている。

長源寺三門（福井県小浜市）

『小浜』社寺　長源寺文書一四(10)

補任小濱長源寺敷地之事

右於向嶋四丁町方角境等有之、任請文之旨、除諸役、法華堂末代知行不可有相違者也。仍所補任如件。

大永二年壬午六月二日　清光（花押）

長源寺

後年編纂された「長源寺縁起」（『小浜』社寺　長源寺文書四八）を見ると元来後瀬山の艮麓に所在していたが、守護武田元光（「長源寺縁起」では清光と記す）が大永二年夏に寺主の日樽を呼び出し、後瀬山に築城するため寺の望む場所を与えることを条件に寺地移転を命じ、日樽の祈祷の結果、現在地に当たる向島の地を感得し、同地に移転したと記されている。

『小浜』社寺　長源寺文書一四の発給者で、「長源寺縁起」に「若州刺司」として登場する「清光」たる人物は武田元光にとって曽祖父に当たる武田国信の末弟に当たる月甫清光と考えられ、長源寺文書の他にも享禄二年（一五二九）正月十一日付の清光袖加判浄泉奉安堵状（『小浜』社寺　羽賀寺文書一六）にも袖判を加えていることから当時の武田一族でも重臣に目されていたのであろう[11]。

武田元光は長源寺を移転させた後に、旧寺地に守護館を設けているが、洛中の法華宗諸本山と同様に長源寺時代より要害としての要素が有り、その点から守護勢力に目をつけられたとの説も有る（平山智光編『長源寺史』一九八三年）。

また、新たに寺地として与えられた「向嶋四丁町」は江戸時代初期の小浜絵図によると湯ノ川河口に近い城下の町人地の外れに当たり、長源寺移転と同時に寺の信者に当たる商工業者も移転させて町場として開発させた可能性も指摘できよう。

例えば長源寺の本寺に当たる京都六条堀川の本国寺（江戸時代より現在の「本圀寺」に改称）においても、寺域を堀と土塁で囲み、その中に信者が居住していたことが確認されており（森田恭二「中世京都法華「寺内」の存在―六条本国寺を中心として」『ヒストリア』九十六号　一九八二年）同様のケースが小浜の日蓮宗（法華宗）寺院でも行なわれていた可能性も否定できない。

日蓮宗（法華宗）寺院が武田氏に負っていた課役について元亀二年（一五七二）に山県秀政が長源寺に発給した判

物を見ると「向嶋法華堂地子銭」として「合拾伍貫文」が掛けられていたのを「以分別末代差置」ことになったことが記され、また同年十月七日付の朝倉義景が長源寺に宛てて発給した判物を見ると、

『小浜』社寺　長源寺文書三二[12]

当寺地子銭拾五貫文、為祈願所、満山毎月可被抽祈祷之精誠。仍任当寺務之旨、不可有相違之状如件。

元亀貳年十月七日　義景（花押）

長源寺

寺中

と、長源寺を朝倉氏の祈願所として毎月満山に祈祷をさせると共に当寺地子銭を寺務に任すことが記されている。

日蓮宗（法華宗）寺院が武田氏の祈願所に選ばれたことを示す資料は『小浜市史』社寺文書編には存在せず、武田氏八代目の元明を拉致して若狭国に進駐した越前国の朝倉義景によって長源寺が日蓮宗（法華宗）寺院で初めて祈願所に選ばれたということは注目されよう。

他の課役について『小浜』社寺　本境寺文書五[13]を見ると、

當津本鏡《ママ》寺寄宿并飛脚等諸役事、依有子細之段、永令免除畢。猶山縣式部丞可申也。恐々謹言。

（天文一九年）八月十七日　信豊（花押）

本鏡《ママ》寺

本境寺に対し武田信豊より「寄宿并飛脚等諸役」を免除されているが、先記『小浜』社寺　妙興寺文書二にも寄宿の停止が謳われており、軍兵の寺院への宿泊強制割当と思われる寄宿や、飛脚役も諸役として寺院に課せられていた

ことがわかる。

天文法華の乱における小浜日蓮宗（法華宗）寺院

武田氏と小浜日蓮宗（法華宗）寺院間との交渉で見逃せない問題として天文五年（一五三六）旧暦八月に京都日蓮宗（法華宗）諸本山が比叡山延暦寺を中心とする勢力に襲われ、洛中が灰燼と化し、法華宗諸本山も洛中より十年間追放されるという天文法華の乱との関わりがある。

『小浜』社寺　神宮寺文書三七・三九・四〇は日蓮宗（法華宗）を襲撃した天台宗側の文書である。『小浜』社寺　神宮寺文書三七は日蓮宗（法華宗）側が叡山側に夜討を懸けたことに対し、叡山側でも対抗策として「諸宗諸門徒、殊天台之門徒中」に対し対日蓮宗（法華宗）出陣を求めたものであり、『小浜』社寺　神宮寺文書三九は法華の乱終了直後に梶井宮（三千院）門跡より今回の神宮寺の出陣は武田大膳大夫（元光）も承知しており、若狭国内の日蓮宗（法華宗）に対しても成敗することを求めており、『小浜』社寺　神宮寺文書四〇は法華の乱参戦への梶井宮からの感状で、神宮寺の戦功と梶井宮からの褒美について「光禄」（武田元光か）にも伝える旨記されている。

神宮寺も天台宗寺院として比叡山の求めに応じて出兵したことがわかるが、問題は『小浜』社寺　神宮寺文書三九である。

『小浜』社寺　神宮寺文書三九(14)

就今度日蓮党發行之儀、武田大膳大夫入道以存知之旨出陣之儀、神妙之至候。彼余党於国弥成敗可然候。猶〻依門徒流執心、当谷入魂特更御感悦之由

梶井宮御気色所候也。仍執達如件。

（天文五年）八月廿五日　法橋任済　奉

神宮寺衆徒中

この文書には先記の通り梶井宮門跡から今回の出陣が武田元光も承知していると記され、且つ若狭国内における法華宗（文中では「日蓮党」）成敗を求めている。

現在京都市本圀寺で所蔵されている『日蓮聖人註画讃』（国指定重要文化財）の奥書に絵師の窪田統泰により「于時天文五暦丙申初秋於若州遠敷郡後瀬山長源寺註書之訖」と記され、同第五巻末に「自七月下旬至テ季秋上旬卌八日書之」と、同書製作が天文五年秋まで係ったことがわかる[15]。

窪田統泰は同時期他にも日蓮宗関係の作品を小浜にて作成していることが確認されており、実際に神宮寺文書に記された様な天台宗による若狭国内日蓮宗（法華宗）の弾圧があったとは考え難い。

且つまた統泰の庇護者であった武田氏重臣の粟屋元隆によって長源寺に天文二年（一五三三）十二月十四日付で元隆名の禁制を発給されているが、元隆による禁制発給で現在確認されているのは長源寺宛のみであり、元隆と長源寺の関わりが深いものであったことが伺える[16]と共に、武田元光も比叡山と家中の有力者に配慮して領内の天台宗寺院が本寺の対日蓮宗（法華宗）武力行使に加担することを公認すると共に、天台宗の求める領内に混乱を引き起こす公算が高い日蓮宗（法華宗）弾圧には手を着けなかったものと推察できる[17]。

因みに洛中日蓮門下各本山も地方末寺に緊急時に門徒の動員をかけていたと思われ、年不詳であるが『小浜』社寺長源寺文書四十五に本国寺貫主日桓よりの書状に「就今度長源寺衆徒衆上洛、惣中和談之儀申候処、相調申候。向後者弥以無申事様ニ各檀方中頼入候(18)」と非常時における地方末寺への動員に対する礼状が現存していることから、天文法華の乱においても若狭国日蓮宗（法華宗）門徒が各本山の要請に応えて上洛したものと思われる。

小結

若狭武田氏の宗教政策を時宗と日蓮宗（法華宗）から概観してみたが、以下のように纏めることができよう。

（一）時宗寺院（西福寺）現存の武田氏関係文書は土地収得に関する資料のみであり、具体的な武田氏との繋がりを示す文書が残されていないが、武田氏が別寺院に出した文書から戦時における陣僧役を領内寺院に課していたことが確認されていることから、西福寺も陣僧を供出していた可能性が極めて高い。

（二）日蓮宗（法華宗）寺院は都市在住商工業者を布教対象としていたが、そのため権力者から保護の対象とすべき寺院と認められるまで時間を費やしている。後には有力者の外護を受けるようになり、その結果として地域的に京都に近接する地であるにも関わらず、天文法華の乱によって引き起こされた京都日蓮門下の混乱の巻き添えに遭わずに済むと共に、大永二年の寺地移転に見られる様に、寺院のもつ財力（ひいては信者の財力）を守護権力に利用された可能性も否定できない。

京都と小浜の地理的近さからか、京都に本拠を置く日蓮門下各教団が挙って小浜に進出していることから見ても、中世小浜の活気を推察することが出来ると共に、『小浜』社寺　長源寺文書四十五に見られるように、小浜日蓮宗（法華宗）門徒も京都の本寺の動員で上洛するなど、京都の動向に密接に関わっていたものと思われる。

註

（1）「若狭武田氏出身の禅僧」（『中世若狭を駆ける―若狭武田氏とその文化―』福井県立若狭歴史民俗資料館、一九九二年）参照。
（2）西福寺の正確な創立年代は不明であるが同寺最古の文書は『小浜』社寺　西福寺文書一は延徳二年（一四九〇）の「寺井賢仲敷地寄進状」であり、遅くとも延徳二年には開創されていることがわかる。
（3）林文理「戦国期若狭武田氏と寺社―とくに顕密寺社を中心に―」（『戦国期権力と地域社会』吉川弘文館、一九八六年）参照。
（4）時宗と陣僧の関わりについては高野修『時宗教団史―時衆の歴史と文化―』（岩田書院、二〇〇三年）参照。
（5）『日蓮宗大図鑑』八六一頁（日蓮宗大図鑑刊行会、一九八七年）。
（6）『小浜』社寺　一四八頁（小浜市教育委員会、一九七六年）。
（7）『小浜』社寺　一四八頁（小浜市教育委員会、一九七六年）。
（8）『小浜』社寺　一四八頁（小浜市教育委員会、一九七六年）。
（9）『長源寺史』3　室町時代の長源寺　参照（長源寺、一九八三年）。
（10）『小浜』社寺　三七五頁（小浜市教育委員会、一九七六年）。
（11）『小浜』社寺　三九二頁　長源寺文書解説参照（小浜市教育委員会、一九七六年）。
（12）『小浜』社寺　三八〇頁（小浜市教育委員会、一九七六年）。
（13）『小浜』社寺　五二八頁（小浜市教育委員会、一九七六年）。
（14）『小浜』社寺　二八六頁（小浜市教育委員会、一九七六年）。
（15）松岡心平「窪田統泰と長源寺―付窪田年譜―」（『長源寺史』長源寺、一九八三年）参照。

(16)『長源寺史』3　室町時代の長源寺　参照（長源寺、一九八三年）。
(17)この天文法華の乱における若狭神宮寺の行動については永村眞「中世延暦寺と若狭神宮寺」（『延暦寺と中世社会』法蔵館、二〇〇四年）参照。
(18)『小浜』社寺　三八五頁（小浜市教育委員会、一九七六年）。

Ⅲ 武田氏と家臣団の文化活動

杉本泰俊

武田氏と文芸

室町・戦国の時代、有職故実や古典の研究などの伝統文化は、公家を担い手としてなお京都を中心に維持されていた。歌や連歌も盛んで、ことに連歌は各地を遍歴する連歌師の活動を通じて地方諸国にも普及し流行した。このような状況にあって、守護大名・戦国大名のなかには、中央の文化の受容に強い関心を示し、積極的にそれに接触し吸収しようとする意欲を見せたものが少なくない。若狭の武田氏も例外ではなかった。武田氏歴代の当主をはじめ、一族・家臣団のなかには、旺盛な文化的活動のあとをとどめるものが多く見られる。

若狭と京都との距離的な近さ、武田氏治世の前半期において、当主や主な家臣らがほとんど在京体制をとっていたことなどは、そうした活動をうながす上に有力な条件となったと思われる。学者・歌人として秀で、当代第一の文化人であった三条西実隆を筆頭とする公家や禅僧などとの彼らの交わりは、そうした環境の中で生まれたし、一方では、戦国時代に入って荒廃の目立つ京都をあとに、地方へ下向する公家・僧侶などの文化人も少なくなく、若狭の場合も、歌人の飛鳥井栄雅（雅親）、歌僧正広、儒学者として名高く、国学にも造詣の深かった清原宣賢、その子の神道家吉田兼右、禅僧雪嶺永瑾、あるいは連歌師の宗祇・宗長・宗養や里村紹巴など、いずれもその道で名を知られた人々が訪れた事実が知られる（米原正義『戦国武士と文芸の研究』）。彼らは武田氏一族やその家臣らと文化的交渉を持ち、その文芸活動に大きな影響を与えた。以下、武田氏とその周辺の文化的活動について順次跡づけることにしたい。

応仁の乱で東軍に属して各地を転戦し、武田軍の武勇を広く知らしめた武田信賢は、一方で文人としてもすぐれていた。在洛中の信賢は、毎月十八日に自邸で月次の歌会を催し、毎年正月五日には続歌の会をおこない、また、時に伊勢や厳島の神にたむける法楽歌会などを開いていたことは、歌僧正徹の「草根集」に記され、連歌師心敬が、彼を歌・連歌の名匠先達の一人としている程、その道の達人であった。

信賢の没後、守護職を継承した弟国信もまた文武両道に秀でた人物であった。連歌作者として評価が高く、宗祇らが編纂した『新撰菟玖波集』に、武家中では第三位の一二句が納められ、文明十一年（一四七九）の秋、越前からの帰りに小浜に立ち寄った宗祇は、在国中の国信邸における連歌会に列している。飛鳥井栄雅やその弟雅康との交際などを通じて得た和歌の才能も豊かで、雪嶺永瑾は国信のことを「一代風流の老将」と賞している。

国信の子元信も「歌詞を吐けば則ち李杜の壇に登るべく、書法を伝えては則ち鐘王の室に入るべし。其の射騎に至りては、幸いに一家の法ある也。公、生れながらにして善くす。威儀体あり。進退節あり。百発百中皆其の妙を得たり」と評されるほど文武ともにすぐれた人物であった（「梅渓集」）。『実隆公記』によれば、元信は藤原定家自筆の『伊勢物語』を所蔵していたし、実隆からその書写にかかる『新三十六人歌合』や『古今集』の写本を贈られて所蔵しており、古典の蒐集につとめていたことがうかがわれる（米原正義『戦国武士と文芸の研究』）。また、自身実隆に歌題を求めたり、詠草の批評を乞い、歌会を自邸で開催するなど、歌の道に精進したことを示す事蹟が少なくない。連歌でも宗祇や宗長などと交渉があり、自邸で月次会を催している。宗長は、永正十二年（一五一五）十月、越前朝倉館からの帰りに小浜元信の館での連歌会に列して句をのこしている。元信は、また、蹴鞠の家として特に著名な飛鳥井家の蹴鞠の会に参加するなど、二楽軒飛鳥井雅康と親交があり、能筆でもあって、筆跡が雅康に似ていたことから若狭二楽と号したという。さらに、みずから武術の鍛錬に励むかたわら、武家故実書の書写作成につとめた。春陽景杲・景徐周麟ら名のある禅僧を招いて酒宴の席を設け、自邸の庭を見せたなども、彼の風雅ぶりをしのばせるものである。

元信の嫡子元光は、同族の春沢永恩が、「智名勇功天下に聞こえ、一戦して覇者也」と評したように、父祖の伝統をうけて武芸に秀でていた一方、和歌・漢詩・書道などにも長じていたと伝えられる（「春沢録」）。きわめて歌道に熱心で、三条西実隆に対して百首和歌・八十首和歌など、ひんぱんに詠草を送って批評を乞い、また歌題を求め、時にはそれについて質問するなど、しきりに武家故実書を書写し、親しく実隆と交際していた。また、後述するように猿楽を保護した一面もあった。

元光のあと家督を継いだ信豊も、それに先立つ天文元年（一五三二）十一月、叔父潤甫周玉を介して、自分が所蔵する飛鳥井雅康筆の「詞花集」に勅筆外題をたまわるよう実隆に依頼したり、家督継承の翌年天文八年正月に試筆した和歌や、初子の日の発句を人々から賞賛されるなど、文芸的素養を早くから示していた。

天文二十一年（一五五二）三月幕府の分裂で細川晴元が若狭へ出奔した際、神宮寺に迎えて和歌を進めたという事実もある（『羽賀寺年中行事』）。翌年の秋、連歌師宗養は、小浜にあって長源寺・玉花院・谷田寺・妙興寺などの連歌会で発句したことが伝えられ（「若狭郡県志」）、連歌に熱心であった信豊に「宗養言塵伝集」（連歌用語の注解書）を授けてもいる。神道家吉田兼右から神道に関する諸秘伝書の伝授も受けており、神道への関心も高かったことがうかがわれる（『兼右卿記』）。信豊はまた「百箇条聞書」「弓馬聞書雑々」などをはじめとする騎射に関する多数の故実書を書写した。米原正義は、それが多く弘治二年（一五五六）の八月に集中しているのに注目し、当時信豊が子義統との確執から武田氏の危機を自覚したことがその要因であったと推断している（『戦国武士と文芸の研究』）。

信豊の文芸は、こうして武田氏の文化のいわば最後の花となった。永禄十二年（一五六九）六月、若狭を訪れて小浜に入り、後瀬山麓の浄土寺を宿としていた里村紹巴は、武田元明夫人に召されて歓待をうけ、隠居していた信豊にも伺候し、同月九日の連歌会に発句を所望され、十日と十二日には、乞われて「源氏物語」桐壺巻の講釈もしたが、こうして信豊に接した紹巴は、「国中しろしめされし時おもひやられぬ」とその盛時をしのんでいる（「紹巴天橋立紀行」）。

信豊の子義統もやはり「文彩風流独り群を出ず」などといわれ（「枯木稿」）、武家故実にも関心をしめしたようであるが、具体的事実はほとんど明らかになっていない。その後、家臣に背かれやがて滅亡に追い込まれてしまう元明は、文芸に心を向ける余裕もなかったものと推察される。

このように最末期はともかく、武田氏歴代は、伝統的に古典文化の造詣が深く、この時代の若狭の文化の形成に中心的な役割を果たしたのである。

武田氏出身の禅僧たち

鎌倉時代以降五山禅林を中心に漢詩文が栄え、室町時代には全盛期を迎えて、いわゆる五山文学を形成したのは周知のことである。戦国時代には衰微の傾向が目立つようになったが、なお伝統はうけつがれており、その中にあって、若狭武田一族の禅僧たちの活動には注目すべきものがあった。

この時代に武田氏出身の禅僧として名を知られる人物に、九峰以成・月甫清光・東暉永杲・潤甫周玉・春沢永恩・文渓永忠・英甫永雄らがいる。彼らはいずれも建仁寺の住持となり、またその多くは南禅寺に賜帖した高僧であるが、彼らの活動は、衰微した中にも京都五山文学の本流を残し、守護武田氏歴代の文芸好みとも相まって、若狭の文芸に多大の影響を与えたものと思われる。

九峰以成は、続芳以蓀の法を嗣ぎ、万寿寺、天竜寺を経て文明九年（一四七七）建仁寺二百十七世として住職になり、十如院の開山となった。

十如院は、武田信栄が建仁寺の塔頭如是院の横に建てた寺で、同族の九峰以成を招いて開山としたのである。十如院の名は、英甫永雄によれば同院に安置された虚空蔵菩薩頭上の十如意珠に因むという。如是院は、此山妙在を開山とする仏光派の寺であるが、十如院は、信栄が建てたことから、代々住職も武田一族で勤めるようになり、武田氏との緊密な関係が維持された。

月甫清光は武田信賢・国信の弟にあたる。永正十年（一五一三）には建仁寺二百五十一世となった。横川景三をして「天資超邁、学而孜々、風標公子也」といわしめた人物で、三条西実隆と親交があり、晩年はほとんど若狭に住んで、実隆にしばしば書状を送り、歌道の指導をうけている。武田元光を後見して政治的にも重要な立場にいた。

東暉永杲も武田一族出身の法嗣で、久しく若狭にいたといわれ、享禄三年（一五三〇）建仁寺二百七十三世となり、十如院に住した。

潤甫周玉は、武田元光の弟で、天文十二年（一五四三）建仁寺二百八十二世として入寺した。また小浜栖雲寺《せいうんじ》や谷田部雲外寺の開山となった人で、やはり若狭にいて実隆によく書状を送り、時には上洛して歌道の教えを受けた。享禄五年、若狭に来た宋学の権威清原宣賢を栖雲寺に迎え、「孟子」の講莚を開いたことは、宋学の地方伝播の具体例として知られている。

春沢永恩は、潤甫周玉の弟と推定される。九峰以成の法嗣で、天文二十一年（一五五二）建仁寺二百八十七世となった。

文渓永忠も武田氏の出で、元光の子、英甫永雄の叔父にあたる。永禄十二年（一五六九）小浜の高成寺から建仁寺二百八十九世の住持となっている。

英甫永雄は、武田信高（蒲潤周稜）の子で、別号を武牢・芳洲・沅隠といい、文渓永忠の法嗣となって天正十四年（一五八六）建仁寺二百九十二世となった人物である。母は細川幽斎の姉で、宮川に居た武田信高に嫁したことから宮川尼と呼ばれた。細川幽斎は、当時高名な武人でありかつ文人として周知の人で、英甫とは叔父甥の関係できわめて親しい間柄であった。英甫は、幼少のころより文才があって漢詩文に長け、とくに狂歌では近世狂歌の祖とうたわれ、木下勝俊（長嘯子）や松永貞徳らとも交際があった。永禄十二年若狭に来ていた里村紹巴が、小野寺不動院での連歌会に列した時、食籠を贈って酒宴に興を添えたという「雄蔵主」は彼のことで、生地宮川にいることも多かったようである。

家臣団の文芸

この頃の若狭の文化の担い手は、ひとり武田一族に限られてはいなかった。同氏の家臣団の中に旺盛な文化吸収意欲を示した人々が少なくない。数多い武田氏の家臣の中で、寺井伯耆守賢仲は、信賢・国信・元信の三代に仕えた重臣であるが、連歌や和歌に堪能で、早い時期からその才能を認められていた。文明年間以降各所の連歌会や和歌会に列席し、宗祇・兼載・宗長・飛鳥井栄雅らそうそうたる都の文化人と親密な交渉を持っていた事実を史料からみることができる。この賢仲以外では、とくに元信の治世以後に三条西実隆との関係を通じて、多くの家臣らの文化的活動が跡づけられる。

その時期に最も代表的な人物として、粟屋左衛門尉親栄をあげることができる。彼は、当代文壇の第一人者である実隆から古典や和歌の教授にあずかるため、文亀元年（一五〇一）五月二十五日初めて実隆の邸を訪れてから、在京中は頻繁に実隆邸に姿を見せるようになり、帰国中や戦陣にある時さへ折々手紙を認め、また、布・銭・海産物・茶などの礼物を再々贈るなどして、まことに熱心に実隆の指導を乞うた（『実隆公記』「再昌草」）。初対面から間もない時期、しきりに「源氏物語」の講釈を希望しており、六月十九日の日記に実隆は次のように記している。

粟屋左衛門尉、唐布・帷子これを送る。不慮の芳志也。源氏物語講尺の事頻りに所望す。今日、本を持ち来る。

彼是黙止し難きの間、明日より形の如く一両冊と雖も読むべきの由、これを報じおわんぬ。

実隆のもとへ出入した数多くの地方武士の中で、彼ほど熱心に古典・和歌を学ぼうとした人物はいなかったと思われる。この実隆の文章には少しもてあましたような気持ちがうかがえるようである。それでも約束通り翌日から「源氏物語」の講義が始まり、桐壺の巻は二日で読みおえ、閏六月九日には、かねて休講としていたにもかかわらず実隆の邸を訪れた親栄に、実隆はやむなく一〇丁ばかり読んだという。さらに同月二十二日には実隆所蔵の「源氏物語」の写本を借り受け、七月には実隆に同書とその系図の新写を依頼し、九月初めには「河海抄」を借りた事実が知られる。その後、文亀二年六月の若狭国一揆に武田中務大輔親子が討ち死にするという事件があり、翌年五月には父賢家が死去するなど、親栄の身辺は何かと多事で実隆への音信は途絶えがちであったが、同年秋からはまた熱心に実隆邸へ通いだした。十月三日には、自分が所蔵する「愚問賢注」（二条良基があらわした歌学書）に実隆の銘を所望している。十六日からは親栄の発起で「源氏物語」の講釈が再開され、その後またしばらく途絶えて、翌年閏三月三日からは若菜の巻からはじめられている。この間聴講者に姉小路済継や月甫清光、久村宗家、その子孫三郎、大野藤左衛門ら一〇名を越える人々を引き入れていった。

永正元年（一五〇四）九月、若狭に帰った親栄は、元信の丹後攻略に兵を率いて各地を転戦し、同四年六月にはついに丹後で戦死してしまうが、死ぬ前年の閏十一月に実隆に鮭と料紙を送って、「源氏物語」帚木の巻の注の書写を依頼するなど、戦陣にあっても古典文学を忘れることはなかった。こうした親栄の熱心な文芸吸収の意欲を通じて、当時の若狭の武士階級の文化志向が並でなかったことをうかがうことができる。

親栄のほかにも文芸の世界で注目される武田氏の家臣は多数をかぞえる。親栄の子で父亡きあとやはり実隆邸に出入して田楽を振舞い、後光厳院の宸筆や詩歌を実隆の孫実世に贈ったことが知られる粟屋孫四郎勝春や、実隆の妻の実家勧修寺尚顕の女を側室に迎え、また娘を尚顕の孫に嫁がせて公家の姻戚となり、実隆に終始詠草を送って和歌の指導を受け、「源氏物語」や「新撰和歌集」その他を蒐集していたことが知られる粟屋右京亮元隆らがおり、また、飛鳥井雅俊に「古今集」の書写を依頼し、実隆には「拾遺集」の書写を頼み、さらに「古今集」「後拾遺集」などに外題を求め、親栄らと一緒に「源氏物語」の講義を聞き、和歌の指導もうけた久村信濃守宗家、同じく実隆に「廿代集」の外題を書いてもらい、夢想法楽歌の歌題や詠歌を所望した内藤佐渡守国高、武田の雑掌として幕府や諸公家に出入りしながら、実隆の「源氏物語」「伊勢物語」の講筵に連なり、あるいは歌題をもらって歌会を開いたりした吉田四郎兵衛尉氏春、さらにまた実隆の依頼で「源氏物語」「河海抄」を書写し「詠歌大概」の聴講もした大野藤左衛門、山科言継のところへ出入りし、しばしば蹴鞠会や連歌会に出席している清水式部丞忠勝などがいる。

戦国末期、連歌師紹巴が若狭に来たとき、山縣下野守は二度三度と酒樽などを送り、小浜へ入った翌日には、自邸で酒肴のもてなしをしたし、また、粟屋越中守勝久も紹巴の宿所浄土寺へ薪炭にいたるまでのよろずの品物を届けさせて不自由をかけさせまいとの心配りをするなど、紹巴と若狭の武士たちの交流も、彼らの文芸に対する関心の深さを物語っている。

芸能と音曲

戦国時代の京都では、諸国からやってきた芸能者たちでにぎわっていた。永正六年（一五〇九）越前から上洛した香菊太夫が宮中で二人舞を演じ、京の人々が群れをなして見物したという『実隆公記』の記事からもわかるように、芸能を職種とする彼らは、京都でその得意とする芸能を行った。その当時の記録中に、若狭の芸能者たちの姿もしばしば見いだされる。天皇側近の女官の記録『御湯殿上の日記』によると、文明十五年（一四八三）四月、若狭から上洛した曲舞が宮中で舞っており、翌年九月十八日の夜更けには若狭の曲舞師若松大夫を伴った明叔蔵主が、相国寺鹿苑院の蔭凉軒を訪れ、明け方まで酒宴を催している（『蔭凉軒日録』）。また、武田元信は、延徳三年（一四九一）六月二十日「若州九世舞」を将軍義稙の御所の南庭の舞台で舞わせている。同年九月三日、蔭凉軒主亀泉集証が飯尾加賀守の陣所を訪れた時にも、「若州九世舞」が座興に呼ばれている。

一方猿楽の方では、文亀三年（一五〇三）四月十日と、翌年閏三月二十日に、元信が幕府に猿楽を献じており、その子元光も大永元年（一五二一）十月六日に足利義晴の邸においてこれを張行し、その数日後また細川高国邸で張行したときには、実隆も見物している。これらに出演したのは、すべて若狭の猿楽とは限らず、江州猿楽などが武田邸に出入りしてもいるが、曲舞の例に照らしても若狭のものだった可能性はかなり大きいであろう。

これらのことは、歴代の武田氏が、文学・和歌にとどまらず各種芸能にも関心が高く、彼ら芸能者を自己の支配下において庇護していたことを物語っており、京都の上層社会での彼らの評価が高まることを通じて、その庇護者たる武田氏自身の中央政界における立場を有利にするところがあったともいえる。

若狭猿楽は鎌倉末期に起源を持つといわれるが、延文四年（一三五九）三月に地頭が藤井保天満宮楽頭職に気山太夫を補任していることなどからうかがわれるように、座を結成し、地頭や守護の庇護のもとに、社寺の楽頭職を宛て行われて禄物を与えられ、祭礼や法会に参加して活動をしていた。上述の武田氏の場合以外にも、戦国末期、国吉城に籠り朝倉軍を撃退したことで著名な粟屋越中守勝久が、若狭猿楽倉座を率いる倉氏を被官として保護していたことなどは、彼らと領主層との結びつきを具体的に示す一例であろう。

そして、注目すべき事は、この若狭猿楽の活動が、各地の村落芸能ともつながりを持っていたと思われることである。三方郡の上瀬（宇波西）神社には、春の例祭に勤仕する田楽頭人を記した文明十七年以降の「頭文」が残されており、毎年氏子の村人が交替で田楽を奉納して来たことが知られるが、一方祭の御供の一部を気山太夫方へ下げ渡す慣例があったことを示す史料がのこり、そこから氏子が奉仕する田楽・王の舞などの祭礼神事が、猿楽の太夫と何らかの結びつきがあった可能性も考えられるのである。このように曲舞や猿楽は国内の村々で行われていた村落芸能ともつながりつつ、領主の庇護のもとに、幕府や宮中で披露するほどの芸を発達させていったのである。

そのほか音曲の関係では、社寺の管弦衆の存在も注目される。『羽賀寺年中行事』によると、一六世紀ごろの羽賀寺は一五人以上にのぼる管絃衆の僧侶を擁していた。彼ら楽僧は、羽賀寺の法会だけではなく小浜神明社の遷宮とか長福寺の観音の開帳など、神事仏事に雅楽を奏したが、天文八年（一五三九）には、三〇余年断絶していた越前敦賀の気比宮の管絃衆の復興のために、七名の楽僧が指導におもむいたことも知られている。羽賀寺には、いまもその管絃に使用されたと考えられる鉦（応仁元年一月銘）・太鼓などが保存されている。こうした管絃は、宮廷などで行われていた雅楽などとくらべると、よほど土着芸能的な性格が強かったものと考えられるが、明応四年（一四九五）四月末から約二か月間、若狭・丹後を旅行している宮廷の楽人豊原統秋などは（『実隆公記』）、あるいはこうした若狭の社寺の管弦に影響を与えたかもしれない。

武田氏ゆかりの寺

前代の守護一色氏が若狭一宮をはじめとする社寺の外護につとめた事情は先に触れたが、武田氏もまた国内の顕密寺社の掌握をはかり、その宗教的機能を領国支配強化の一環に組み入れていたと考えられる。近年の研究は次第にその実態を明らかにして来ているが（林文理「戦国期若狭武田氏と寺社」、榎原雅治「若狭三十三所と一宮」など）、ここではそれらの寺社のうちとくに武田氏との関係が深い禅宗寺院などを取り上げ、その沿革をたどっておきたい。

文明十五年（一四八三）、武田信親（国信の子）が京都建仁寺の潤甫周玉（信親の甥）を開山として創建したと伝える栖雲寺《せいうんじ》は、もと現在の常高寺の場所（市内浅間）にあったというが、いま江戸時代に再興されたものが常高寺山門下にある。寺名は信親の法号であり、彼の供養塔が現在も同寺墓地の一角にある。しかし、栖雲寺の名はすでに室町初期には出現する。「今富名領主次第」に、応永九年（一四〇二）五月、足利義満の愛妾西御所（高橋殿）が若狭に来て、栖雲寺を座所としたことが記され、同十四年には義満も同時に宿り、同行の北山院の座所玉花院との間に廊下を新造したとある。信親はおそらく廃れていたのを再興したものであろう。武田氏守護の時代はその庇護下にあったと考えられる。同氏滅亡後は衰微したようであるが、天正十六年（一五八八）十一月には、浅野長吉が山林竹木禁制の判物を与え、慶長七年（一六〇二）には藩主京極高次が米五石を寄進している。寛永七年（一六三〇）に至って常高寺を創建するにともない廃寺となったようで、寛文二年（一六六二）現在の地に再建された。山号はもと凌霄山といったが、再興の際万松山とされた。本尊は釈迦如来像を安置している。

「今富名領主次第」の記事によって、室町初期には栖雲寺の傍にあったことが知られる玉花院は、やはり禅宗寺院で、寺名が武田国信の法号であるところから考えると、この寺についても国信による再興が推測される。天文二十二年（一五五三）九月二十七日には、連歌師宗養がここでの連歌会で発句したことが伝えられる。江戸時代、常高寺恵讃がこの寺のあとに東光寺を再建したという（『遠敷郡誌』）。

仏国寺は、市内伏原にある曹洞宗の名刹。文亀二年（一五〇二）守護武田元信が、後瀬山の麓に自らの牌所として建立したもので、山号を福応山といい、本尊は釈迦如来を安置する。寺名は元信の法号である。彼は、仏国寺のために永正十四年（一五一七）十二月二十日、興道寺（美浜）、野木、玉置（上中）などで田一町三反余、畠七反余、勢村山手銭一〇貫文、山一か所などの寺領を与え、その後、子の元光が天文三年九月五日この寺領田畠等について、逸見・内藤ら被官の乱妨のない様にと判物を与えると同時に、南部石見守家行と粟屋右京亮元隆に対して寺領の保護を促し寺の維持に努めた。大永元年（一五二一）十二月三日、六七歳で没した元信の五輪塔が山門近くに建っている。

市内伏原にある発心寺は、山号は霊松山といい、本尊は聖観音を安置している。大永元年（一五二一）、武田元光が、父の牌所に近い後瀬山の山麓別所の地に自らの牌所として建立した曹洞宗の寺院で、晩年元光はこの寺のそばに住し、別所殿様と称せられた。創建後三〇年を経た天文十九年（一五五〇）、堂宇が火災にかかり、元光の館の屋根も損じたという。天文二十年八月十七日、八六歳で没した元光の宝篋印塔が寺の裏山に所在する。

もう一か寺、守護武田氏ゆかりの寺院として宮川地区新保の竜泉寺がある。竜泉寺は、天文十年に守護武田信豊の弟で新保山城主であった武田信高（元度ともいう、蒲潤周稜）が建てた寺で、その後武田信方（元実ともいう、帰雲寺殿前金吾菊潭宗英）も菩提寺とした。信方は、信豊の子で、信高の養子となり、信高の没後その跡職を継いだと思われる人物である。

守護武田氏の文芸好みは、武田氏のみならず被官達もその影響を受けたことは先述したとおりである。天文五年頃、被官粟屋元隆に庇護された京都の絵師窪田統泰が小浜長源寺において日蓮上人註画讃（京都本国寺蔵）を描き、また、戦国期に小栗派の祖である宗丹、宗栗らの絵師が小浜にいた事実なども、守護武田氏の文化的水準の高さを物語るものであろう。

統泰が滞留した長源寺は、酒井にある日蓮宗の寺院で、本尊は釈迦如来を祀る。同寺縁起によれば、康暦二年（一三八〇）日蓮宗五祖日源の開創にて、後瀬山山麓の現空印寺に建てられたが、守護武田元光が、大永二年（一五二二）に後瀬山上に築城とともに同寺地に館を建てるため、同寺を南川の河口近くの向島の地に移築、山号を向島山とした。移築当初は、伽藍内に四坊五堂を数える立派な構えを持つものであったと伝え、同寺所蔵の絹本著色弥勒菩薩画像は国の重要文化財の指定を受けている。また、延文五年（一三六〇）の銘のある鰐口が一口ある。

付録

若狭武田系図・若狭武田氏発給文書目録

木下　聡編

若狭武田系図（本書収録の総論をもとに木下聡作成）

武田信光――信政――信時――時綱――信宗――信武
- 氏信――信守
  - 信繁　伊豆守　宝泉院殿　寛正六年没カ
    - 信栄　彦九郎　治部少輔　長福寺殿　嘉吉元年没
    - 信賢　彦次郎　治部少輔　大膳大夫　陸奥守　大通寺殿　文明三年没
      - 某　祥雲寺殿　文明十一年没
      - ＝国信　彦太郎　治部少輔　大膳大夫　玉華院殿　延徳二年没
        - 信親　彦太郎　治部少輔　栖雲寺殿　文明十七年没
        - 元信　彦次郎　伊豆守　大膳大夫　従三位　仏国寺殿　大永元年没
    - 国信
    - 元綱　安芸守――元繁――光和＝信実
    - 月甫清光
    - 延秀光賢
- 信成（甲斐武田）

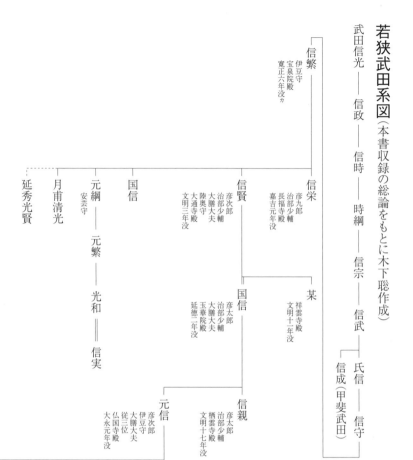

- 元光（彦次郎 伊豆守 大膳大夫 贈従三位 発心寺殿 天文二十年没）
  - 信豊（彦次郎 伊豆守 霊雲寺殿 天正年間没）
    - 義統（元栄 義元 彦次郎 治部少輔 伊豆守 大膳大夫 桂林寺殿 永禄十年没）
      - 元明（孫犬丸 孫八郎 法雲寺殿 天正十年没）
    - 信景（小次郎？ 右衛門佐）
    - 信由（元康 三郎 上総介 天正十年没）
    - 入道義貞（信興？ 甲斐守）
    - 信方（彦五郎 天正十四年没？）
  - 信重（信当 宮内少輔 龍泉寺殿 弘治二年没）
    - 信方
    - 宮内大輔某
    - 英甫永雄
  - 信実（刑部少輔 刑部大輔）
  - 文渓永忠
  - 京極某室
- 元度（中務少輔）
  - 信孝（信高 中務大輔）
- 信堅（治部少輔）
- 潤甫周玉
- 春沢永恩
- 文岳
- 朝倉孝景室
- 久我晴通妾

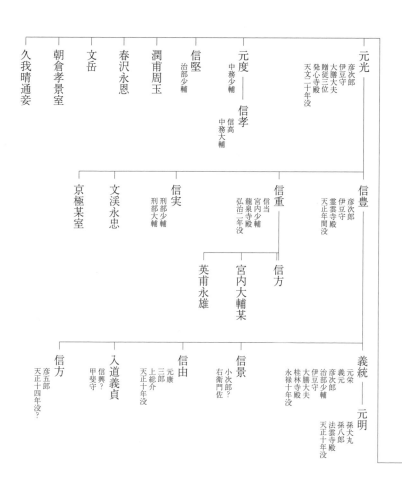

宛所	出典	典拠	備考
熊谷美濃守（信直）	熊谷家文書	熊谷家	
福王寺	福王寺文書	広島4	写
熊谷美濃守（信直）	熊谷家文書	熊谷家	
吉川	吉川家文書	吉川家1	
年預御坊中	東大寺文書	兵庫5	
妙光寺	松雲公採集遺編類纂124巻	福井2	写
	壬生家文書	壬生家3	
	毛利家文書	毛利家1	写
	壬生家文書	壬生家4	
官長者	壬生家文書	壬生家7	
丹生浦百姓中	丹生区有文書	福井8	折紙
	神宮寺文書	福井9	案
綿貫孫太郎（光資）	萩藩閥閲録巻126	萩藩3	写
内藤筑前入道	東寺百合文書ニ函	影写本	案
綿貫左京亮（光資）	萩藩閥閲録巻126	萩藩3	写
妙興寺	妙興寺文書	福井9	
	吉川家文書	吉川家1	
熊谷次郎三郎（堅直）	熊谷家文書	熊谷家	切紙
熊谷美濃守（信直）	臨川寺文書	福井2	
熊谷美濃守（信直）	大音正和家文書	福井8	案、紙背に花押あり
内藤筑前守（昌廉）	早稲田大学図書館所蔵鳥居大路文書	福井2	写
福王寺別当寛雅大僧都御房	福王寺文書	広島4	写
	福王寺文書	広島4	写
内藤八郎 〈同文〉熊谷美濃入道	華頂要略	謄写本	写
吉河次郎三郎（元経）	吉川家文書	吉川家1	
中村彦三郎	萩藩閥閲録巻168	萩藩4	写
吉川次郎三郎（元経）	吉川家文書	吉川家1	
官長者	壬生家文書	壬生家1	
朽木（貞高）	朽木文書	福井2	
吉河次郎三郎（元経）	吉川家文書	吉川家1	
中村左京亮	萩藩閥閲録巻168	萩藩4	写
中村大蔵丞	萩藩閥閲録巻168	萩藩4	写

表　若狭武田氏発給文書目録

番号	発給者	文書名	年月日	署名
1	信繁	預ヶ状	永享 5/3/8	信繁（花押）
2	信繁	安堵状写	永享 8/10/15	前伊豆守信繁判
3	信繁	副状	永享 10/5/10	伊豆守信繁（花押）
4	信栄	書状	（寛正 2）9/18	信栄（花押）
5	信賢	書状	「応永 34」11/18	信賢（花押 1）
6	信賢	禁制写	嘉吉 1/12/15	治部少輔（花押影 2）
7	信賢	預ヶ状	嘉吉 2/9/24	武田治部少輔信賢（花押 2）
8	信賢	重申状写	嘉吉 3/11/	ナシ
9	信賢	書状	（未詳）3/4	信賢（花押 2）
10	信賢	書状	（未詳）3/16	信賢（花押 2）
11	信賢	袖判奉行人連署奉書	文安 6/3/12	（花押 3） 袖「粟屋右京助」繁■（花押） 「粟屋左京助」長行（花押）
12	信賢	宛行状案	文安 6/4/29	大通寺殿様御判
13	信賢	官途状写	文安 6/6/27	判
14	信賢	遵行状案	宝徳 2/10/5	信賢判
15	信賢	遵行状写	享徳 3/1/11	大膳大夫判
16	信賢	禁制	享徳 4/6/5	大膳大夫（花押 3）奥下
17	信賢	書状	「康正 2」6/1	信賢（花押 3）
18	信賢	書状	（未詳）7/2	信賢（花押 3）
19	信賢	遵行状	康正 3/3/27	信賢（花押 4）
20	信賢	遵行状案	康正 3/10/8	大膳大夫信賢在判
21	信賢	遵行状写	長禄 2/7/17	大膳大夫信賢
22	信賢	安堵状写	長禄 4/8/27	大膳大夫源朝臣判
23	信賢	禁制写	長禄 4/8/	大膳大夫源朝臣判
24	信賢	遵行状写	寛正 2/11/4	大膳大夫判
25	信賢	書状	（寛正 6）11/2	信賢（花押 5）
26	信賢	感状写	（文正 1）閏 2/1	信賢判
27	信賢	書状	（未詳）4/10	信賢（花押 5）
28	信賢	書状	（未詳）9/3	信賢（花押 5）
29	信賢	書状	（未詳）11/3	信賢（花押 5）
30	信賢	書状	「応仁 1」2/7	信賢（花押 6）
31	信賢	感状写	応仁 1/7/20	信賢判
32	信賢	感状写	応仁 1/7/20	信賢判

吉河（元経）	吉川家文書	吉川家 1	
綿貫左京亮（光資）	萩藩閥閲録巻 126	萩藩 4	写
綿貫左京亮（光資）	萩藩閥閲録巻 126	萩藩 4	写
綿貫備中入道	萩藩閥閲録巻 126	萩藩 4	写
大友	大友家文書	大分 26	
毛利備中守	毛利家文書	毛利家 1	切紙
逸見駿河入道	尾張文書通覧	謄写本	写
伊勢（貞宗）	蜷川家文書	蜷川家 1	案
伊勢（貞宗）	蜷川家文書	蜷川家 1	案
吉川駿河守	吉川家文書	吉川家 1	切紙
妙興寺	妙興寺文書	福井 9	
吉田民部大輔	本郷文書	福井 2	写
益田治部少輔（貞兼）	益田家文書	益田家 3	切紙
村上源左衛門尉	因島村上文書	広島 4	
	「知新集」所収文書	広島 5	写
妙興寺	妙興寺文書	福井 9	
（木村元弘）	木村文書	広島 5	
	白井文書	福井 2	
小早河又太郎（扶平）	小早川家証文	小早川家 2	写
毛利治部少輔（弘元）	毛利家文書	毛利家 1	切紙
	熊谷家文書	熊谷家	
毛利治部少輔（弘元）	毛利家文書	毛利家 1	切紙
毛利治部少輔（弘元）	毛利家文書	毛利家 1	切紙
小早河美作守（敬平）	毛利家文書	毛利家 1	切紙
白井孫七郎（清胤）	白井家文書	福井 2	切紙
	白井家文書	福井 2	写
	中山寺文書	福井 9	
白井中務丞（清胤）	白井家文書	福井 2	
神宮寺年預坊	神宮寺文書	福井 9	
（本郷宮内少輔（政泰））	本郷文書	福井 2	写
霊応山神宮寺	神宮寺文書	福井 9	
粟屋近江守 白井石見守	徴古墨宝	謄写本	写
白井中務丞（清胤）	白井家文書	福井 2	切紙
	白井家文書	福井 2	写

33	信賢	書状	「応仁 1」7/27	信賢（花押 6）
34	信賢	感状写	文明 2/7/22	信賢判
35	信賢	書状写	（文明 3）3/11	信賢判
36	信賢	書状写	（未詳）6/27	信賢判
37	信賢	書状	（未詳）11/15	信賢（花押 6）
38	国信	書状	（未詳）5/23	国信（花押）
39	国信	遵行状写	文明 6/5/10	大膳大夫（花押影）
40	国信	書状案	（文明 13）5/28	宗勲有判
41	国信	書状案	（文明 13）5/28	宗勲有判
42	国信	書状	（文明 14）9/3	宗勲（花押）
43	国信	禁制	文明 15/7/23	沙弥（花押）
44	国信	書状写	「文明 18」4/4	宗勲（花押影）
45	国信	書状	（長享 1）11/28	宗勲（花押）
46	武田ヵ国信	書状	（未詳）5/16	国信（花押）
47	元信	寄進状写	延徳 3/8/7	武田大膳大夫元信判
48	元信	禁制	明応 3/4/20	伊豆守（花押）奥下
49	元信	安堵状	明応 4/8/5	（花押）袖
50	元信	安堵状	明応 4/10/17	（花押）
51	元信	書状写	「明応 9」3/16	元信（花押影）
52	元信	書状	（明応 9）6/16	元信（花押）
53	元信	安堵状	明応 9/10/28	（花押）
54	元信	書状	（未詳）11/10	元信（花押）
55	元信	書状	（未詳）11/10	元信（花押）
56	元信	書状	（未詳）12/21	元信（花押）
57	元信	官途状	文亀 2/5/21	（花押）奥下
58	元信	宛行状写	永正 2/2/16	「元信」判
59	元信	願文	永正 3/4/22	大膳大夫源朝臣元信（花押）奥下
60	元信	感状	（永正 3）9/27	元信（花押）
61	元信	袖判連署奉書	永正 5/12/27	（花押）袖 右京亮（花押）（粟屋） 左京亮（花押）
62	元信	書状写	（永正 7ヵ）2/16	元信（花押影）
63	元信	安堵状	永正 10/11/19	大膳大夫（花押）奥下
64	元信	書状写	（永正 12ヵ）4/26	元信（花押影）
65	元信	官途状	永正 12/12/3	（花押）奥下
66	元信	宛行状写	永正 13/8/15	「元信」判

熊谷左衛門大夫	朽木文書	福井2	案
朽木弥五郎（稙広）	朽木文書	福井2	
白井石見守（清胤）	白井家文書	福井2	写
本郷美作守（政泰）	本郷文書	福井2	写
粟屋孫三郎（元泰）	白井家文書	福井2	写
本郷美作守（政泰）	本郷文書	福井2	写
白井石見守（清胤）	白井家文書	福井2	切紙
白井石見守（清胤）	白井家文書	福井2	切紙
白井石見守（清胤）	白井家文書	福井2	切紙
	羽賀寺文書	福井9	
	妙興寺文書	福井9	
覚阿上人	西福寺文書	福井9	
神宮寺院主御房	神宮寺文書	福井9	
（久村信濃守）	京都大学文学部博物館古文書室所蔵古文書纂	福井2	
粟屋越中守（賢家）	尊経閣文庫所蔵文書	福井2	
木村五郎左衛門（元弘）	木村文書	広島5	写
白井市正	長井健一文書	小浜諸家	
粟屋越中守（賢家）	手鑑	レクチグラフ	
小早河安芸守（弘平）	小早川家証文	小早川家2	写
小早河竹原（弘平）	小早川家証文	小早川家2	写
白井孫七郎（清胤）	白井家文書	福井2	切紙
白井縫殿助（光胤）	白井家文書	福井2	切紙
木村大炊助（国弘）	木村文書	広島5	切紙
熊谷民部丞（膳直）	熊谷家文書	熊谷家	切紙
磯山弥三郎	思文閣古書資料目録223号		切紙
久村信濃守	白井家文書	福井2	写
内藤佐渡守（国高）	丹生区有文書	福井8	
白井石見守（清胤）	白井家文書	福井2	
内藤佐渡守（国高）	丹生区有文書	福井8	
霊応山神宮寺	神宮寺文書	福井9	
覚阿上人	西福寺文書	福井9	
根本神宮寺	神宮寺文書	福井9	
根本神宮寺	神宮寺文書	福井9	
	万徳寺文書	福井9	
	万徳寺文書	福井9	
大館伊予入道（尚氏）	本郷文書	福井2	写

67	元信	書状案	（永正 14） 3/27	元信
68	元信	書状	（永正 14） 4/4	元信（花押）
69	元信	感状写	（永正 14） 6/29	元信判
70	元信	書状写	（永正 14） 6/29	元信（花押影）
71	元信	書状写	（永正 14） 8/19	元信判
72	元信	書状写	（永正 14） 9/8	元信（花押影）
73	元信	書状	（永正 14） 9/15	元信（花押）
74	元信	感状	（永正 14） 9/27	元信（花押）
75	元信	感状	（永正 14） 10/20	元信（花押）
76	元信	書下	永正 14/12/4	（花押）
77	元信	安堵状	永正 15/12/13	（花押）
78	元信	寄進状	永正 16/7/2	（花押）
79	元信	安堵状	永正 16/11/19	大膳大夫（花押）奥下
80	元信	書状	（未詳） 2/4	元信（花押）
81	元信	書状	（未詳） 3/5	元信（花押）
82	元信	感状写	（未詳） 5/28	元信
83	元信	書状	（未詳） 6/5	元信（花押）
84	元信	書状	（未詳） 7/17	元信（花押）
85	元信	書状写	（未詳） 7/23	元信（花押影）
86	元信	書状写	（未詳） 8/19	元信（花押影）
87	元信	感状	（未詳） 9/21	元信（花押）
88	元信	感状	（未詳） 9/21	元信（花押）
89	元信	感状	（未詳） 9/21	元信（花押）
90	元信	書状	（未詳） 10/28	元信（花押）
91	元信	書状	（未詳） 12/23	元信（花押）
92	元信	書状写	（未詳） 12/23	元信判
93	元信	書状	「永正 17」 8/23	紹壮（花押）
94	元信	安堵状	「永正 17」 12/27	紹壮（花押）
95	元光	書状	「永正 17」 10/17	元光（花押）
96	元光	安堵状	永正 17/12/25	伊豆守（花押）
97	元光	安堵状	永正 18/7/2	（花押）
98	元光	安堵状	大永 3/11/17	伊豆守（花押）
99	元光	安堵状	（大永 3） 11/17	元光（花押）
100	元光	判物	大永 4/8/16	（花押）
101	元光	袖判寄進地目録	大永 4/8/16	（花押）袖 右京進（花押）
102	元光	書状	（大永 4ヵ） 8/16	元光（花押影）

香川大和守殿内	神宮寺文書	福井 9	
	尊経閣文庫所蔵文書	福井 2	
	西福寺文書	福井 9	
西福寺	西福寺文書	福井 9	
	妙光寺文書	福井 9	
	西福寺文書	福井 9	案
彦次郎（武田信豊）	尊経閣文庫所蔵文書	福井 2	
白井孫七郎（光胤）	白井家文書	福井 2	写
椚山明通寺	明通寺文書	福井 9	
	明通寺文書	福井 9	紙継目裏花押に粟屋元勝
	明通寺文書	福井 9	
覚阿上人	西福寺文書	福井 9	
	西福寺文書	福井 9	
白井右衛門大夫 白井孫七郎（光胤）	白井家文書	福井 2	
	妙興寺文書	福井 9	
白井孫七郎（光胤）	白井家文書	福井 2	切紙
逸見弾正忠	反町英作氏所蔵雑文書	福井 2	切紙
粟屋右京亮（元隆）	妙光寺文書	福井 9	
妙光寺	妙光寺文書	福井 9	
木村又五郎	史料編纂所所蔵文書	写真帳	
	尊経閣文庫所蔵文書	福井 2	
神通寺	尊経閣文庫所蔵文書	福井 2	
	白井家文書	福井 2	写
白井民部丞（光胤）	白井家文書	福井 2	
	白井家文書	福井 2	写
	西福寺文書	福井 9	
	西福寺文書	福井 9	
正昭院快暹僧都御房	万徳寺文書	福井 9	
正昭院	万徳寺文書	福井 9	
	仏国寺文書	福井 9	
西村与三右衛門尉（次盛）	大音正和家文書	福井 8	

103	元光	袖判下知状	大永 4/8/26	（花押）袖 新左衛門尉光経（花押）
104	元光	安堵状	大永 4/10/23	（花押）
105	元光	判物	大永 5/3/1	（花押）
106	元光	袖判下知状	大永 5/3/1	（花押）袖 四郎兵衛尉膳忠（花押）
107	元光	安堵状	大永 5/8/12	（花押）
108	元光	判物案	大永 5/9/5	発心寺殿御判
109	元光	書状	（大永 7）2/8	元光（花押）
110	元光	書状写	「大永 7」11/27	元光判
111	元光	判物	大永 8/3/21	（花押）
112	元光	袖判寺領目録	大永 8/3/21	（花押）袖 左京亮（花押）（粟屋元勝）
113	元光	禁制	大永 8/3/21	（花押）袖 左京亮（花押）（粟屋元勝）
114	元光	袖判下知状	大永 8/3/28	（花押）袖 四郎兵衛尉膳忠（花押）
115	元光	判物	大永 8/3/	（花押）
116	元光	書状	（享禄 1）3/18	元光（花押）
117	元光	安堵状	大永 8/8/13	（花押）
118	元光	官途状	享禄 1/11/11	（花押）奥下
119	元光	官途状	享禄 1/11/11	（花押）
120	元光	書状	（享禄 2）3/10	元光（花押）
121	元光	袖判禁制	享禄 2/5/10	（花押）袖 右京亮（花押）（粟屋元隆）
122	元光	感状	（享禄 2）8/27	元光（花押）
123	元光	安堵状	享禄 2/9/10	（花押）
124	元光	安堵状	享禄 2/12/	大膳大夫（花押）
125	元光	宛行状写	享禄 3/8/7	「元光」判
126	元光	書状	「享禄 4」6/1	元光（花押）
127	元光	宛行状写	享禄 4/7/25	「元光」判
128	元光	寄進状	享禄 4/12/13	（花押）
129	元光	寄進状	享禄 4/12/13	（花押）
130	元光	袖判正照院掟書	享禄 5/3/21	（花押）袖 左衛門尉（花押）（武藤元家）
131	元光	書状	（享禄 5）3/21	元光（花押）
132	元光	安堵状	天文 3/9/5	元光（花押）
133	元光	感状	（未詳）4/4	元光（花押）

総光寺	総光寺文書	写真帳	
白井縫殿助（光胤）	白井文書	福井2	切紙
南部石見守（家行）	仏国寺文書	福井9	
粟屋右京亮	仏国寺文書	福井9	
粟屋周防守（家長）	大音正和家文書	福井8	
白井石見守（清胤） 山県式部丞	白井家文書	福井2	写
白井越中守	白井家文書	福井2	切紙
西福寺上人	西福寺文書	福井9	
西福寺／覚阿上人	西福寺文書	福井9	
西福寺上人	西福寺文書	福井9	
大館左衛門佐（晴光）	木村文書	福井2	
	尊経閣文庫所蔵文書	福井2	
西福寺常住	西福寺文書	福井9	
大館入道（尚氏）	狩野蒐集文書	福井2	
白井民部丞（光胤）	白井家文書	福井2	切紙
大館入道（尚氏）	成簣堂文庫所蔵文書	福井2	
	若狭彦神社文書	福井9	
白井民部丞（光胤）	白井家文書	福井2	切紙
	飯盛寺文書	福井9	写
羽賀寺	羽賀寺文書	福井9	
中村九郎左衛門尉	神宮文庫	荻野著書	
大館伊与入道（尚氏）	国立国会図書館所蔵古簡雑纂	福井2	写
伊勢守（貞孝）	尊経閣文庫所蔵文書	福井2	
西村与三右衛門尉（元治）	尊経閣文庫所蔵文書	福井2	
曽我兵庫助	内閣文庫所蔵古今消息集	福井2	写
熊谷弾正大夫（勝直）	尊経閣文庫所蔵文書	福井2	
粟屋左京亮（元勝）	田辺半太夫家文書	福井8	
粟屋左京亮（元勝）	田辺半太夫家文書	福井8	
西福寺	西福寺文書	福井9	切紙
権少副神主（卜部定富）	鷲宮神社文書	福井2	
田辺又四郎	田辺半太夫家文書	福井8	
大館伊予入道（尚氏）	成簣堂文庫所蔵文書	福井2	
白井民部丞（光胤）	白井家文書	福井2	
根本神宮寺	神宮寺文書	福井9	
神宮寺	神宮寺文書	福井9	

134	元光	書状	（未詳）6/3	大膳大夫元光（花押）
135	元光	書状	（未詳）7/20	元光（花押）
136	元光	書状	（未詳）8/3	元光（花押）
137	元光	書状	（未詳）8/12	元光（花押）
138	元光	書状	（未詳）8/19	元光（花押）
139	元光	書状写	（未詳）9/3	元光判
140	元光	書状	（未詳）9/20	元光（花押）
141	元光	安堵状	天文 4/7/29	（花押）
142	元光	安堵状	天文 5/4/21	沙弥宗勝（花押）
143	元光	判物	天文 5/9/20	（花押）
144	元光	書状	（天文 6）2/22	宗勝（花押）
145	元光	袖判安堵状	天文 6/11/26	（花押） 袖 右京亮（花押）
146	元光	安堵状	天文 6/11/27	（花押）
147	元光	書状	（天文 7）3/6	宗勝（花押）
148	元光	感状	（天文 7ヵ）8/3	宗勝（花押）
149	元光	書状	（天文 7）10/23	宗勝（花押）
150	元光	判物	天文 7/11/16	（花押）
151	元光	感状	「天文 7」12/26	（花押）
152	元光	安堵状写	天文 8/2/29	（花押影）
153	元光	判物	天文己酉（9） /12/23	（花押）
154	元光	官途状	天文 12/12/27	（花押）奥下
155	元光	書状写	（未詳）2/10	釣渓斎 / 宗勝
156	元光	書状	（未詳）2/11	宗勝（花押）
157	元光	書状	（未詳）4/26	宗勝（花押）
158	元光	書状写	（未詳）6/1	宗勝（花押影）
159	元光	書状	（未詳）9/18	宗勝（花押）
160	元光	書状	（未詳）11/23	宗勝（花押）
161	元光	書状	（未詳）12/5	宗勝（花押）
162	信豊	書状	（未詳）1/26	信豊（花押 1）
163	信豊	書状	（未詳）10/8	信豊（花押 1）
164	信豊	判物	天文 2/3/9	（花押 6）奥下
165	信豊	書状	（天文 7）2/14	彦次郎信豊（花押 2）
166	信豊	書状	（未詳）6/27	信豊（花押 2）
167	信豊	安堵状	天文 8/8/26	信豊（花押 3）奥下
168	信豊	安堵状	（天文 8）8/26	信豊（花押 3）

(六角定頼)	真珠庵文書	真珠庵6	
西福寺常住	西福寺文書	福井9	
	妙興寺文書	福井9	
	芝田孫左衛門文書	福井9	
羽賀寺	羽賀寺文書	福井9	
羽賀寺	羽賀寺文書	福井9	
羽賀寺	羽賀寺文書	福井9	
熊谷三郎兵衛尉(直理)	田辺半太夫家文書	福井8	
	白井家文書	福井2	写
本郷治部少輔(泰茂)	本郷文書	福井2	写
	大徳寺文書	大徳寺1	
熊谷三郎兵衛尉(直理)	田辺半太夫家文書	福井8	
田辺又四郎	田辺半太夫家文書	福井8	
大館左衛門佐(晴光)	狩野蒐集文書	福井2	切紙
正昭院	万徳寺文書	福井9	
妙光寺	妙光寺文書	福井9	
	妙光寺文書	福井9	
	明通寺文書	福井9	
権少輔	佐藤行信氏所蔵文書	福井2	
南部出雲守(膳行)	羽賀寺文書	福井9	
	谷田寺文書	福井9	
本鏡寺	本境寺文書	福井9	
関戸豊前入道(久興)	本境寺文書	福井9	切紙
	西福寺文書	福井9	
沼田菊松	西福寺文書	福井9	
	長井健一文書	福井9	
本郷宮内少輔	本郷文書	福井2	写
本郷宮内少輔(政泰?) 御返報	本郷文書	福井2	写
	若杉家文書	福井2	
	野崎宇左ヱ門家文書	福井8	
野崎次郎右衛門尉	野崎宇左ヱ門家文書	福井8	
	西福寺文書	福井9	
	尊経閣文庫所蔵文書	福井2	

169	信豊	書状	(天文8/11ヵ)	ナシ
170	信豊	安堵状	天文9/2/15	(花押3)
171	信豊	安堵状	天文9/2/23	(花押3)
172	信豊	袖判下知状	天文9/3/11	(花押3) 袖 右京進 (花押) (大野家保)
173	信豊	書下	天文9/6/1	信豊 (花押3)
174	信豊	袖判下知状	天文9/6/1	(花押3) 袖 式部丞光若 (花押) (粟屋)
175	信豊	書状	(天文9) 6/1	信豊 (花押3)
176	信豊	判物	天文10/4/26	(花押3)
177	信豊	宛行状写	天文11/12/2	判
178	信豊	書状写	(未詳) 8/14	信豊 (花押影3)
179	信豊	書状	(未詳) 12/25	信豊 (花押3)
180	信豊	判物	天文12/7/9	(花押4)
181	信豊	袖判下知状	天文12/7/9	(花押4) 袖 直理 (花押)
182	信豊	書状	(天文13) 1/28	信豊 (花押4)
183	信豊	書状	天文13/12/7	信豊 (花押4)
184	信豊	禁制	天文16/3/8	伊豆守 (花押4)
185	信豊	安堵状	天文16/3/8	信豊 (花押4)
186	信豊	寄進状	天文18/12/2	(花押5)
187	信豊	書状	(未詳) 12/29	信豊 (花押5)
188	信豊	書状	天文18/12/14	信豊 (花押6)
189	信豊	安堵状	天文19/6/20	(花押6)
190	信豊	書状	(天文19) 8/17	信豊 (花押6)
191	信豊	書状	(天文19) 8/26	信豊 (花押6)
192	信豊	安堵状	天文19/10/20	(花押6)
193	信豊	加判田畠目録	天文19/10/20	(花押6) 袖 大和守 (花押)
194	信豊	宛行状	天文20/8/8	(花押6)
195	信豊	書状写	(天文20ヵ) 8/18	信豊 (花押影6)
196	信豊	書状写	(天文20ヵ) 9/28	信豊 (花押影6)
197	信豊	都状	天文22/1/吉	武田伊豆守源朝臣「信豊」
198	信豊	安堵状	天文22/11/10	(花押6)
199	信豊	袖判下知状	天文22/11/10	(花押6) 袖 左衛門尉 (花押)
200	信豊	安堵状	天文22/11/15	(花押6)
201	信豊	安堵状	天文22/12/13	(花押6)

	若杉家文書	福井 2	
	若杉家文書	福井 2	
白井民部丞（光胤）	白井家文書	福井 2	切紙
	白井家文書	福井 2	写
	若杉家文書	福井 2	
	飯盛寺文書	福井 9	
	尊経閣文庫所蔵文書	福井 2	
	若杉家文書	福井 2	
	若杉家文書	福井 2	
山県下野守	願慶寺文書	福井 9	写
	明通寺文書	福井 9	
	万徳寺文書	福井 9	
	矢代区有文書	小浜諸家	写
権少輔	国立国会図書館所蔵古簡雑纂	写真帳	写
権少輔	佐藤行信氏所蔵文書	福井 2	
曽我上野介	和簡礼経	改定史籍 27	写
山県式部丞（秀政）	妙光寺文書	福井 9	
欠	国立国会図書館所蔵冑山文庫文書	福井 2	
右京大夫（細川晴元）	保阪潤治氏所蔵文書	福井 2	
右京大夫（細川）	国立国会図書館所蔵古簡雑纂	福井 2	写
桐村豊前入道	桐村文書	写真帳	切紙
浄土寺	浄土寺文書	福井 9	
桐村豊前守	桐村文書	写真帳	切紙
欠	尊経閣文庫所蔵文書	福井 2	
伊勢守（貞孝）	馬場義一家文書	京都資料館	
木村左衛門尉	承天寺文書	広島 4	
羽賀寺 / 池坊	羽賀寺文書	福井 9	
彦次郎（武田義統）	羽賀寺文書	福井 9	
多聞院	羽賀寺文書	福井 9	
西福寺常住	西福寺文書	福井 9	
	大成寺文書	福井 9	折紙
左京大夫（六角義賢）	雑々書札	内閣写本	写
彦五郎（武田信方）	尊経閣文庫所蔵文書	福井 2	切紙
	西福寺文書	福井 9	
西福寺	西福寺文書	福井 9	

202	信豊	都状	天文 23/11/	武田伊豆守源朝臣「信豊」
203	信豊	都状	天文 24/2/ 吉	武田伊豆守源朝臣「信豊」
204	信豊	官途状	天文 24/9/7	(花押 6) 奥下
205	信豊	宛行状写	弘治 1/12/13	判
206	信豊	都状	弘治 1/12/ 吉	武田伊豆守源朝臣「信豊」
207	信豊	判物	弘治 2/8/7	(花押 6)
208	信豊	安堵状	弘治 2/11/15	(花押 6)
209	信豊	都状	弘治 2/11/ 吉	武田伊豆守源朝臣「信豊」
210	信豊	都状	弘治 3/1/ 吉	武田伊豆守源朝臣「信豊」
211	信豊	書状写	弘治 3/7/3	信豊在判
212	信豊	袖判証状	弘治 3/9/4	(花押 6) 袖 信方 (花押)
213	信豊	加判寺僧中掟書	弘治 3/11/10	(花押 6) 袖 筑前守 (花押) (内藤勝高)
214	信豊	証状写	弘治 3/12/4	(花押影 6)
215	信豊	書状写	(永禄 1) 閏 6/7	信豊 (花押影 6)
216	信豊	書状	(未詳) 1/21	信豊 (花押 6)
217	信豊	書状写	(未詳) 2/2	信豊判
218	信豊	書状	(未詳) 2/7	信豊 (花押 6)
219	信豊	書状	(未詳) 2/28	信豊 (花押 6)
220	信豊	書状	(未詳) 3/13	信豊 (花押 6)
221	信豊	書状写	(未詳) 5/19	信豊判
222	信豊	書状	(未詳) 6/16	信豊 (花押 6)
223	信豊	書状	(未詳) 7/1	信豊 (花押 6)
224	信豊	書状	(未詳) 9/15	信豊 (花押 6)
225	信豊	書状	(未詳) 9/18	信豊 (花押 6)
226	信豊	書状	(未詳) 10/22	信豊 (花押 6)
227	信豊	書状	(未詳) 11/7	信豊 (花押 6)
228	信豊	書状	永禄 4/4/5	紹真 (花押 7)
229	信豊	書状	(永禄 4) 4/15	紹真
230	信豊	書状	(永禄 4ヵ) 10/13	紹真 (花押 7)
231	信豊	安堵状	永禄 4/11/21	(花押 7)
232	信豊	書状	(未詳) 11/19	紹真 (花押 7)
233	義統	書状写	(天文 21ヵ) 5/	元栄
234	義統	感状	永禄 1/11/27	元栄 (花押)
235	義統	安堵状	永禄 1/12/13	(花押)
236	義統	書状	(未詳) 6/27	元栄 (花押)

西福寺常住	西福寺文書	福井 9	
白井民部丞（勝胤）	白井家文書	福井 2	切紙
山東民部丞	羽賀寺文書	福井 9	
大館奥陸［陸奥］守（晴光）	国立国会図書館所蔵古簡雑纂	写真帳	写
本郷与三郎（信富）	本郷文書	福井 2	写
	白井家文書	福井 2	写
白井民部丞（勝胤）	白井家文書	福井 2	
白井民部丞（勝胤）	白井家文書	福井 2	
	白井家文書	福井 2	写
	芝田孫左衛門文書	福井 9	
	飯盛寺文書	福井 9	
朝倉左衛門督（義景）	島津家文書	島津家 3	折紙
本郷治部少輔（信富）	本郷文書	福井 2	写
本郷治部少輔（信富）	本郷文書	福井 2	写
本郷又三郎（方秀）	本郷文書	福井 2	写
	本境寺文書	福井 9	
白井民部丞（勝胤）	白井家文書	福井 2	
西福寺	西福寺文書	福井 9	
	白井家文書	福井 2	写
	白井家文書	福井 2	写
友松軒	神宮徴古館農業館所蔵文書	影写本	
山県下野守（秀政）	桑村文書	小浜諸家	
本郷治部少輔（信富）	本郷文書	福井 2	写、折紙
白井民部丞（勝胤）	白井家文書	福井 2	写
浄土寺	浄土寺文書	福井 9	
（霜台）	真珠庵文書	福井 2	
波々伯部伯耆守	尊経閣文庫所蔵文書	福井 2	
西福寺常住	西福寺文書	福井 9	
正法寺	正法寺文書	福井 2	
	明通寺文書	福井 9	
森左京大夫（尊久）	馬場義一家文書	京都資料館	
高島郡御役所中	両家聞書紙背文書	尊経閣	

237	義統	安堵状	永禄 3/12/13	（花押）
238	義統	感状	永禄 4/1/28	義元（花押）
239	義統	書状	（永禄 4）4/15	義元（花押）
240	義統	書状写	（未詳）7/2	彦次郎義元
241	義統	書状写	（未詳）9/3	義元（花押影）
242	義統	安堵状写	永禄 5/1/17	義統判
243	義統	宛行状	（永禄 5ヵ）12/29	義統（花押）
244	義統	安堵状	（永禄 6ヵ）5/16	義統（花押）
245	義統	安堵状写	永禄 7/2/6	「義統」判
246	義統	袖判下知状	永禄 7/3/1	（花押）袖 右京進（花押）
247	義統	安堵状	永禄 7/8/26	（花押）
248	義統	書状	（永禄 8）5/20	義統（花押）
249	義統	書状写	（永禄 9）閏 8/25	義統（花押影）
250	義統	書状写	（永禄 9）閏 8/27	義統（花押影）
251	義統	書状写	（永禄 9）閏 8/27	義統（花押影）
252	義統	判物	永禄 9/10/7	「義統」（花押）
253	義統	宛行状	（永禄 9ヵ）11/3	義統（花押）
254	義統	安堵状	（永禄 9）11/17	義統（花押）
255	義統	宛行状写	永禄 9/11/18	「義統」判
256	義統	宛行状写	永禄 9/11/24	「義統」判
257	義統	書状	（未詳）6/2	義統（花押）
258	義統	書状	（未詳）6/21	義統（花押）
259	義統	書状写	（未詳）8/15	義統（花押影）
260	義統	感状写	（未詳）8/22	義統判
261	義統	書状	（未詳）11/13	義統（花押）
262	義統	書状	欠	（武□彦□□）
263	元明	書状	（未詳）12/6	元明（花押）
264	信高	安堵状	（未詳）6/11	信高（花押）
265	光昭 （信高ヵ）	副状	（未詳）8/15	光昭（花押）
266	信当 （信重ヵ）	袖判寄進状	天文 10/12/20	（花押）袖 中村中務丞親based（花押）
267	信当 （信重ヵ）	書状	（未詳）11/26	信当（花押）
268	信実	書状	（未詳）3/21	武田刑部太輔信実（花押）

本郷治部少輔（信富）	本郷文書	福井 2	写
武田彦五郎（信方） □膳大夫（武田義統）	両家聞書紙背文書	尊経閣	案
上杉弾正少弼（輝虎）	上杉家文書	上杉家 1	小切紙
小早川左衛門佐（隆景）	小早川家文書	小早川家 1	案
吉川駿河守（元春）	吉川家文書	吉川家 1	切紙
多聞院	羽賀寺文書	福井 9	切紙
刑部□輔（武田信実）	両家聞書紙背文書	尊経閣	
多門院	羽賀寺文書	福井 9	切紙
高野山成慶院	「武将文苑」秋	遺文武田 6	写
大針新左衛門尉	尊経閣文庫所蔵文書	福井 2	切紙
(熊谷監物丞（勝貞)) (熊谷式部允（藤直))	西福寺文書	福井 9	
本郷治部少輔（信富） 同又三郎（方秀）	本郷文書	福井 2	写
上野中務大輔（秀政）	尊経閣文庫所蔵文書	福井 2	折紙
明通寺御坊中	明通寺文書	福井 9	切紙
	龍泉寺文書	福井 9	

あることを示す。

・蜷川家・大徳寺・真珠庵は大日本古文書、壬生家は図書寮叢刊壬生家文書、
は小浜市史諸家文書編、京都資料館は京都市歴史資料館所蔵、影写本・謄写本
田は戦国遺文武田氏編、萩藩は萩藩閥閲録、内閣写本は国立公文書館内閣文庫
と課題―』による。

269	信実	書状写	（未詳）6/18	「武田刑部太輔」信実（花押影）
270	信実	書状案	（未詳）6/21	信実（花押）
271	信景	書状	（永禄10）8/19	信景（花押）
272	信景	書状案	（天正4）10/2	信景「武田右衛門佐」
273	信景	書状	（天正4）10/3	信景（花押）
274	元康（信由ヵ）	書状	（永禄4）10/13	元康（花押）
275	元康（信由ヵ）	書状	（未詳）3/9	元康（花押）
276	元康（信由ヵ）	書状	（未詳）8/13	元康（花押）
277	義貞	書状写	（未詳）5/14	武田甲斐守入道義貞（花押影）
278	信方	書状	（永禄1）12/23	信方（花押）
279	信方	書状	（未詳）2/19	信方（花押）
280	信方	書状写	（永禄9）閏8/25	信方（花押影）
281	信方	書状	（永禄11ヵ）12/22	信方（花押）
282	信方	書状	（永禄11ヵ）8/5	信方（花押）
283	信方	宛行状	永禄12/1/17	信方（花押）

※1　信賢・信豊については、花押形が数種類あるので、編年順に並べている
※2　年月日の「」部分は、後筆などで記されていることを示す。
※3　署名部分の「袖」は文書の袖部分、「奥下」は文書の奥下部分にそれぞれ署名が
※4　宛所で空白となっているのは、宛所が記されていないことを示す。
※5　典拠はそれぞれ、熊谷家・毛利家・吉川家・島津家・上杉家・小早川家・益田家
福井2・8・9は福井県史資料編、広島4・5は広島県史資料編Ⅳ・Ⅴ、小浜諸家
・写真帳・レクチグラフは史料編纂所架蔵、尊経閣は尊経閣文庫所蔵、遺文武
写本、改訂史籍は改訂史籍集覧、荻野著書は荻野三七彦『古文書研究―方法

【初出一覧】

総　論

木下　聡「若狭武田氏の研究史とその系譜・動向」（新稿）

第１部　安芸武田氏

Ⅰ　黒田基樹「鎌倉期の武田氏―安芸武田氏と甲斐武田氏―」（『地方史研究』二一一号、一九八八年）

Ⅱ　田島由紀美「分郡成立史論―安芸武田氏を事例として―」（『史学論集』一六号、一九八六年）

Ⅲ　田島由紀美「安芸国の国人と守護」（『駒沢史学』三九、四〇号、一九八八年）

Ⅳ　田島由紀美「安芸武田氏の支配組織」（『史報』八号、一九八六年）

Ⅴ　河村昭一「明応期の武田氏と大内氏―年欠九月二十一日付武田元信感状の紹介を兼ねて―」（『芸備地方史研究』一四四号、一九八三年）

第２部　若狭武田氏とその領国支配

Ⅰ　黒﨑文夫「若狭武田氏の消長」（『一乗谷史学』一二号、一九七六年）

Ⅱ　笹木康平「戦国期畿内政治史と若狭武田氏の在京」（『日本歴史』七六八号、二〇一二年）

Ⅲ　佐藤　圭「『お湯殿の上の日記』に見る若狭武田氏の進上」（『若越郷土研究』五七巻二号、二〇一三年）

Ⅳ　松浦義則「戦国大名若狭武田氏の買得地安堵」（『福井大学教育学部紀要Ⅲ　社会科学』四〇号、一九九〇年）

Ⅴ　木下　聡「若狭武田氏の官途状」（『戦国史研究』五二号、二〇〇六年）

第3部　若狭武田氏と宗教・文化

Ⅰ　林　文理「戦国期若狭武田氏と寺社」（有光友学編『戦国期権力と地域社会』吉川弘文館、一九八六年）

Ⅱ　沼田晃佑「若狭武田氏の寺院政策―時宗・日蓮宗を中心として―」（『甲斐』一一四号、二〇〇七年）

Ⅲ　杉本泰俊「武田氏と家臣団の文化活動」（『小浜市史　通史編』一九九二年）

【執筆者一覧】

総論

木下　聡　別掲

第1部

黒田基樹　一九六五年生。現在、駿河台大学教授。

田島由紀美　一九六一年生。元財団法人徳川黎明会徳川林政史研究所所員。

河村昭一　一九四八年生。元兵庫教育大学教授。

第2部

黒﨑文夫　一九五三年生。元教員。

笹木康平　一九八七年生。現在、札幌市教育委員会。

佐藤　圭　一九五三年生。現在、福井県立一乗谷朝倉氏遺跡資料館文献調査専門員。

松浦義則　一九四六年生。福井大学名誉教授。

第3部

林　文理　一九五一年生。元福岡市博物館学芸員。

沼田晃佑　一九七二年生。現在、身延山大学事務局。

杉本泰俊　一九四九年生。現在、中山寺住職。

【編著者紹介】

木下　聡（きのした・さとし）

1976年生。

東京大学大学院人文社会系研究科博士課程単位取得退学。博士（文学）。

現在、東京大学大学院人文社会系研究科助教。

主要編著書に、

『中世武家官位の研究』（吉川弘文館、2011年）

『全国官途状・加冠状・一字状目録』（日本史史料研究会、2010年）

『美濃斎藤氏』（岩田書院、2014年）

『管領斯波氏』（戎光祥出版、2015年）

『戦国史研究史料集１　足利義政発給文書集１』（戦国史研究会、2015年）

などがある。

シリーズ装丁：辻　聡

シリーズ・中世西国武士の研究　第四巻

若狭《わかさ》武田《たけだ》氏《し》

二〇一六年九月八日　初版初刷発行

編著者　木下　聡

発行者　伊藤光祥

発行所　戎光祥出版株式会社

東京都千代田区麹町一―七

相互半蔵門ビル八階

電　話　〇三―五二七五―三三六一㈹

ＦＡＸ　〇三―五二七五―三三六五

制作　株式会社イズシエ・コーポレーション

印刷・製本　モリモト印刷株式会社

ISBN978-4-86403-192-9